Pendo

MICHAEL MAIER

DIE ERSTEN TAGE DER ZUKUNFT

WIE WIR MIT DEM INTERNET UNSER DENKEN VERÄNDERN UND DIE WELT RETTEN KÖNNEN

Pendo München und Zürich

Abbildungsnachweis:
S. 121: Birbauer, Niels, Schmidt, Robert F.: *Biologische Psychologie.*
6., vollst. überarb. u. ergänzte Aufl., 2006, S. 608

S. 169: Mit freundlicher Genehmigung von interActive Systems GmbH, Berlin

1. Auflage 2008

Umschlaggestaltung: Hauptmann & Kompanie Werbeagentur,
München-Zürich
Redaktion: Regina Carstensen
Gesetzt aus der Adobe Garamond
Satz: Fotosatz Amann, Aichstetten
Druck und Bindung: Druckerei Pustet, Regensburg
Printed in Germany
ISBN 978-3-86612-171-3

www.pendo.de · www.pendo.ch

Für Bernhard, Susanna, Ruth, Anna, Jonathan und Rebecca

Inhalt

1 Die Bedrohung der Gattung Mensch

Einführung 10
Das apokalyptische Zeitalter 15
Die Notwendigkeit eines kollektiven Denkorgans 18
Die Bedeutung von Kommunikation und Information 22
Verdichtung und Beschleunigung – der Wettlauf mit der Zeit 23
Die Einzelnen und das Ganze 25
Die Analphabeten und ihr Superhirn-Komplex 29
Was heißt: Gemeinsam denken? 32

2 Der Delfin-Code

Was wir von den Tieren lernen können 35
Das Echolotsystem der Delfine 37
Die Sprache als Vorstufe 41
Medien als Zwischenschritt 41
Die gesellschaftlichen Schübe 44

3 Das Internet – unser Echolot

Abschied von der Teufelskiste 47
Unser Echolot 49
E-Mail: Das geschriebene Telefonat 51
IM: Die ersten Delfine 52
Chat: Das kleine Dramolett 55

Communities: Geborgenheit im Ozean 55
Groups: Schnell und immer lernen 58
Partnernetzwerke: Die Liebe des Lebens finden 60
Berufliche Netzwerke: Small Talk an der Straßenkreuzung 61
Blogs: Die schrillen Aufpasser 62
Triumph der Bilder – YouTube 66
Kunst als Avantgarde im Internet 70
Die digitale Boheme 71
Digitale Räume des Vertrauens 76
Identität und Reputation 77
Suche nach der garantierten Sicherheit 79
Maskerade im Netz 81

4 Die ersten kollektiven Denkerfolge

Die Mutigsten wagen sich vor 86
Google: Mächtig und sympathisch 92
Wikipedia: Perle ohne Marktwert 97
Die Entdeckung des SARS-Virus 101
Deutsche Pioniere und ihre Kämpfe 103

5 Das Superhirn

Der Kult ums Hirn 117
Neuronen und Synapsen 120
Lernen durch Erfahren 123

Was du kannst, kann ich auch 124
Dein Gedanke gehört mir 125
Täglich werden wir neue Menschen 126
Die Lernmaschine 130

6 Die Wirtschaft denkt am schnellsten

Die große Beschleunigung 139
Wikinomics oder die neuen Regeln 142
Automobilzulieferer als Motoren der Erneuerung 144
Handeln, um zu bewegen 148

7 Vernunft und Ethik einer Gesellschaft mit Superhirn

Es geht ums Ganze: Tod oder Leben? 150
Die vernünftige Masse und die dummen Experten 155
Groupthink – die vielen Köche 157
Weisheit kann berechnet werden 159
Alles hat seinen Preis 162
Der Codex hinter dem Code 165
Welche Moral gilt? 166
Gott spielen? Ja! 173
Kulturgut Moral 178
Mensch und Maschine werden eins 179
Gentechnik – mit der alten Moral in die Sackgasse 181
Reale Bedrohungen für die Menschheit 182
Der 11. September – die dunkle Vorahnung, was möglich ist 183
Kampf ums Überleben 185
Terrorismus – wer kennt den Feind? 186
Politische Repression ist immer möglich 188
Mauerspechte durchlöchern die Zensur 189
Der Moloch Kommerz 192
Wo spielt die Musik? 194
Gewalt bleibt menschlich 199
Pornografie: Das große Experimentieren 203

8 Das Ende der alten Eliten – und ihre letzte Chance

Wer hat uns an den Rand des Abgrunds gebracht? 213
Wir blicken hinunter 215
Abschied vom Feindbild Internet 217
Umdenken ist möglich 220
Ins Netz gegangen 222
Neu denken kann gelernt werden 224
Die Überwindung des Superhirn-Komplexes 225
Happy End 226

Zehn Thesen zum Schluss 228

Exkurs: Technologie in der deutschen Geschichte 230

Dank 246

Anmerkungen 250

Literatur 267

Personen- und Sachregister 273

1 Die Bedrohung der Gattung Mensch

»Nur noch zehn Minuten, Mama!«
»Jetzt nicht, ich chatte mit Sophie und Jonas ...«
»Zum letzten Mal: Du kannst nicht mein Freund auf Facebook werden, du bist mein Vater!«
»Das verstehst du nicht.«
Heftiges, unrhythmisches Klicken. Im Hintergrund Musik. Gelegentlich lautes Lachen.

Einführung

Es ist Abend. Sie stehen vor der geschlossenen Tür des Kinderzimmers und wundern sich. Unter der Spalte schimmert Licht durch. Alles scheint friedlich. Und doch sind Sie beunruhigt. Was geht da eigentlich ab? E. T., der Außerirdische, kann nicht bei Ihnen eingezogen sein, diese Zeiten sind längst vorbei. Sie hoffen allerdings, dass es auch diesmal nur ein Spuk ist. Sie hoffen, aber sie bekommen keine klaren Antworten. Ein merkwürdiges Gefühl beschleicht Sie. Denn Ihre Kinder werden immer seltsamer. Über die Jahre, wenn sie heranwachsen, werden sie Ihnen nicht ähnlicher, sondern eigentümlich fremd. Sie verstehen Ihre Tochter kaum noch, können Ihrem Sohn nicht mehr folgen. Wenn diese mit ihren Freunden sprechen, verwenden sie eine Geheimsprache aus Kürzeln und Anglizismen. Sie bedienen intuitiv den Computer, kommunizieren über E-Mail, gehen traumwandlerisch mit dem Handy um, benutzen oft mehrere Geräte gleichzeitig. Sie selbst werden bei diesem Anblick nervös: Wieso wirkt bei Ihrem Nachwuchs so selbstverständlich, was Ihnen in dieser Leichtigkeit nicht gelingen will?

In der Vergangenheit haben wir gelernt, mit den technischen Vorlieben der Kinder zu leben, sie einzuordnen. Der Gameboy – eine Mode. Die Playstation – harmlos. Der Tamagotchi – exotisch. Irgendwann flog jedes der Dinger in die Ecke. Und war vergessen.

Aber das Internet lässt uns nicht los. Schauen Sie sich mal in Ihrem Bekanntenkreis um: Alle scheinen infiziert. Ihre beste Freundin hat ein Profil auf Facebook. Ihr möglicher neuer Arbeitgeber sucht nach Ihnen bei Google oder bei studiVZ, der Plattform für Studenten. Ihr Mann spielt Online-Poker. Sogar Ihre Schwiegermutter verbreitet den neuesten Familientratsch bereits online. Irgendetwas geschieht mit uns. Sie fassen sich an den Kopf. Manchmal können Sie die Spuren beinahe fühlen, die das Internet selbst in Ihrem Kopf hinterlässt. Es ist keine Einbildung! Die Hirnforschung, selbst noch ein junger Wissenschaftszweig, sagt: Das Internet verändert unser Gehirn. Und zwar nachhaltiger als alles, was wir bisher im Bereich von Kommunikation und Information erlebt haben. Intellektuelle Panikattacken zucken durch eine Welt, in der nichts mehr ist, wie es einmal war.

Der amerikanische Technologiekritiker Nicholas Carr beobachtet an sich selbst, dass er sich kaum noch bei Büchern konzentrieren kann, seit das Internet von ihm Besitz ergriffen hat.[1] Der US-Mediziner Bruce Friedman beklagt, dass sein Denken »stakkatoartig« geworden sei: »Ich kann (Tolstois) *Krieg und Frieden* nicht mehr lesen!«[2] Und der in New York geborene Physiker und Informatiker Douglas Hofstadter *(Gödel, Escher, Bach)* wünscht sich eine Welt, in der der Computer dümmer bleibt als der Mensch.[3] Ein Expertenproblem? Machen Sie sich keine Illusionen: Es betrifft auch Sie.

Vor Jahren gab es in jeder Firma den legendären Turnschuh-Typen, der für die Mitarbeiter den Computer ein- und ausschaltete. Die meisten Menschen hatten mit Technologie nur mittelbar zu tun. Man gab zu verstehen: Da kenne ich mich nicht aus! Und schon war einer da, der uns geholfen hat. Das hat sich in den letzten Jahrzehnten dramatisch geändert. Der Computer ist ein Teil von uns geworden. Jeder ist selbst ohne Schulung in der Lage, Websites aufzusuchen, Reisen online zu buchen, Daten zu archivieren. Täglich praktizieren wir neue Handgriffe. Und es wird immer leichter. Immer leichter!

Sie zögern? Sind bedrückt, weil sie dauernd etwas Neues lernen müssen? Träumen vom »Glück der Unerreichbarkeit«?[4] Haben gar Angst? Das ist verständlich. Unser Leben ändert sich, nach außen hin vielleicht gar nicht spektakulär. Und doch spüren wir eine Verwandlung, die wir nicht erklären können. Das Internet verändert die Menschheit. Oder präziser: Mithilfe des Internets ändern sich die Grundlagen der Menschheit und damit auch die der Gesellschaft. Jeder Einzelne trägt zu dieser Entwicklung bei. Das Gehirn Ihres Sohnes wird mit jedem Tag, den er vor dem Computer zubringt, neu geformt. Der Verstand Ihrer Tochter ändert sich mit jeder Minute. Das Denken Ihrer Freunde und Bekannten: Völlig anders als noch vor wenigen Jahren. Ein Ende der Entwicklung – nicht in Sicht. Leute kommunizieren miteinander auf eine revolutionäre Weise. Vielfältig, schnell, konzentriert, ernsthaft.

Wir haben für dieses Buch mit zahlreichen Menschen in Deutschland gesprochen, haben ihren Alltag beobachtet. Ob in Berlin, Münster, Leipzig oder Solingen – an jedem Ort eine kleine Revolution. Der Gärtnermeister, die Modedesignerin, die Zahnärztin, der Spediteur – ihrer aller Leben hat sich in nur ganz wenigen Jahren einschneidend verändert. Oft ist es den Menschen gar nicht so bewusst. Aber entscheidend ist: Sie machen alle mit!

Wir wollen mit diesem Buch auf eine Reise gehen, um herauszufinden was vor sich geht. Überwinden Sie Ihre Furcht vor dem Unbekannten. Kommen Sie mit!

Denn all die Leute, die da chatten, bloggen, klicken und mailen – sie alle haben etwas vor. Sie wollen die Welt retten. Haben erkannt: Jetzt geht es ums Ganze. Die schnell ausgestoßenen Kommunikationslaute, die vielen unverständlich erscheinenden Abkürzungen, das gleichzeitige Sprechen, Eintippen von Buchstaben und Scannen – all dies ist Ausdruck einer existenziellen Eile. Wir kommunizieren um unser Leben. Wir wissen: Die großen Entscheidungen fallen nicht in der nächsten Bundestagsdebatte oder Vorstandssitzung. Wir spüren: Unser Schicksal hängt von uns selbst ab. Auf traditionelle Weise ist es nicht mehr zu schaffen, das Steuer herumzureißen. Es ist notwendig, unser gesamtes Kommunikations- und Informationssystem umzustellen. Je eher, desto besser.

Es ist wie in einem James-Bond-Film, in dem jemand – manchmal sogar die Geliebte des Spions – die Bombe noch irgendwie aus dem Gefahrenbereich herausbringt. Allerdings geht es diesmal nicht um Fiktion oder Science-Fiction. Es geht um das reale, fassbare Fiasko der großen Zerstörung. Wir haben begonnen, dies zu begreifen. Die Menschheit in

Gestalt unserer Kinder und ihrer Freunde, die Computer-Nerds und Geeks, die Freaks, die seltsamen Internetpioniere und Start-up-Gründer, die weißhaarigen Universitätsprofessoren und die unbeholfen wirkenden Vordenker, sie alle suchen offensichtlich nach einer Lösung.

Kritiker sprechen angesichts jeder neuen Lebenskultur stets schnell vom Verfall der Moral. Der digitalen Welt wird der Vorwurf um die Ohren gehauen, sie führe zur Verblödung. Was aber, wenn dieser Vorwurf falsch ist? Wenn es zu keiner Verdummung kommt, sondern zu einer Verbesserung der Menschheit durch das Internet? Vielleicht geht es in diesen Stunden vor dem Computer ja um einen guten, notwendigen Zweck? Was, wenn sich die nächste Generation im Internet zusammengerottet hat unter dem Motto: »Lasst uns die Welt retten«? Was, wenn sich die alten Eliten irren, wie sie das schon so oft getan haben? Wenn es hier also um keine Degeneration geht, sondern um eine grandiose, kollektive Anstrengung der Menschheit, die Katastrophe doch noch abzuwenden? Was, wenn den Eliten auf diese Weise das Heft aus der Hand genommen wird?

Die Hektik, die die Internetgeneration manchmal verbreitet, dieses rastlose Getriebensein, hat direkt damit zu tun. Wir alle spüren, dass die globale Katastrophe möglich geworden ist. Wir alle spüren, dass wir als Gattung etwas ändern müssen, und zwar sehr rasch, wenn die Erde und mit ihr der Mensch weiterhin existieren sollen. Politiker sagen häufig: »Wir müssen die Zukunft der kommenden Generationen sichern.« Glauben diese Leute ernsthaft, dass die kommenden Generationen von Politikern wie Kurt Beck, Michael Glos, George W. Bush oder Nicholas Sarkozy die Lösung ihrer Probleme erwarten? Es wäre das erste Mal in der Menschheitsgeschichte, dass die Jungen den Alten erlaubt hätten, über sie zu bestimmen (und noch dazu diesen Alten!).

Zum Ausgangspunkt unserer gemeinsamen Reise wollen wir kräftig gegen den Strich bürsten. Jeder kennt die Klage der Eltern und Großeltern: Früher war alles besser. Die Jungen taugen nichts. *The Dumbest Generation*, die dümmste Generation, nennt Mark Bauerlein sein Buch über die Generation Internet.[5] Aber ein Blick in die Geschichte der Menschheit zeigt, dass wir uns als Spezies in brillanter Weise weiterentwickelt haben. Dass praktisch jede Generation Verbesserungen geschaffen hat. Diesen Bonus wollen wir auch den Kids gewähren, die stundenlang im Netz herumsurfen. Mit genau diesem Blick werden wir auf die

Jungen von heute schauen: Welche Spur verfolgen sie? Warum ändern sie sich? Was bedeutet das für uns alle? Die Kids von heute, die wir so schwer verstehen: Sie sind nicht dumm und durchgeknallt. Nicht ahnungslos oder verkommen. Sie tun gemeinsam etwas zutiefst Sinnvolles.

Die größte Gefahr unserer Zeit ist nicht, dass wir zu viel Zeit im Netz verbringen. Das Problem ist genau andersherum gelagert: Wir begreifen zu wenig von dem, was dieses Medium auslöst und noch auslösen wird. Wer immer Ihnen einreden will, dass das Internet wieder verschwinden wird, weil es nur eine Modeerscheinung sei – diesen Menschen sollten Sie mit höchstem Misstrauen begegnen. Es gibt nicht wenige, die das Internet am liebsten wieder abschaffen würden. Sie fühlen sich bedroht von der Tatsache, dass jeder mit jedem kommunizieren kann. Es stört sie, dass alles gleich ans Licht der Öffentlichkeit kommt. Sie fürchten um ihre Machtpositionen. Diese haben sie bisher erfolgreich damit verteidigt, dass sie behaupten konnten, es besser zu wissen als die anderen.

Das ist nur allzu verständlich: Wer etwas vertuschen will, anderen befehlen und keine Diskussion zulassen möchte, für denjenigen ist das Internet unangenehm und äußerst lästig. Im Netz kann sich jeder frei äußern. Jeder einmal getätigte Kommentar ist auf ewig abrufbar. Recherchieren wird immer leichter. Blogger können weltweit in Sekundenschnelle Informationen austauschen. Sie können feststellen, wer die Wahrheit sagt. Sie schlagen Alarm, wenn Politiker gelogen, Manager Geld unterschlagen oder Ärzte Behandlungsfehler begangen haben.

Das Internet bringt mitnichten die schrecklichste Anarchie über uns. Lassen Sie sich das nicht einreden. Stopfen Sie sich Wachs in die Ohren – an einen Mast müssen Sie sich nicht festbinden lassen – wie einst Odysseus beim Gesang der Sirenen. Sie müssen zwischen der Skylla der Internetverhinderer (die jeden Wandel verabscheuen) und der Charybdis der Einbildungsbürger (die immer alles besser wissen) hindurch.

Überzeugen Sie sich selbst und beobachten Sie mit uns auf den folgenden Seiten all jene experimentierfreudigen Menschen, die sich jetzt schon im World Wide Web tummeln. Sie scheinen zu wissen, worum es geht. Vielleicht ahnen sie es auch nur. Aber alles deutet darauf hin, dass sie an einem großen Projekt mitwirken. An einem beispiellosen Plan. Der *Homo sapiens* hat begonnen, ein Superhirn zu entwickeln. Wir Menschen sind gerade dabei, unser gesamtes Koordinatensystem neu zu bestimmen. Wir ändern unser Denken. Schwierig, meinen Sie? Ja. Und genau deshalb machen wir es gründlich wie nie zuvor: Wir ändern unser Gehirn. Unsere Moral. Unsere Gesellschaft. Ist denn das notwendig?, fragen Sie. Ja, es muss sein. Es ist unsere letzte Chance, damit wir überleben. Damit es auch in Zukunft noch die Spezies Mensch auf diesem Erdball gibt.

Ist denn die Lage wirklich so kritisch, mögen Sie einwenden. Schließlich hat es letzten Winter wieder geschneit (doch kein Klimawandel!), die hohen Benzinpreise haben uns letztlich leben lassen (kein Rohstoffengpass!) und jene angekündigten Massen von asiatischen Einwanderern sind nicht gekommen (Migrationsängste in dieser Hinsicht mithin unbegründet!). Doch täuschen Sie sich nicht: Tatsächlich stehen wir an einem Abgrund.

Das apokalyptische Zeitalter

Seit einem halben Jahrhundert befinden wir uns in einem existenziellen Ausnahmezustand. Mit der Erfindung der Atombombe und ihrer ersten praktischen Anwendung ist der mögliche Super-GAU zum Bestandteil unserer alltäglichen Befindlichkeit geworden. Keine schöne Aussicht. Die Publizistin Hannah Arendt beschrieb die Kombination aus Diktatur und Atombombe als ein Gemisch der Vernichtung, »dem gegenüber Hitlers Gasanlagen sich wie die stümperhaften Versuche eines bösartigen Kindes ausnehmen«.[6] Die Auflösung der Sowjetunion, die für lange Zeit gewissermaßen die Exklusivrechte auf den Titel »Reich des Bösen« zu haben schien, gelang zum Glück ohne den großen Knall. Die Gefahr eines solchen jedoch blieb. Am 11. September 2001 brachte sich diese wieder deutlich ins Bewusstsein. Diesmal in Form eines Terrors, gegen den keine UN-Kraut gewachsen ist. Wir haben noch mehr Anschläge gesehen. Und die demokratisch gewählte Regierung der USA hat sich dazu hinreißen lassen, im Irak einen Krieg anzuzetteln.

Unsere Erde ist bedroht. Ozonloch. Erderwärmung. Klimakatastrophe. Eiszeit. Den Club of Rome haben wir vor gut dreißig Jahren noch als viel zu alarmistisch abgetan. Heute sprechen Fachleute vom »globalen Countdown«.[7] Die Bedrohung ist greifbar geworden. Um genau zu sein: Wir können berechnen, wann die nächste Katastrophe über uns hereinbricht. Die eine kommt in zehn Jahren, die nächste in zwanzig. Und dann kann es an einigen Stellen bereits morgen losgehen: Ein einziger heftiger Regensturm an der falschen Stelle wird den schwachen Xiaolangdi-Damm am Gelben Fluss in China zum Brechen bringen. Millionen Tote wären die Folge. Ein Desaster, wie es dieses noch nie in der Menschheitsgeschichte gegeben hat. Zugleich würden die Getreidepreise weltweit in die Höhe schnellen, weil China mit einem solchen Dammbruch die Kornkammer für seine Millionenstädte verliert. Das ist keine Spekulation: Die Fakten sind zu lesen in dem Bericht von Li Guoying, dem Direktor der offiziellen Planungskommission in China. Eigentlich sollten die Fachleute eine Lösung finden, um die Katastrophe zu verhindern. Heute machen sie sich bereits Gedanken über den Tag nach dem Weltuntergang.[8]

Wenn eines Ihrer Kinder Sie einmal fragen sollte: »Warum habt ihr vorher nichts dagegen getan?«, werden Ihnen, so ist zu befürchten, nicht viele gute Antworten einfallen. Daher sollten Sie sich nicht wundern, wenn nachkommende Generationen auf Ihre Meinung pfeifen.

Was unsere derzeitigen Eliten sehr gut können: Alles erklären, wenn es erst einmal geschehen ist. Sie sind wahre Meister der distanzierten Nachbetrachtung. Als Reaktion auf die Finanzkrise 2007, die durch faule amerikanische Kredite ausgelöst wurde, klagten Analysten und Wirtschaftsjournalisten die Banken an. Noch wenige Wochen vor dem großen Crash hatten sie jedoch nichts Gefährliches an der allseits bekannten Praxis erkennen können. Mit der Folge, dass sie keine Warnungen ausgaben, obwohl Milliarden von Dollars vernichtet wurden.[9]

Andere Beispiele: Der Völkermord im sudanesischen Darfur – er lief vor aller Augen ab. Ausländische TV-Teams berichteten über den Terror, den die Zentralregierung über schwarzafrikanische Stämme ausübt, und konnten diesen nicht verhindern. Die Explosion der Lebensmittelpreise in Haiti wurde im April 2008 mit Beunruhigung erst zur Kenntnis genommen, als Ausschreitungen ihre ersten Opfer forderten. Dennoch geschah in der einen wie anderen politischen Angelegenheit nichts wirklich grundlegend Neues. Die Reaktionen waren ähnlich wie bei der Klimaproblematik oder anderen bedrängenden Ereignissen: Es gab viel Pathos. Jede Menge Kommissionen. Und nichts bewegte sich.

Angesichts dieser Tatsachen ist klar, dass sich die jüngere Generation sagt: »Wir müssen wirklich etwas *tun*, es geht um unsere Zukunft.«

Viele der Leute, die heute an den Hebeln der Macht sitzen, sind davon überzeugt, dass ihnen nichts mehr passieren kann. Sie haben Juri Andropow überstanden, Erich Honecker, und sie sind davon überzeugt, eines Tages zu sehen, wie Osama bin Laden in Handschellen abgeführt wird. Hauptsache, sie können weiterhin mit ihrem Dienstwagen nach Hause fahren und das Wochenende ungestört mit der Familie oder der Freundin verbringen.

Die Reaktionen der herrschenden Eliten auf das Weltgeschehen sind nicht anders als zynisch zu bezeichnen. Jeder, der zu dem Kreis der Machteliten gehört, weiß, dass die Uhr tickt. Doch keiner von diesen einflussreichen Funktionsträgern unternimmt etwas. Die Sentenz *Carpe diem!*, wie schon die Römer in Erwartung ihres Untergangs sinnierten, war eine Aufforderung, den Tag und die knappe Lebenszeit heute zu nutzen und nicht auf den nächsten Tag zu vertrauen. Im Vergleich zu den Römern gibt es heute aber einen entscheidenden Unterschied: Sollte es in absehbarer Zeit knallen, sind nicht nur ein paar Republikaner in der »ewigen Stadt« in Erklärungsnot, sondern gleich die ganze Menschheit.

Wir fragen uns: Sind jene, die die Zukunft beeinflussen können, dumm oder gar bösartig, dass sie derartige Katastrophen möglicherweise in Kauf nehmen? Wir spüren: Die komplexen Probleme sind nicht mehr mit den Mitteln zu lösen, die den Zivilisationsgesellschaften des 20. Jahrhunderts zur Verfügung stehen. Wir fühlen uns angesichts der neuen Dimensionen einfach überfordert. Alles hängt irgendwie mit allem zusammen. Wir ahnen das, aber können wir die unterschiedlichen Dinge noch in Bezug zueinander setzen? Etwa den Ölpreis, die leichtsinnigen Häuslebauer in Texas, den islamischen Fundamentalisten Mullah Omar, der keinen bekannten Aufenthaltsort hat, die einzelnen Gruppierungen im Irak, den Dalai Lama, den eigenen Opel ohne Katalysator?

Wer kann die Dinge noch begreifen? Ist es aus diesem Grund nicht naheliegend, dass man die verflossenen Zeiten herbeisehnt, in denen man noch »die Ruhe und Tiefe unserer Belesenheit, unseres intellektuellen und spirituellen Lebens« genießen konnte?[10] Wem kann man es verübeln, der die Vergangenheit verklärt, weil er sich in dieser scheinbar leichter zurechtgefunden hat. Allein schon deshalb, weil er viel weniger wissen musste. Und von wem wird eigentlich erwartet, dass er all die aufgetretenen Probleme auch löst: Angela Merkel? Josef Ackermann, der

Vorstandschef der Deutschen Bank? Der UN-Generalsekretär Ban Ki Moon? Oder möchten Sie selbst all diese Schwierigkeiten beseitigen?

Die Notwendigkeit eines kollektiven Denkorgans

Mit Sicherheit möchten Sie davon Abstand nehmen, für die Katastrophen dieser Welt die Verantwortung zu übernehmen. Sie möchten auch nicht für Ihre Untätigkeit bei der Verhinderung des Desasters angeklagt werden. Die nachfolgenden Generationen werden dies nicht mehr so einfach von sich weisen können. Sie wollen nicht diejenigen sein, die den Untergang unterzeichnen. Sie wollen Zukunft. Sie brauchen Zukunft.

Es gibt Anzeichen dafür, dass diejenigen, die heute in T-Shirt oder Jogginghose sechzehn Stunden vor dem Bildschirm hocken und an einer Innovation tüfteln, die Helden von morgen sein werden. Diese Helden erkennen wir nicht daran, dass sie besonders aus der Masse herausragen. Ihre Stärke liegt in ihrer Fähigkeit, sich in die Köpfe der anderen hineinzuversetzen. Das wichtigste Merkmal der Elite von morgen ist ihre Fähigkeit zur Integration – und nicht der Grad der Isolation, mit dem sie ihre einmal errungene Position verteidigt.

Diese neue Elite wird durch das Internet, durch ein weltweites Netzwerk mit Datenaustausch aktuell geformt. Zu ihr werden Menschen zählen, die nicht mehr zwangsläufig den traditionellen Spitzenpositionen von Politik, Kultur, Wissenschaft und Wirtschaft angehören. Und jene, die diese Entwicklung verschlafen, bekämpfen oder aber nicht mitgestalten wollen – sie sind Exemplare für das Deutsche Historische Museum. Ihre letzte gedankliche Fehlleistung: Sie haben das Internet falsch eingeschätzt.

Das weltweite Netz ist lange nicht so trashig, pubertär und beliebig, wie es die Hüter der abendländischen Kultur einem weismachen wollen. Gerade in Deutschland sind diese Wahrer alter Werte besonders aktiv. Während sie angestrengt überlegen, wie sie das Internet bekämpfen, den Zugang erschweren oder anderen die Expansion verwehren können, setzen die Kids, denen die Zukunft gehört, die Kopfhörer auf, treffen virtuell ihre Freunde, schließen neue Bekanntschaften, erarbeiteten Texte gemeinsam und treiben jede Menge digitalen Quatsch.

Gino Yu, Professor für digitales Entertainment und die Entwicklung von Computer- und Videospielen an der Polytechnischen Universität von Hongkong, gehört zu jenen, sie sich intensiv mit der Bedeutung des Internets für die Weiterentwicklung von sozialen Gruppen beschäftigen. Eine Frage, die ihn besonders brennend interessiert: Wie kann all das, was die jungen Menschen mit ihren Spielen (Computer Games) veranstalten, für die »erwachsene« Gesellschaft genutzt werden? Er wies mich in einem Gespräch auf einen interessanten Zusammenhang hin: Sämtliche Probleme der Erde – Klima, Bevölkerung, Nahrungsmittel, Ölverbrauch – wachsen exponentiell, also nicht mehr um einen festen Wert, sondern um einen festen Prozentsatz, mithin viel schneller als das traditionelle (»lineare«) Wachstum. Und die einzige Industrie, die ebenfalls in dieser Form in Erscheinung tritt, ist die digitale Industrie. Es ist nach Meinung von Gino Yu nicht von der Hand zu weisen, dass es zwischen diesen beiden Tatsachen eine Verbindung gibt.

Die Menschheit hat sich im Lauf von nur wenigen Millionen Jahren eine überragende Stellung auf der einst unbewohnten Erde gesichert. Dabei hat sich der *Homo sapiens* so gut wie kaum genetisch weiterentwickelt. Wissenschaftler können belegen, dass sich »unsere genetische Ausstattung seit den letzten 30 000 bis 40 000 Jahren nur unwesentlich, wenn überhaupt, verändert hat«.[11] Würden wir unsere Kinder heute steinzeitlichen Höhlenbewohnern anvertrauen – angenommen, es gäbe sie noch –, sie würden mit deren Lebensweise ohne größere Schwierigkeiten zurechtkommen. Würden wir dagegen Kinder von Steinzeiteltern großziehen, würden sie ohne weiteres Programmierer oder Anwälte werden. Und das, obwohl bekannt ist, dass zwischen den Höhlenmenschen und den Menschen des dritten Millenniums kulturelle Lichtjahre liegen. Die Menschheit ist, wie der Hirnforscher Wolf Singer erklärt, in der Lage, sich weiterzuentwickeln, »vor allem im Hinblick auf höhere mentale Fertigkeiten und kognitive Leistungen wie Sprach- und Abstraktionsvermögen«[12] – trotz einer bestimmten, kaum voneinander abweichenden genetischen Basis.

Vor sechs Millionen Jahren nahm irgendwo in Afrika ein beispielloses Geschehen seinen Lauf: Eine einzige Spezies schickte sich an, den gesamten Planeten zu dominieren.[13] Anders als die Tiere verließen die Menschen ihre Nischen radikal und machten sich die ganze Erde untertan. Für jeden Expansionsschritt entwickelten sie neue Fähigkeiten. Ausgestattet mit dem Instrument einer besonders guten Kommunikation, der Sprache, überwanden sie alle auftauchenden Hindernisse. Während die Zahl vergleichbar alter Tierpopulationen einige hunderttausend Mitglieder nie überschritt, konnten sich die Menschen milliardenfach vermehren.

Die Gattung Mensch hat ihr Kommunikations- und Informationssystem beständig ausgebaut. Sie hat dadurch besser zu denken gelernt. Die Schattenseite: In diesem Prozess ist alles so rasant passiert, dass uns die Welt nun zu entgleiten droht. Weil sich immer mehr einzelne Gruppen immer mehr und schneller verändern, könnte die Menschheit als Ganzes auf der Strecke bleiben. In dieser kritischen Situation, so können wir beobachten, entstand das Internet. Die Menschen scheinen intuitiv begriffen zu haben, dass die komplexen Probleme wie Klimawandel, globale Migration, Finanzspekulationen, Ressourcenausbeutung und Hungerepidemien nur in den Griff zu bekommen sind, wenn Lösungen künftig komplett anders entwickelt werden als bisher. Dies ist nur möglich, wenn es ein interaktives und gemeinsames Denken gibt, wenn Werte und Handlungsanweisungen global von allen formuliert werden. Regierungskommissionen, Handelsvereinbarungen oder Staatenbünde reichen für diese Dimension der Schwierigkeiten nicht mehr aus. Dafür sind die Ereignisse zu kompliziert geworden, die Interessenlagen zu gegensätzlich. Lösungen sind nur zu finden, wenn höchste Transparenz herrscht. Komplette Absichtslosigkeit. Vollkommenes Verständnis.

Voraussetzung dafür: Wir müssen unsere Hirne vernetzen. Müssen jeden Kopf mit jedem anderen verbinden. Müssen jeden Gedankenansatz durch andere Denker gegenchecken lassen. Wir brauchen dieses Superhirn, um als Spezies zu überleben. Bisher haben wir es immer geschafft, haben für jede Herausforderung eine Antwort gefunden. Kain hat nicht die Oberhand behalten, auch Nero nicht, genauso wenig wie Hitler. Wir haben, in teils übermenschlichen Anstrengungen, die Gesellschaften so weiterentwickelt, dass die Lebensbedingungen für immer mehr Menschen verbessert wurden. Allen schrecklichen Völkermorden zum Trotz: Als Ganzes hat die Menschheit bislang überlebt. Heute steht sie jedoch aufgrund der Vielzahl und der Verwobenheit der Probleme unter erheblichem Druck. Selbst die Gesamtheit aller genialen Forscher und untadeliger Staatschefs reicht nicht aus, um diesen Schwierigkeiten beizukommen. Jeder Einzelne ist unverzichtbar. Es geht ums Ganze, und also auch ums ganze Denken.

Wer die Internetgeneration beobachtet, wird feststellen: Sie lernen, spielen, üben und entwickeln ihre Fähigkeiten für diesen höheren Zweck. Sie sind Teil dessen, was als Herausbildung des menschlichen Superhirns zu bezeichnen ist. Mit diesem Superhirn kann so vernetzt gedacht werden, dass die Lösung komplexer Herausforderungen tatsächlich möglich wird.

Schon die Anfänge des Internets[14] waren in dieser Hinsicht spektakulär: Eigentlich sollte das weltweite Verbindungssystem, bestehend aus vielen Rechnernetzwerken, durch das global Daten ausgetauscht werden (E-Mail, Telefon, Radio etc.), eine rein militärische Einrichtung sein, ein idealer Raum zur perfekten Vernichtungsplanung. Es ist heute nicht mehr genau nachzuvollziehen, wie es zunächst Computerexperten in Kalifornien und später den Wissenschaftlern der Europäischen Organisation für Kernforschung in der Nähe von Genf, der Einrichtung CERN (Conseil Européen pour la Recherche Nucléaire), sowie den großen amerikanischen Universitäten gelungen ist, das Steuer herumzureißen. Es war jedenfalls eine Glanztat, von der militärischen zur akademischen Förderung überzugehen, der erste Schritt, der die Rettung der Welt überhaupt erst möglich gemacht hat. Aus der technischen Infrastruktur (= Internet) wurde ein geistiges, offenes Netz (= das World Wide Web).

Man stelle sich das bloß einmal vor: Das Internet als exklusives militärisches Gerät! Es muss so etwas wie kollektive Intuition gegeben haben, die diese Entwicklung verhindert hat. Eine Intuition, durch die das Überleben der Menschheit als wichtiger eingestuft wurde als die Planung der Vernichtung von politischen Gegnern. Ein Instinkt, der zum Begreifen führte, welches gewaltiges Potenzial in der weltweiten Vernetzung besteht.

Fast erscheint es wie eine Vorsehung: Wenn wir unser Kommunikations- und Informationssystem gleichzeitig globalisieren und individualisieren, dann könnten wir noch einmal den Kopf aus der Schlinge ziehen. Der britische Informatiker Tim Berners-Lee, der damals am CERN bei der Geburtsstunde des Internets dabei war, schrieb in seinen Erinnerungen: »Die Leute, die das Internet und das Web gebaut haben, haben größte Wertschätzung für das Individuum ... Wenn alle Individuen den Willen dazu haben, dann können wir kollektiv die Welt bauen, die wir haben wollen.«[15]

Die Bedeutung von Kommunikation und Information

Kommunikation und Information gehören wesentlich zur Existenz des Einzelnen, doch auch zum Bestand der Spezies. Dabei geht es nicht um das Gespräch mit dem unrasierten und schlecht gelaunten Ehemann am Frühstückstisch oder den regelmäßigen Konsum der *tagesschau*. Über Kommunikation und Information werden wesentliche Handlungen des Einzelnen mit jenen der Gruppe abgestimmt. Jeder weiß so viel über die anderen, dass er sich sicher im Verband bewegen kann. Das richtige Kommunikations- und Informationsverhalten ist keine Frage des Knigge, sondern lebensnotwendig für den langfristigen Erfolg einer Spezies.

Dies gilt nicht nur für die Menschen. Auch im Tierreich sind verblüffende Abstimmungsvorgänge zu beobachten. Wölfe verständigen sich über große Entfernungen über die Qualität der gemachten Beute. Indianer, die dies beobachteten, konnten die entsprechenden Laute der Tiere nahezu »wörtlich« verstehen. Ameisen folgen genauen elektronischen Signalen, nach denen sie entweder einen Hügel oder eine Straße anlegen. Wale und Delfine verfügen über das vielleicht ausgeklügeltste Kommunikations- und Informationssystem im Tierreich. Wir werden uns diesem später noch ausführlich zuwenden. Hier sei gesagt: Es ist jenem des Menschen sogar in einigen Aspekten überlegen – bislang jedenfalls. Und zugleich gibt es frappierende Ähnlichkeiten zwischen der Kommunikation von Delfinen und den Mechanismen, nach denen das Internet funktioniert.

Schon bisher hat der Mensch ein bereits sehr ausgefeiltes Kommunikations- und Informationswerkzeug entwickelt. Er hat mittels der Sprache und ihrer Vervielfältigung die kniffeligsten Aufgaben lösen können, wenn ein Thema durch die Gemeinschaft getragen werden soll. Es haben sich zugleich intuitive Formen herausgebildet, wenn die Anforderungen kompliziert und Probleme von vielen gleichzeitig zu lösen waren.

Beispiel Straßenverkehr: Wir alle sind es gewohnt, uns von Ampeln und Verkehrsschildern leiten zu lassen. Sie sagen uns genau, was wir zu tun haben. Wer sich allmorgendlich über eine Rot-Phase ärgert, der kann nur erahnen, wie kompliziert es sein muss, die Kommunikationsstruktur im Straßenverkehr einer Millionenstadt zu organisieren. Die Planer müssen nicht nur theoretische Meisterleistungen vollbringen (wie lange brauchen die Fahrzeuge aus welchen Richtungen bis zu einer bestimmten Kreuzung). Sie müssen die Abläufe vorausschauend gestalten und die Teilnehmer so informieren, dass die einigermaßen flüssig über die Kreuzung kommen. Der große Bruder Verkehrsleitstelle muss zudem Erfahrungswerte integrieren, etwa, wie viele Fahrzeuge durchschnittlich in welche Richtung fahren und wie sich das auf die Ampelschaltungen auswirkt.

Interessanterweise haben Experimente in mehreren europäischen Städten gezeigt, dass es auch ganz anders geht: In verschiedenen Feldversuchen wurden nämlich sämtliche Schilder und Ampeln weggeräumt und durch eine einzige, allgemein bekannte Regel (»Rechts vor Links«) ersetzt.[16] Die Ergebnisse waren erstaunlich, weil die Verkehrsteilnehmer intuitiv richtig miteinander kommunizierten. Das befürchtete Chaos blieb aus, im Gegenteil – in einigen Orten ging die Unfallquote sogar zurück. Die Menschen haben gezeigt, dass sie auch ohne detaillierte Regeln Informationen geordnet und füreinander verständlich austauschen können.

Ein ähnliches Phänomen hat der amerikanische Soziologe William S. Whyte bei Fußgängern in New York beobachtet.[17] Entgegen aller theoretischer Erwartungen rennen Menschen einander auf vergleichsweise engen Gehwegen nicht über den Haufen, sondern entwickeln Körpersignale, um den anderen mitteilen, wohin sie gehen werden. Meist geschieht diese Verständigung unbewusst und in Sekundenschnelle. Aber diese lautlose Sprache muss offenbar so gut sein, dass sie augenblicklich verstanden wird. Und Leute, die vom Land in die Stadt kommen, sind im Großen und Ganzen in der Lage, diese Regeln auf Anhieb zu verstehen – obwohl nirgendwo festgelegt ist, ob man nun rechts oder links an einem Entgegeneilenden vorbeigehen soll. Sie können es einfach. Und je länger sie in New York sind, desto besser gelingt es ihnen am Ende.

Verdichtung und Beschleunigung – der Wettlauf mit der Zeit

Unsere Kommunikations- und Informationsfähigkeiten verbessern sich in dem Maß, in dem wir gefordert werden. Wir lernen durch Veränderungen und gestalten sie mit. Was gut ist, wird weiterentwickelt. Dabei setzt man sich auch über autoritär gesetzte Vorgaben hinweg. In New York zum Beispiel existiert die wunderbare, aber ungeschriebene Regel, dass ein Fußgänger selbst bei Rot über die Kreuzung gehen darf. Obwohl formal im Recht, trägt der Autofahrer bei einem Unfall die Schuld.[18] Die Leute haben diese kuriose Situation durch jahrelange Übung einfach durchgedrückt.

Im Internet artikuliert sich die Menschheit ohne Grenzen von Zeit und Raum. Eine zentralistische Regulierung war im Netz von Anfang an undenkbar. Obwohl das Militär die Gelegenheit hatte, übernahm es bei der »Gründung« des World Wide Web nicht die Macht. Und auch alle folgenden Versuche, etwas zu regulieren, sind gescheitet. Regulierungen wurden nur akzeptiert, wenn die Maßnahmen von einer qualifizierten Mehrheit von Nutzern unterstützt oder herbeigeführt wurden.

Mit dem weltweiten Netz hat der Prozess der gemeinsamen Kommunikation und Information eine geschichtlich einmalige Verdichtung erfahren. Durch die Art, wie die Menschen über die vom Internet ermöglichten Kanäle kommunizieren und Informationen weitergeben, erschließen sie sich ein neue zivilisatorische Dimension, die das Denken des Einzelnen ebenso verbessert wie es die kollektive soziale Intelligenz steigert.

Dies geschieht nicht in historischer Zufälligkeit. Wir haben einen Punkt erreicht, wo wir keine andere Wahl mehr haben. Die Versuche, auf die großen Fragen des 20. Jahrhunderts Antworten zu finden sind allesamt gescheitert. Kommunismus, Super-Kapitalismus, Neo-Liberalismus, Protektionismus – alles Makulatur. Während Einzelne oder Gruppen darauf aus waren, ihre eigenen Vorteile zu maximieren, hat sich die Welt weitergedreht. Wurde zum Dorf, wie der amerikanische Medientheoretiker Marshall McLuhan es formuliert hat.[19] Und danach wieder flach, so die Entdeckung des *New York Times*-Kolumnisten und Publizisten Thomas L. Friedman.[20]

In einer solchen Welt können die eklatanten Gegensätze nicht nebeneinander bestehen bleiben: Superreichtum gegen wachsende Verarmung (selbst im Westen). Luxus-Schlankheitskuren gegen ausgedörrte Menschengerippe. Dreifachstudium gegen Analphabetismus. Globale Terroristen gegen Zivilisten. Überschwemmungen gegen extreme Dürreperioden. Es ist eine immer schneller drehende Spirale in Richtung Untergang.

Für jeden, der die Lage halbwegs nüchtern betrachtet, muss spätestens jetzt klar sein: Wir brauchen einen neuen Ansatz, um die Probleme zu lösen. Und wir brauchen diesen Ansatz schnell. Es ist ein Wettlauf mit der Zeit. Beschleunigung und Universalität, vom Internet geschaffen, sind Reaktionen auf diesen enormen Druck.

Die Einzelnen und das Ganze

In dem apokalyptischen Katastrophenfilm *The Day After Tomorrow* (1996) bemerkt der Held Jack, der gegen alle Vernunft in New York seinen Sohn Sam aus arktischer Kälte befreit, die Menschheit habe schon mehrere Eiszeiten überlebt, sie werde auch diese überstehen. Sam gehört zu ein paar Jugendlichen, die eine öffentliche Bibliothek vor der vollständigen Vereisung retten, indem sie wertvolle alte Bücher aus den Regalen holen, sie in den Kamin werfen und verbrennen. Sie selbst wärmen sich an dem Feuer, und erfrieren aus diesem Grunde nicht wie alle anderen Bewohner der Stadt.

Um das Verheizen von Büchern zur Rettung der nackten Existenz geht es im Internet glücklicherweise nicht, ganz im Gegenteil: Derzeit gibt es im kalifornischen Mountain View Dutzende von Maschinen, auf denen das gesammelte Wissen der Welt gescannt wird. Mitarbeiter legen geduldig Seite für Seite auf die Scanner, um jedes Blatt zu digitalisieren. Dieses von der Suchmaschinenfirma Google im Jahr 2004 initiiertre Projekt dient nicht dem Bau eines Archivs. Schließlich sind die wichtigsten Bücher der Welt bereits in Bibliotheken klimatisiert und erdbebensicher aufbewahrt. Diese Werke würden uns im Falle einer globalen Katastrophe mit einiger Sicherheit überleben.

Wem würden sie allerdings danach nutzen? Was soll eine Welt voller Fakten, aber ohne Menschen? Die Idee hinter der Erfassung menschlichen Gedankenguts ist keine des Bewahrens. Einmal gescannt, soll das Wissen allen Menschen zur Verfügung stehen. Die alleinige Tatsache, dass wir es besitzen, hilft uns nicht weiter. Wir müssen es benutzen und verstehen.

Sid Verba, der langjährige Bibliothekar der weltberühmten Widner Library in Harvard erzählte im Frühjahr 2007, kurz bevor er in den Ruhestand trat, dass sein Arbeitsvertrag auch noch nach über hundert Jahren unverändert als seine wichtigste berufliche Verpflichtung vorsehe, zu Ende eines jeden Studienjahrs alle in den Beständen befindlichen Bücher zu erfassen.[21] Die etwas zu lang geratene Diskussionsveranstaltung kürzte er augenzwinkernd mit der Bemerkung ab, er müsse jetzt gehen, weil er in den ihm verbleibenden zwei Berufsmonaten noch mehrere Millionen Bücher zu zählen habe. Er war sich der Absurdität des Anspruchs, ein Einzelner könne das gesammelte Wissen der modernen Welt auch nur überblicken, bewusst. Daher war er einer der ersten glühenden Befürworter des Digitalisierungsprojekts. Gelassen und ohne jede elitäre Attitüde sah er seinen selbstverständlichen Kulturauftrag darin, das gesammelte Wissen nicht exklusiv wegzuschließen, sondern es möglichst jedem Menschen zugänglich zu machen. Das Beispiel spricht Bände: So wenig der Bibliothekar von Harvard seiner Aufgabe nachkommen kann, jedes Buch zu zählen, so wenig ist der einzelne Wissenschaftler imstande, alles zu lesen und zu verstehen.

Verba, im Übrigen einer der angesehensten Historiker der Welt, ist nicht der Einzige, der die Digitalisierung des Wissens vorangetrieben hat. Anfangs war das Google-Vorhaben noch angefeindet worden. Die Urheberrechte würden mit Füßen getreten, hieß es immer wieder. Nach nur wenigen Jahren machen die meisten wichtigen Bibliotheken auf dieser Welt bei dem Projekt mit. Einige gehen sogar noch weiter: Die Bayerische Staatsbibliothek hat sogar eine Außenstelle in der virtuellen Welt von Second Life, einer Plattform, die sich zum Ziel gemacht hat, die gesamte Welt dreidimensional im Internet abzubilden.[22] Und auf einer Konferenz in Potsdam, die im Mai 2008 stattfand, wurde darüber diskutiert, wie Videolernspiele grundsätzlich in Bibliothekskonzepte integriert werden können – damit Jugendliche anfangen, diese Institutionen zu nutzen.[23] Wir beobachten also weltweit eine Revolution in den ehrwürdigen Hallen.

Längst überwiegen nicht mehr die vielen Bedenken, wie man das Wissen möglichst vor dem Pöbel fernhalten könne. Schweizer Archivare warnten 2007, es bestünde das Risiko von erheblichen Lücken im kollektiven Gedächtnis der Menschheit, wenn die Buchbestände im eigenen Land nicht bald und umfassend digitalisiert werden.

Auch die *New York Times* sorgt sich. Im Frühjahr 2007 schrieb die Zeitung: »Jetzt, wo Museen und Archive digitale Räume und elektronische Mittel das Hauptwerkzeug für die Informationsbeschaffung werden, sind Aufzeichnungen, die in nichtdigitaler Form zurückgelassen werden, der Gefahr ausgesetzt, aus dem kollektiven kulturellen Gedächtnis zu verschwinden. Das lässt unser historisches Kleid ziemlich durchlöchert auszusehen.«[24] Wir staunen: Die Bibliothekare als Motor des Fortschritts? Die *New York Times* in Angst um vergessene Dokumente? Was treibt sie an? Welches Ziel verfolgen sie?

Fast könnte man glauben, sie alle hätten jene Szene aus *The Day After Tomorrow* im Kopf, in der sich die Jugendlichen vor dem lodernden Kaminfeuer die Hände wärmen und froh sind, dass der alte Papierplunder wenigstens als Zunder nützlich ist. Der Gedanke an eine solche Situation muss den Kulturhütern kalte Schauer über den Rücken jagen. Sie wollen die Bücher nicht für eine Welt aufbewahren, in der es keine Menschheit mehr gibt. Deshalb verfolgen sie alle ein- und dasselbe große Ziel: Das Wissen so zusammenzufassen und unsere Köpfe derart zu vernetzen, dass es erst gar nicht so weit kommt. Wir wollen nicht in unseren vereisten Großstädten, versteppten Landstrichen und verkarsteten Bergen auf ein vorzivilisatorisches Maß zurückgeworfen werden, in dem ein Buch nur noch als Brenn- und nicht mehr als Denkstoff sinnvoll ist.

Die Vernetzung der menschlichen Köpfe zum großen Superhirn nimmt Form an. Bibliothekare sind dabei die verlässlichsten Zeugen. Der Archivkeller wird zur Lichtung, die »Archivare haben die Nachfolge der Humanisten angetreten«.[25] Bisher verwalteten und hüteten sie das Wissen der Welt. Nun reißen sie ihre Türen auf. Werfen ihren exklusiven Anspruch über Bord. Fordern alle auf, das Wissen zum Leben zu erwecken. Wenn solches geschieht, muss es um etwas Wichtiges gehen.

Denn welchen Vorteil hätte ein ergrauter Bibliothekar von der Öffnung persönlich? Die meisten sind Beamte, pragmatisch denkende Menschen, die in Ruhe ihren gepflegten Lebensabend verbringen könnten. Sie sind tagein und tagaus durch die langen, stillen Gänge gegangen. Haben »ihre« Bücher betrachtet. Haben wehmütig daran gedacht, dass diese seit ihrer Anschaffung von niemandem mehr berührt, geschweige denn gelesen wurden. Sie scheinen zu spüren, dass das Internet jene Möglichkeit bieten wird, von der sie ihr ganzes Leben lang geträumt haben: Wissen über Raum und Zeit hinweg zugänglich zu machen. Sie sehen die vielen unsichtbaren Hände, die nach ihren Schätzen greifen, in den alten Bänden wühlen (ohne diese zu beschädigen!), Wissen aufsaugen und es hinaustragen in die Welt.

Anders als bei klassischen Gruppenbildungen, deren vorrangiges Interesse oft im eigenen Profit liegt, entstehen im Internet freie, freiwillig und spontan entstandene Teams. Manchmal gibt es auch unberechenbare und gar nicht selten wenig harmonisierende Zusammenballungen. Menschen schließen sich zusammen, die sich für spezifische Details interessieren. Solche, die über einzigartige Erfahrungen verfügen, bisher aber nur geografisch begrenzt in Erscheinung traten. Solche, die zu einem Thema vielleicht jahrzehntelang geforscht haben und denen zum Durchbruch der letzte winzige Baustein fehlt. Es ist der Baustein, den nur sie finden können, da er in den Händen oder Köpfen eines anderen bedeutungslos wäre. Nur sie können erkennen, ob er wirklich passt.

Andere wiederum suchen und finden im Internet den nächsten Stein, der nur durch ihr Denken in einem größeren Zusammenhang sinnvoll eingefügt werden kann. Suchen, Finden, Suchen, Weitergeben: Es entsteht ein unaufhörlicher Such- und Abtastprozess. Der eine sieht die Lösung, wo der andere fast schon am Verzweifeln ist. Ständig verschieben sich die intellektuellen Erdkrusten, werden neue Dinge entschlüsselt oder zusammengefügt. Die Teams wechseln ihre Besetzung: Oft begegnen sich Menschen, manchmal nur für kurze Zeit, um ein Problem zu lösen, ein Projekt zu beenden.

Wir erleben das Ende der Einsamkeit: Nicht mehr der Forscher im Elfenteinturm ist der Idealtyp. Sondern der, der am besten integrieren kann. Nicht mehr der erhält Anerkennung, der am meisten verdeckt hält, sondern jener, der weggibt. Wir erleben den Abschied vom abweisenden Denker, der sich zurückzieht, um autoritär ein Urteil zu fällen. An seine Stelle tritt der, der sich einlässt. Den Prozess beschleunigt. Die Hinterfragung liebt.

Vorangetrieben wird diese Entwicklung von denen, die vom Wissen anderer profitieren. Die großen Philosophen der Antike wie Plato oder Sokrates gingen von dem Satz aus: »Ich weiß, dass ich nichts weiß.« Dieses Denken wird durch einen neuen Ausspruch ersetzt: »Ich weiß mehr, wenn andere etwas wissen.«

Nicht mehr leise Resignation ist das Lebensgefühl. Weil es um das Überleben der Menschheit geht, hat der Einzelne eine völlig andere Antriebsfeder: Er will sein Wissen zwar dauernd erweitern, aber zugleich weitergeben, damit andere ihre Kenntnisse erweitern – um am Ende auch davon wieder zu profitieren. Ein neuer Kreislauf beginnt.

Dies bedeutet: Jeder muss immer weiterlernen. Selbst die Besten der Besten können sich nicht mehr auf ihren Lorbeeren ausruhen. Damit haben aber gerade die alten Eliten ein Problem.

Die Analphabeten und ihr Superhirn-Komplex

Wir erleben das Ende eines hedonistischen Zeitalters. »Sind wir Rom?«, fragt der US-Historiker Cullen Murphy, der die Symptome des amerikanischen Politsystems analysierte und mit dem Niedergang des Römischen Reichs verglich.[26] »Sind wir Rom?« – das müssen sich auch die traditionellen Eliten fragen.

Es gibt allerorten einen materiellen, aber auch einen intellektuellen Hedonismus. Wirtschaftsführer raffen zusammen, was sie bekommen können. Die Korruption blüht. Die alten Netzwerke werden immer undurchdringlicher. Die Denker und Dichter der Gesellschaft leben in trauter Inzucht, behängen sich gegenseitig mit Preisen. Die akademischen Meriten bestehen vor allem darin, möglichst lange unverändert in einer Position zu verharren.

Es ist fast so, als wären sie die letzten Kaiser, die wissen: Bald kann es zu Ende gehen, und jeder weitere Tag auf dem Thron ist ein guter Tag. Ihre Perspektive endet mit dem eigenen Leben, der eigenen Karriere.

Unter normalen Umständen wäre das auch in Ordnung. Doch die dramatischen Zentrifugalkräfte, die in unserer Zeit der Weltbedrohung wirken, verhindern eine geordnete Stabübergabe an die nächste Generation. Das verunsichert die Leistungs- und Machtträger. Also treffen sie die aus ihrer Sicht einzig richtige Entscheidung, indem sie sagen: »Wir behalten den Stab sicherheitshalber in unseren Händen. Bis wir wissen, wer würdig ist, uns zu beerben, bleibt alles beim Alten.«

Zugleich spüren sie, dass nichts beim Alten bleiben wird. Selbst sie, die Alten, müssten eigentlich lernen! Denn die Stabübergabe erfolgt nicht nach ihrem Plan, sondern nach den Regeln derer, die in der Welt auch künftig leben wollen. War es vor dem Internet noch denkbar, mit einer raffinierten Mischung aus Arroganz, Halbwissen und Ellbogen weiterzukommen, so ist das heute nicht mehr möglich. Alles liegt auf dem Tisch, jeder redet mit jedem, jeder kann sich öffentlich artikulieren, alles ist kontrollierbar geworden. Und zwar nicht von jenen, die man handverlesen als Kontrolleure ausgesucht hat.

Noch ist der Aufsichtsrat in der Deutschland AG oft nicht mehr ist als eine Marionette des im Grunde vogelfrei agierenden Vorstands. Noch beziehen die Aufseher Gehälter von jenen, die sie eigentlich kontrollieren sollten. Noch sprechen die Politiker eine kryptische Sprache, mit der sie mehr verschleiern als sie offenlegen. Doch diesen Zeiten gehen zu Ende. Im Internet hat jeder eine Stimme. Und immer mehr erheben diese Stimme auch.

Solch eine Erhebung missfällt den alten Eliten natürlich. Sie spüren, dass die Menschheit als Ganzes zu denken begonnen hat. Sie erkennen: Auch ihre eigene Uhr tickt. Sie spüren den Atem der unberechenbaren Gestalten, die sich im Internet zusammenrotten, in wechselnder Besetzung, ungreibar, sich tarnend, täuschend, manchmal sogar absichtlich eine Bombe hochgehen lassend. Sie wissen, dass diese für sie zu einer gefährlichen Bedrohung geworden sind.

Das Ende der alten Eliten durch das Internet wird durch einen asymmetrischen Krieg der Wahrheitssucher herbeigeführt. Bei einer derartigen Strategie kämpfen unorganisierte Guerillas gegen organisierte Armeen. Und meist unterliegen die Armeen, weil sie nicht beweglich genug sind. Die Spezies Mensch als Ganzes kennt keine Nostalgie, wenn es um das Überleben der Gattung geht. Sie definiert neu, wenn alte Hierarchien versagen. Sie verfolgt das übergeordnete Ziel des Überlebens, dessen Gewährleistung die alten Eliten nicht geschafft haben.

Die Menschheit entwickelt jene Kommunikations- und Informationsformen, die sie zum Überleben braucht. Wer dies nicht versteht, bleibt auf der Strecke. In ihrem unbändigen Willen zu Überleben nimmt sie keine Rücksicht auf Schulterklappen, Machtinsignien oder Seilschaften. Sie fegt das alles weg, wie alten Plunder. Dieser Weg ist unaufhaltsam. Er ist dramatisch. Und er ist messbar.

Betrachten wir einmal Geld als objektivierte Messgröße. Google war im November 2007 unvorstellbare 217 Milliarden Dollar wert,[27] mehr als die alterwürdige Bank of America oder der Konsumgütergigant Procter & Gamble. Mark Zuckerberg, der vierundzwanzigjährige Gründer von Facebook, besaß 2007 ein geschätztes Vermögen von 1,5 Milliarden Dollar. Der Gründer von Skype Telefonie, Niklas Zennström, erhielt eine Milliardensumme, als er das Unternehmen an eBay verkaufte. Lange bevor er seine Firma veräußerte, betonte der bescheidene Schwede, dass es ihm nicht ums Geldverdienen gehe: Die Menschen sollten in der Lage sein, möglichst gratis zu telefonieren.[28] Damit zog er den traditionellen Telefongesellschaften den Boden unten der Füßen weg. Das Mitteilungsbedürfnis der Menschen zu befriedigen war wichtiger geworden als der Profit einer Industrie.[29] Zennström hatte die Kommunikation als lebenswichtiges Gut definiert.

Oft wird über die hohe Bewertung von Internetunternehmen gestaunt. Sie hat jedoch ihren Grund: Die »ideellen« Werte, die durch Firmen wie Google, Skype oder Facebook geschaffen wurden, sind für die Menschheit in der Tat so wichtig, dass der unbestechliche Markt bereit ist, reale Preise zu bezahlen. Jene, die diese Firmen gegründet haben, erhalten so viel Geld – weil sie es tatsächlich *verdienen*! Zehn Millionen Euro Jahresverdienst sind für durchschnittliche Manager zu viel. Die Öffentlichkeit regt sich zu Recht über diese Summen auf. Sie spürt: Deren »Leistungen« brauchen wir nicht. Aber haben Sie schon jemals bittere Töne über Bill Gates' Reichtum gehört? Selbst die schillernden Gründer des Studentennetzwerks studiVZ, Ehssan Dariani und Dennis Bemmann, haben sich ihre Millionen verdient, bevor sie ihr Unternehmen verkauften. Und es gab keine öffentliche Äußerung, dass ihnen das viele Geld nicht zustehen würde.

Natürlich gefallen den alten Eliten solche Dinge überhaupt nicht: Denn sie sind neidisch, einfallslos – und scheuen das echte Risiko. Sie können keine Firmen gründen, keine Technologie erfinden. Sie bringen nichts Neues auf den Markt, schon gar nicht mit ihrem eigenen Geld. Sie haben immer zehn Rückfahrkarten in ihrer Tasche. Zugleich nehmen sie die Globalisierung zum Vorwand, um sich selbst immer üppigere Gagen zu genehmigen.[30] Wenn es der Firma dann mal schlecht geht, werden Mitarbeiter entlassen. Die Managergehälter steigen jedoch weiter. Im Internet gibt es jedoch Beispiele von echter Bescheidenheit: Amazon-Gründer Jeff Bezos verdiente 2006 und 2007 (den bislang besten Jahren in der Geschichte des Internetbuchhändlers Amazon) das Gehalt eines deutschen Lehrers: 50 000 Euro. Schon mal darüber nachgedacht, Herr Ackermann?

Ob die Internet-Multimilliardäre nun besonders sympathisch sind, ob sie schlicht die Gunst der Stunde genutzt haben, spielt für die Bewertung durch die Gemeinschaft keine Rolle. Wenn sie etwas geschaffen haben, was dem großen Ziel des Erhalts der Spezies dient, dann wird das auch honoriert. Jeder, der zur Erschaffung des menschlichen Superhirns beiträgt, wird belohnt. Nur so kann der Wettlauf mit der Zeit gewonnen werden.

Selbst etwas, was früher einmal kriminell war, kann, wenn es der Menschheit zum Überleben hilft, von ihr geadelt werden. Wie später gezeigt wird, sind es nämlich die Hacker gewesen, die dem Internet zum Durchbruch als gesellschaftlichem Prinzip verholfen haben. Programmierer »knackten« illegal fremde Programme, um deren Fehlerhaftigkeit zu beweisen. Anfangs wurden die Hacker verfolgt – bis man die Idee hatte, sie aktiv als Fehlerspürhunde einzusetzen und damit die Qualität eines Codes zu verbessern. Sie bewiesen als Erste, dass das gemeinsame Denken möglich ist.

Was heißt: Gemeinsam denken?

Wir müssen uns, gerade in Deutschland, vom Genieprinzip verabschieden. Müssen den Mythos vom Übermenschen endlich beerdigen. Müssen uns von der Illusion befreien, viel Macht in einer Hand sei das beste Prinzip der Führung. Deutschland selbst bringt für ein solches Umdenken eigentlich die besten Voraussetzungen mit. Die Republik ist durch und durch dezentral. Mitunter verstehen seine Bewohner nicht einmal die eigene Sprache, wenn einer aus dem Norden etwa auf einen Bayern trifft. Aber die Deutschen haben immer wieder Hürden errichtet, die diesen guten Grundlagen den Weg zum Durchbruch verwehrten. Die föderale Struktur führte nicht zur gewünschten Vielfalt der Länder, sondern zu einem endlosen Kompetenzgerangel und einer Kompromisssehnsucht, deren höchster Ausdruck in der »Verfischfleischung« der Politik gerann, auch Große Koalition genannt. Die Handwerker legten sich einst mit der Zunftidee selbst Fesseln an.[31] Dem freien Spiel der kreativen Kräfte wurde ein Ende gesetzt. Daher profitiert Deutschland heute in vielen Bereichen nicht von dem, was die Welt erfindet. Ausländische Firmen sieht man hierzulande nicht gern, weil Protektionismus gerade in unübersichtlichen Zeiten seinen Charme hat.

Die Menschheit braucht jedoch einen ganz anderen Schutz: Sie will als Gattung überleben, und kann das nur, wenn alle Kräfte zusammenwirken. Wie wir im vergangenen Jahrhundert gesehen haben, ist das nicht so einfach. In den Siebzigerjahren, als Softvariante der 68er-Emanzipation, war die »Gruppe« plötzlich das Idealbild der Gesellschaft. Es sollte palavert werden, möglichst endlos, dann würde sich am Ende das richtige Ergebnis automatisch einstellen. Wie wir später sehen werden, beinhaltet das Überlegen in der Gruppe *(group think)* so seine Tücken.

Auch die intellektuellen Zwischenhändler (Parteien, Gewerkschaften, Kirchen, Medien) haben nicht den Einzelnen gefördert. Indem jeder durch das Internet direkt an dem Gesamtprozess teilhat, nimmt er unmittelbar Einfluss. Und zwar schon sehr früh: Gedanken werden im Internet gemeinsam gefasst, Irrtümer korrigiert. Alles wird getan, damit der Denkprozess nicht in eine Sackgasse mündet.

Das Internet beschert uns die beste Umsetzung aller Chaostheorien oder des Schumpeter'schen Prinzips der schöpferischen Destruktion. Demnach sind bestimmte Veränderungen nicht durch gutes Zureden zu erreichen, sondern nur, indem das Neue das Alte radikal infrage stellt. Das World Wide Web ist eine Chance, wie die Menschheit ihr komplettes Kommunikations- und Informationssystem dramatisch verbessern kann, indem jeder Einzelne an jedem stattfindenden Prozess teilnimmt. Durch das Internet hat die Menschheit gewissermaßen zu sich selbst gefunden: zu jedem Einzelnen, als bestem Garanten für das Erreichen des großen gemeinsamen Ziels, dem Überleben der Gattung.

Auf diesem Weg entsteht eine neue soziale Intelligenz, mit der wir die Möglichkeit haben, die enormen Probleme zu lösen, mit denen wir konfrontiert sind. Ob es gelingt, ist, wie gesagt, eine Frage der Zeit. Es ist aber überdies eine Frage, wie gut die Einzelnen lernen, mit dem neuen Instrument umzugehen. Denn wirklich umgesetzt kann diese Entwicklung erst in einem tief greifenden kulturellen Transformationsprozess. Dieser wird von jenen betrieben, die das World Wide Web verstehen. Und das Ergebnis wird vermutlich anders aussehen, sollten die Chinesen am Steuer sitzen oder die Amerikaner. Wenn die Europäer überhaupt keine Rolle bei diesem Geschehen spielen, wird der neuen Menschheit einiges fehlen.

Ein Ende hat diese Umwandlung nicht – außer die Menschheit jagt sich vorher in die Luft, wie es eine durchaus realistische Analyse des amerikanischen Journals *Foreign Affairs* nahelegt.[32] Die Menschheit – und damit der Einzelne – wird jedoch, wenn die Verwandlung gelingt, am Ende ganz anders sein als heute.

Wir Menschen werden uns grundlegend geändert haben. Keine Sorge: Wir werden weiterhin essen, schlafen und mit dem Auto fahren. Wir werden nicht mit drei Ohren und fünf Augen ausgestattet sein. Aber wir werden tatsächlich einen siebten Sinn besitzen, eine völlig neue Fähigkeit, uns als Spezies zu informieren, zu kommunizieren.

Wohin die Reise geht, werden wir besser verstehen, wenn wir einen Blick in die Zoologie werfen. Es gibt Tierarten, die schon seit Ewigkeiten genau das können, was wir gerade mit dem Internet erlernen. Die Delfine beispielsweise kommunizieren über große Entfernungen, durch dunkle Meere hindurch, in unglaublicher Schnelligkeit und Mehrdimensionalität. Im Folgenden wollen wir betrachten, was diese Säuger machen, die die Kinder überall auf der Welt in gleichem Maß faszinieren, obwohl sie nass, glitschig und eigentlich viel zu groß für die Kleinen sind. Die Delfine haben einen Code, den wir Menschen imitieren können. Wenn dies gelingt, kann auch das Überleben der Menschheit gelingen.

2 Der Delfin-Code

»Sie klicken unablässig.«
»Beobachten statt dressieren.«
»Ist nicht der Mensch die Krone der Schöpfung?«
»In Deutschland lebten im Januar 2007 etwa dreiundzwanzig Millionen Tiere in Haushalten, Goldfische und Schildkröten nicht mitgerechnet.«[1]
»Ah, look at all the lonely people.« (Aus dem Beatles-Song Eleanor Rigby*)*

Was wir von den Tieren lernen können

Keine Sorge: Wir werden jetzt nicht esoterisch. Nicht pantheistisch. Wir flippen auch nicht aus. Sie können ungefährdet weiterlesen. Sie werden sich auf den folgenden Seiten nicht plötzlich unter die Achsel fassen, um zu überprüfen, ob Ihnen schon Schwimmflossen wachsen. Wir wollen bloß eine Analogie bemühen, um zu verstehen, warum das Internet mehr ist als eine Technologie, mehr als die Summe der endlosen Kabel unter Ihrem Schreibtisch.

Die Zahl von dreiundzwanzig Millionen Haustieren bei einem Achtzig-Millionen-Volk legitimiert uns, einen Blick über den menschlichen Zaun hinauszuwerfen. Deutschland ist hier übrigens ganz und gar nicht exotisch: In anderen westlichen Zivilisationen, etwa in den USA, ist das Verhältnis von Haustier und Bevölkerungsdichte noch krasser.

Aus intellektueller Perspektive blicken wir Menschen gern mit einer gewissen Herablassung auf die Tiere. Um 1800 lebten nur drei Prozent der Weltbevölkerung in Städten, heute sind es nach Berechnungen der UNO (Weltbevölkerungsbericht 2007) über 50 Prozent, insgesamt rund 3,3 Milliarden Menschen. Kein Wunder, dass wir den Bezug zur Natur verloren haben. Und uns dabei als Menschen überschätzen und anderes

Leben unterschätzen (»Herren der Schöpfung«). Der amerikanische Mediziner Jonas Salk, Entdecker des Impfstoffs gegen Kinderlähmung, ordnet die Stellung des Menschen im Ökosystem des Lebens schonungslos ein: »Würden alle Insekten auf der Erde verschwinden, würde innerhalb von fünfzig Jahren jedes Leben auf dem Planeten erloschen sein. Würde die Menschheit verschwinden, würde nach fünfzig Jahren das Leben auf der Erde blühen und vielfältig sein wie nie zuvor.«[2]

Betrachten wir also den Menschen einmal kurz im Ensemble der anderen Lebewesen. Er kann vieles, was Tiere nicht können (etwa an den Finanzmärkten spekulieren). Er kann vieles, was Tiere auch können (Gedichte schreiben, zum Beispiel, das können Delfine nämlich auch). Und er kann einiges nicht, was Tiere können (stundenlang unter Wasser schwimmen, fliegen, mehr oder weniger nackt in der Antarktis leben wie die Pinguine). Manchmal, wenn es um Leben oder Tod geht, sind die Tiere sogar besser. Französische Forscher haben herausgefunden, dass viele Tiere aufgrund ihres akustischen Kommunikationssystems rechtzeitig vor dem Tsunami 2004 im Indischen Ozean gewarnt wurden. Elefanten, Löwen, Tauben oder Krokodile hatten die Todeszonen etwa in Thailand und anderswo längst verlassen, als die Katastrophe die Menschen völlig überraschte.[3]

Für viele seiner Defizite hat der Mensch im Lauf der Zeit technische Ersatzlösungen entwickelt: Tauchen mit entsprechenden Geräten ist heute Massensport, ein über die Wälder segelnder Paraglider ist uns kaum noch einen bewundernden Blick wert, Neil Armstrong und seine Kollegen war gut genug bekleidet, um selbst auf dem Mond nicht zu bibbern. Der Mensch hat es verstanden, die Tierwelt zu imitieren, wo er von ihrem Beispiel profitieren konnte.

Meist war dies ein Lernprozess: Die ersten Flugversuche scheiterten deshalb, weil der Mensch den Vogel zu wörtlich zitierte – mit schlagenden Flügeln ging es zunächst bergab. Erst als die Flügel statisch an einen Körper gebunden waren (= Flugzeug), gelang der Aufschwung. Unersättlich wie der Mensch nun einmal sein kann, ist er den Tieren in den meisten ihrer ureigenen Eigenschaften heute dank technischer Hilfsmittel weit voraus. Maßlos wie der Mensch nun eben auch ist, hat er dabei viel zerstört und immensen Schaden angerichtet. Nun steht die Welt am Abgrund. Wir Supertiere können nicht mehr kontrollieren, was wir alles geschaffen haben und was gemacht wird.

Die neuen Fähigkeiten hatten allerdings keine wesentlichen Veränderungen des genetischen Materials zur Folge (wie wir gesehen haben, ist dieses Potenzial im Wesentlichen noch immer auf dem Stand der Neandertaler). Es ist eine Frage der Kultur, wie die Geschichte weitergeht. Man kann auch sagen, es ist eine Frage des zivilisatorischen Reifegrads.

Die meisten menschlichen Adaptionen aus dem Tierreich kamen nicht deshalb zustande, weil sich irgendwelche Wissenschaftler hinsetzten und – *l'art pour l'art* – die Gattung verbessern wollten. Diese Experimente waren entweder peinlich (der spätmittelalterliche Homunculus) oder verheerend (Hitlers Rassenwahn). Sie erfolgten vielfach aus gesellschaftlicher Notwendigkeit: Die Fliegerei wurde ein Erfolg, weil der weltweite Handel schnellere Verbindungen brauchte. Das Tauchen wurde vor Tausenden von Jahren entwickelt, weil die Gewässer Nahrung oder Schätze (Perlentaucher) enthielten. Warum der Mensch auf den Mond flog, ist noch nicht ganz klar. Immerhin gibt es Propheten wie den amerikanischen Rechtswissenschaftler Glenn Reynolds, der in den USA vehement für eine Privatisierung der Raumfahrt drängt, um einer aus den Nähten platzenden Menschheit neuen Lebensraum zu verschaffen. Im Jahr 2007 wurden daher nur folgerichtig die ersten privaten Reisen ins All veranstaltet. Für den Briten Richard Branson, den Begründer der Virgin Music Stores und einer erfolgreichen Fluglinie, ist es ein Gebot der Stunde, den Massentourismus ins All zu verlegen. Und einer der Google-Gründer, Sergej Brin, finanziert ein Unternehmen, welches Weltraumflüge organisiert.[4]

Bei den Tierimitationen des Menschen ist vieles intuitiv geschehen, das meiste sogar zufällig. Vielleicht werden kommende Generationen einmal auf uns blicken und sagen: »Die Idee mit dem Internet haben sie sich bei den Delfinen abgeschaut – clever, clever!«

Das Echolotsystem der Delfine

Selbst der in zoologischen Fragen ungeschulte Mensch weiß vermutlich, dass Delfine eine besondere Art der Kommunikation beherrschen. Die Entwicklungspsychologin Katharina Zimmer hat diese so merkwürdig sympathischen Tiere beobachtet, wie sie bei der Therapie von behinderten Kindern eingesetzt werden. Die Ergebnisse zeigen, dass gerade der Vergleich von Kindern und Delfinen zulässig ist. Die Rückschlüsse, die wir daraus ziehen können, sind erstaunlich.

Kinder haben wie Delfine eine sehr kompakte Form der Wahrnehmung. Während beim Erwachsenen die Systeme von Wahrnehmung und Kommunikation weitgehend »spezialisiert« sind, können Kinder wie Tümmler »Sinnesreize aus einem Wahrnehmungssystem in ein oder mehrere andere(s) übersetzen«.[5]

Die Delfine verfügen vor allem über eine Fähigkeit, die wir beim Gebrauch des Internets durch den Menschen wiedererkennen: Sie benutzen eine Art Sonar, also eine Echoortung. Schallwellen werden ausgesandt, und aus der Reflexion, etwa im Wasser, erkennen die Delfine bestimmte wichtige Informationen. Sie hören/sehen und orientieren und kommunizieren in einem ganzheitlichen Prozess.

Zimmer beschreibt das Phänomen so: »Delfine sind ständig miteinander im sozialen Kontakt, sind zum Überleben ähnlich wie wir auf Kommunikation angewiesen. Sie ›chatten‹ fast ununterbrochen.«[6] Die Menschen, einmal klug und erwachsen, müssen dagegen mit einem »Zeitverlust bei der Verarbeitung von Wahrnehmungen« fertig werden. Die Delfine profitieren unter widrigsten Umständen (große Entfernungen, Dunkelheit des Meeres in der Tiefe) von ihrer »unheimlich raschen Wahrnehmungsintegration«.[7]

Im Zusammenspiel der Nahsinne (Fühlen, Tasten etc.) mit den Fernsinnen (Sehen, Rufen etc.) sind die Tiere den Menschen überlegen, weil das Delfinbaby etwa »aufgrund seiner Ultraschallortung und der Erkennungspfiffe« von Anfang an auch über große Entfernung den Kontakt mit seiner Mutter nicht verliert.[8] Anthropologen definieren die »Fernkommunikation zur Aufrechterhaltung der Bindung an die Mutter oder andere soziale Partner mithilfe von Sprache … als Schritt in die Kultur«.[9]

Für die Delfine ist dabei ein Organ von besonders hohem Wert: ihr Echolot. Sie können damit über weite Entfernungen sehen, also »Objekte, Artgenossen und andere Tiere identifizieren, ihnen zu Hilfe eilen und Botschaften übermitteln«.[10] Die Delfine stoßen hochfrequente, laute Geräusche aus, die an der Wasseroberfläche wie an einem Spiegel abprallen und über ihr kaum zu hören sind. Diese Kommunikationsform ist stark emotional, vergleichbar jener, die die Menschen über den Gebrauch der Sprache hinaus »mit Mimik, Blick, Klang und Betonung herstellen«.[11] Die Geräusche der Delfine sind »Klicklaute«, deren Echo im Gehirn der Tiere zu Bildern verarbeitet werden. Das abprallende »Bild« wird vom anderen Tier regelrecht »gescannt«, also abgetastet.

Als wäre das nicht schon genug: Die Botschaften, die dabei übertragen werden, sind Forschungen zufolge hochkomplexe Grafiken, vergleichbar einer »Röntgenaufnahme«, wie der britische Delfinforscher Horace Dobbs beobachtet hat.[12] Diese phänomenale Kommunikationsform haben die Tiere bereits vor Millionen von Jahren entwickelt. Die Information wird komprimiert weitergegeben, Mitteilungen in einem Laut können ganze Romane enthalten. Delfine, so zeigen Messungen, sind sogar in der Lage, Gedichte zu verfassen. Zimmer: »Delfine benutzen … sowohl eine ›digitale‹ – aus Zeichen zusammengesetzte Sprache, wie zum Beispiel beim Morsealphabet – und eine ›analoge‹, lautmalerische Sprache.«[13]

Neben der komplexen Darstellungsform zeichnet die Delfin-Kommunikation vor allem eines aus: Es besteht eine permanente Rückkoppelung. Immer wird reagiert und geantwortet. Die Kommunikation ist so etwas wie eine beständige Wechselwirkung, Handlungen erfolgen in steter Abstimmung mit dem »Gesprächspartner«. Dieses Miteinander ist eine besondere Art der Intelligenz. Es wird benötigt, Leben und Überleben je nach veränderten Bedingungen sicherzustellen. Ähnliches finden wir auch im Bauplan des menschlichen Gehirns, wie wir später sehen werden.

Diese besondere Intelligenz ist keine »kalte«: Gefühle, Absichten und Selbstbewusstsein spielen eine wichtige Rolle. Die Forschung dazu steht erst ganz am Anfang. Die Beobachtungen in der Therapie mit behinderten Kindern zeigen jedoch eindeutig, dass Delfine vor allem »sinnvoll mit ihren emotionalen Fähigkeiten«[14] umgehen. Nicht immer wird bewusst »intellektuell« entschieden. Auch die Menschen können rational und emotional kommunizieren. Manche Eltern glauben, sie müssten ihr Kind rund um die Uhr »zutexten«. Wenn es darauf ankommt, können sie jedoch auch anders. In einigen Untersuchungen wurde die »intuitive, sekundenbruchteilschnelle Handlungsfähigkeit von Eltern« nachgewiesen, wenn es darauf ankam, ihre Kinder aus einer Gefahr zu retten.[15] Die Wissenschaft nennt dieses Phänomen »Biofeedback«. Damit ist gewissermaßen eine automatische Reaktion in bestimmten Situationen beschrieben, in denen die Sprache noch nicht entwickelt oder zu langsam ist. Gino Yu, der chinesische Videospiel-Professor, sagt dazu: »Unsere Kommunikation besteht aus Instinkten, Intellekt und Intuition. Mit diesem Dreiklang werden wir geboren.«

Die Delfine nutzen ihre Klick-Sprache unter anderem als Vehikel für ihre soziale Intelligenz: »Sie verwenden … viel ihrer *brainpower* (geistigen Energie) darauf, herauszufinden, was andere in ihren vielfältigen, komplizierten Gruppenbündnissen denken, wie sie rivalisieren und kooperieren.«[16] Die amerikanische Biologin Rachel Smolker beobachtete eine wild lebende Delfingruppe und konnte feststellen, dass es dort richtig zur Sache ging: Alle redeten gleichzeitig, miteinander, durcheinander. Das Einmalige an diesen Meeressäugetieren ist die Mischung aus Senden und Empfangen, aus Geben und Nehmen. Zimmer: »Der Delfin scheint dank seiner besonderen Wahrnehmungen … eine Art Sicherheitsschlüssel zu besitzen … Er kann ausgetauschte Gedanken und Emotionen nicht nur erkennen, analysieren und Schlüsse daraus ziehen, sondern er kann sie … direkt in gemeinsames Handeln einfließen lassen. Wegen seiner überlegenen Assoziationsfähigkeit (seiner Begabung, Informationen miteinander zu verknüpfen) bewältigt er diesen komplexen Umsetzungsprozess sehr schnell.«[17]

Die Psychologin Katharina Zimmer traut dem menschlichen Gehirn zu, dass es sich noch weiter verbessert: Der evolutionäre Fortschritt sei »die Verquickung von hoher emotionaler Entwicklung mit sozialem Verhalten einerseits (wie Beziehungsfähigkeit und Kommunikation) und echter Entscheidungsfähigkeit andererseits (wie Flucht oder Angriff)«.[18]

Den Delfinen gleich, können die Menschen ebenfalls ein ausgeprägtes »Wir-Bewusstsein« entwickeln. Erfreulicherweise ist dies keine Illusion: »Viele Zoologen und einige Neurowissenschaftler … sind der Meinung, dass jede Spezies das für ihre Lebensbildung am besten ausgebildete Gehirn hat.«[19] Das sind gute Neuigkeiten: Die Erschaffung des Superhirns des Menschen, welches durch das Internet möglich wird, ist also möglicherweise kein Zufall, sondern im Bauplan der Natur vorgesehen. Und es ist auch nicht ganz überraschend: Haben doch die Menschen schon in den vergangenen Hunderttausenden von Jahren eine beständige Verfeinerung ihres Kommunikations- und Informationssystems betrieben und rennen daher nicht mehr wie die Höhlenmenschen im Tierfell herum, sondern tragen Prada und Armani.

Die Sprache als Vorstufe

Auch ihre Kommunikation erfuhr ständige Verfeinerungen. Die Sprache setzte fort, was mit Gebärden und unartikulierten Lauten begonnen hatte. Je komplizierter die gesellschaftlichen Prozesse wurden, desto raffinierter wurde die Sprache. Je mehr Mitglieder eine Gruppe umfasste, die miteinander kommunizieren wollten, desto einfacher wurden die sprachlichen Regeln. Linguisten haben belegt, dass die als »primitiv« geltenden Sprachen von kleinen Völkern in isolierten Gegenden meist viel komplexer sind als moderne Zivilisationssprachen.

Die Schrift war der nächste Schub zur Erweiterung unseres Kommunikations- und Informationssystems. Auch sie trug zur Vereinfachung der Sprache bei: In einer nur gesprochenen Sprache sind viel mehr Nuancen in den Lauten möglich. Will man diese alle aufschreiben, wird es kompliziert. Und wenn ein Fremder, der nicht zum Stamm gehört, diese auch noch lernen muss, erst recht.

Wir sehen also: Je größer die Gruppe, die eine Sprache benutzt, desto einfacher die Regeln. Und welche sich wirklich durchsetzen, bestimmt nicht eine Sprachbehörde (der Traum aller deutschen Feuilletonisten!), sondern die Mehrheit: Was oft verwendet wird, bekommt die sichersten grammatikalischen und lexikalischen Formen, wird zur Konvention.[20] Es sind ungeordnete Prozesse, in denen sich diese Übereinkunft entwickelt, jedoch immer der Bestimmung folgend: Was brauchen wir zum Überleben? Es ist daher kein Zufall, dass ein selbst für amerikanische Ohren simplifiziertes Englisch Weltsprache geworden ist, welches von Österreichern, Kenianern, Russen und Chinesen so weit eingeebnet wurde, dass es alle verstehen – und die Franzosen mittlerweile sogar sprechen können. An die Idee des Esperanto als einer künstlich eingeführten Sprache für alle kann man sich dagegen kaum noch erinnern.

Medien als Zwischenschritt

Das Wachstum der Gruppen zu Gesellschaften erhöhte die Anforderungen. Der Zuruf untereinander reichte nicht mehr aus. Auch der Brief, überbracht per Bote oder Kutsche, konnte mit dem Tempo sozialer und wirtschaftlicher Entwicklungsprozesse nicht mehr mithalten. Texte mussten vervielfältigt werden. Johannes Gutenberg, der Erfinder des Buchdrucks, wird immer wieder als Vorfahre von Google bezeichnet. Bücher, Zeitungen, Radio und Fernsehen führten zur Entwicklung unserer modernen Mediengesellschaft. Alle diese Fortschritte im Kommunikations- und Informationssystem haben uns zu jenen Menschen gemacht, die wir heute sind. Es sind Ordnungsprinzipien, die unser Zusammenleben kultivieren. Durch sie sind wir heute so anders als die Höhlenmenschen. Wir sind als Spezies intelligenter geworden, weil die vielfältigen Ausdrucksformen – Malen, Sprechen, Schreiben, Telefonieren – unsere Denkprozesse extrem beeinflussten. Und damit auch unsere kollektiven Entscheidungen, Handlungen und Wertmuster.

Jede Verfeinerung der Kommunikation diente nur dem Ziel, die Spezies auf neue Lebensumstände besser einzustellen. Und sämtliche neuen Mitteilungsstrukturen waren Reaktionen auf die Erweiterung unseres jeweiligen Kreises von Mitmenschen. Adam und Eva brauchten kein Handy. Aber schon für Romeo und Julia war der berittene Bote zu langsam: Hätte Julia ihrem Geliebten eine SMS schicken können, dass sie ihren Tod nur vortäuscht, wären beide glücklich geworden (das hätte Shakespeare allerdings die Geschichte verdorben). Und heute? Eine, sagen wir, in Texas mit einem Deutschen verheiratete Venezuelanerin benötigt das neue Kommunikations- und Informationssystem existenziell, um das Zusammenleben ihrer über den Erdball verstreuten Familie zu organisieren.

Wie im Leben der Einzelnen haben sich auch die Ansprüche der Gesellschaft im Ganzen dramatisch verändert. Die neuen Kommunikationsprozesse helfen uns, mit den Wandlungen Schritt zu halten. Schon mit der Idee, Papier zu bedrucken und zu vervielfältigen, hat sich etwas in unseren Köpfen getan: »Das wichtigste neue Element ... ist das gleichzeitige Abklopfen der Gedanken von verschiedenen Geistesgrößen in einem simultanen Vorgang«, schreibt die amerikanische Historikerin Elizabeth Eisenstein in ihrer faszinierenden kulturgeschichtlichen Einordnung des Buchdrucks.[21]

Ganz ähnlich wie bei der Einführung des Internets, wo den Militärs das wunderbare Werkzeug aus der Hand genommen wurde, war es auch beim Buchdruck: Anfangs wurde die Innovation von den Mächtigen begeistert unterstützt und finanziert, weil sie hofften, mittels des Buchs ihre Vorstellungen gießkannenartig in die Köpfe der Untertanen einträufeln zu können. Aber die Leute waren schon damals nicht blöd: Weil sie auf einmal lesen, vergleichen und damit besser urteilen konnten, emanzipierten sie sich von den herrschenden Lehren, die, einmal gedruckt, ihren Schrecken verloren. Dieser Prozess ging immer weiter: »Die Erfindung des Taschenbuchs hat mehr zur Veränderung in der wissenschaftlichen Erziehung gebracht als alle modernen Erziehungsmethoden; und deshalb sollte der innere Zusammenhang der Handwerkskunst des Druckers und der der Wissenschaftsentwicklung keinesfalls gering geachtet werden.«[22]

So war es nur logisch, dass sich die alten Eliten bald als Gegner des Fortschritts positionierten. Der Humanist und Theologe Philip Melanchthon rief bei seiner Antrittsvorlesung in Wittenberg dazu auf, die Glossare, die im Lauf der Zeit von Schülern und Forschern an die Ränder der Schriften geschrieben wurden, zu ignorieren und zu den »reinen griechischen und hebräischen Quellen zurückzukehren«.[23]

Heute sehen wir diese Glossare als Elemente der delfinischen Rückkoppelung, und daher als etwas ganz außerordentlich Positives. Melanchton dagegen dürfte sich gefühlt haben wie heute ein Intellektueller beim Lesen eines Blogs. Er wollte zu den Originalsprachen zurückkehren, weil nur wenige Gelehrte diese verstanden und man dadurch kontrollieren konnte, wer etwas sagen durfte.

Aber der Stand der Mächtigen wurde immer schwerer. Sie hatten die Überprüfbarkeit der Fakten gegen sich. Und konnten noch wenige Jahrhunderte zuvor Inquisition und Verfolgung auf dem Höhepunkt ihres verheerenden Wirkens von ihnen verklärt werden, begann sich mit der Verbesserung der Kommunikations- und Informationssysteme ein erfrischender Pragmatismus durchzusetzen. Der Papst hatte nicht immer recht. Und die Berufung auf »Gottes Wort« zu allem und jedem wurde mit der Zeit geradezu lächerlich. Als im 18. Jahrhundert schwedische Forscher Veränderungen der Baltischen Seenplatte feststellten, forderten Theologen: Die Regierung in Stockholm möge diese Aufzeichnungen als »nicht übereinstimmend mit der Genesis« verdammen. Ihnen wurde beschieden: Gott hat sowohl die Schöpfungsgeschichte als auch die Baltische See erschaffen. Wenn es einen Widerspruch gäbe, so müsse der in einer fehlerhaften Kopie des Buches Genesis liegen. Von der Baltischen See verfüge man schließlich über das Original.[24]

Gegen solche Nüchternheit liefen die alten Eliten natürlich Sturm. Schließlich stand ihre Deutungshoheit und damit ihre herausgehobene

Stellung auf dem Spiel. Das Unbehagen, dass alle mitreden könnten, wenn es um die zentralen Fragen der Menschheit ging, war immer schon groß, wenn jemand etwas zu verlieren hatte. Archer Taylor, ein amerikanischer Volkskundler, befand brüsk: »Die Mächte, die das Leben der Menschen verändern, mögen in Büchern und gesetzter Typografie ausgedrückt werden. Aber der Buchdruck als solcher ist nur ein Werkzeug, ein Instrument, und die Vervielfachung von Werkzeugen und Instrumenten hat keinerlei Einfluss auf das intellektuelle oder geistige Leben.«[25]

Eisenstein zeigt in ihrem Buch, dass das Gegenteil der Fall ist: Die Technik des Buchdrucks hat auch das Denken verändert. Die Skepsis vieler Intellektueller gegenüber der Technik ortet sie in der Tatsache, dass »die meisten Vertreter der *Ideengeschichte* [auch im Original deutsch] – Literaturwissenschaftler und Schriftsteller – eine ansehnliche Tradition von stolzer Ignoranz gegenüber materiellen Dingen und mechanischen oder kommerziellen Fakten mit sich herumschleppen«.[26]

Wir sehen also: Die Verbesserung der Kommunikations- und Informationsprozesse ist kein Osterspaziergang. Sie kennt Gewinner und Verlierer. Es existieren immer Gruppen, die ein Interesse haben, derartige Geschehnisse zu manipulieren. Wir sehen auch: Hinhaltender Widerstand hat Tradition. Komplett verhindert kann ein Innovationsschub jedoch nicht werden. Erst recht nicht, wenn es um das Ganze geht – das Überleben der Menschheit.

Die gesellschaftlichen Schübe

Die radikale Erneuerung unseres Kommunikations- und Informationssystems durch das Internet ist die Antwort auf die radikale Zuspitzung der Weltlage. Mit der Entwicklung des Delfin-Codes unternimmt die Spezies Mensch den Versuch, alle bisherigen Mittel (Sprache, Schrift, Kunst, Vervielfältigung etc.) zu übertreffen. Das Internet baut dazu auf jenen Technologien auf, die es schon gibt: Die Telekommunikation hat uns verbal miteinander vernetzt. Die Medienindustrie versuchte, uns die Welt zu erklären. Das alles reicht jedoch nicht. Wir brauchen eine Kommunikation, in der es ohne Vermittler unverfälscht und rasch hin- und hergehen kann. So wie die Delfine (und die Kinder) ermöglicht uns das World Wide Web, eine neue Form der »Wahrnehmungsintegration« zu entwickeln. Wir hören, sprechen, lernen und entscheiden zur selben Zeit. Wir schaffen dies über Tausende von Kilometern und überwinden dabei die Sprache in ihrer Monopolstellung als Kommunikationsmittel.

Warum aber, so mögen Sie nun fragen, sind gerade die Telekommunikationsunternehmen und die Medien die offensichtlich größten Opfer des Internets, wo sie diesen Zivilisationsschub doch erst möglich gemacht haben? Pech gehabt, könnte man sagen: Es gibt Wichtigeres, als den Profit von Industrien. Die Menschheit braucht alle Kapazitäten, und zwar gratis für jeden! Anders gesagt: Das Internet muss das perfekte menschliche Echolotsystem werden, welches am Ende unser Denken so schärft und vernetzt, dass wir in der Lage sind, die Katastrophe auch tatsächlich abzuwenden.

Wir entwickeln nichts weniger als das Superhirn der Menschheit: Ohne Zwischenhändler tauschen wir unsere Informationen aus. Wir tun dies simultan, multimedial und global. Wir tasten uns gegenseitig ab und bekommen ein Gefühl für die Herde. Wir bilden Cluster, in denen wir über die traditionellen geografischen, familiären oder religiösen Bindungen hinaus Zugehörigkeit empfinden. Wir definieren neu, was unser Bekanntenkreis sein soll. Wir hoffen nicht mehr auf günstige Sterne. Wir finden uns nicht einfach mit unserem Schicksal ab.

Denken und Handeln sind keine Einbahnstraßen mehr. Ständig werden die Positionen wechselseitig abgeklopft. Oben und Unten sind weniger wichtig als eine maximale horizontale Vernetzung. Jede Rückkoppelung beeinflusst das eigene Denken. Bilder, Videos und Interaktion drücken Sachverhalte vielschichtig aus. Ein neuer Mitteilungsmix entsteht. Der Einzelne übernimmt Verantwortung, weil er erkennt, dass er etwas verändern kann. Die Gemeinschaft honoriert jeden Beitrag, der der Spezies hilft.

Am Ende ist die Menschheit in der Lage, die großen und komplexen Probleme zu lösen. Das heißt nicht, dass sie es auch schafft. Wir haben gesehen, dass es ein Wettlauf gegen die Uhr ist. Und wir werden später noch sehen, dass es genügend Kräfte gibt, die diesen Prozess aufhalten wollen.

Aber er hat begonnen. Und er breitet sich aus. Rasend schnell. In allen Ländern, unter allen Nationen. Und in allen Köpfen. Science-Fiction, sagen Sie? Die typische Internet-Hybris? Schauen wir gemeinsam etwas näher hin: Was tun wir eigentlich, wenn wir uns im weltweiten Netz bewegen? Können wir den Delfin-Code entschlüsseln? Lassen Sie uns unser menschliches Echolot, das Internet, einmal konkret beschreiben. Sie werden sehen: Jeder von uns ist schon mehr Delfin, als die meisten glauben. Ich habe Ihnen versprochen: ohne Flossen! Aber mit einem siebten Sinn.

3 Das Internet – unser Echolot

»Jeff is twittering in Lisboa.«
»r u there? Wanna chat?«
»Johannes ist momentan nicht online. Ihre Nachrichten werden übermittelt, wenn Sie beide gleichzeitig online sind.«
»Ihre Auswahl bezieht sich auf den Ordner, das einzelne Element oder die Elementgruppe, die Sie bei Ihrer E-Mail-Anwendung auswählen.«
»lol.«

Abschied von der Teufelskiste

Der siebte Sinn: Schon die Wortwahl soll zeigen, dass es um eine intuitive Sache geht. Das Internet hat sich immer mehr zum Echolotsystem der Menschen entwickelt. Der Computer verlor seinen Schrecken, obwohl er lange als »Teufelsmaschine« galt. Das war kein einfacher Prozess für Deutschland, wie noch in dem Exkurs »Technologie in der deutschen Geschichte« (s. S. 230 ff.) gezeigt wird. So ist der Datenschutz hierzulande auch ein größeres Thema als in anderen Staaten – interessanterweise immer wieder angefacht durch Skandale wie die Bespitzelungsaffäre der Deutschen Telekom, die im Jahr 2008 aufgeflogen ist. Aber Orwells 1984 ist vorübergegangen, und nichts ist geschehen. Der große Bruder Maschine hat sich nicht in unser Gehirn eingeloggt. Wir sind keine ferngesteuerten Roboter. Die Maschine hat geholfen, unser Denken zu verändern.

Sogar manch ehemaliger Todfeind hat bei dem Thema Computer in der Zwischenzeit dazugelernt. Wie fern klingt eine Diskussion aus den guten alten 68er-Tagen, als das Böse noch mit Händen zu greifen schien. In einer Diskussion der Ikonen dieser Bewegung im Sommer 1968, als im kalifornischen Silicon Valley gerade die ersten Versuche mit künstlicher Intelligenz starteten, dachten Rudi Dutschke, Hans Magnus Enzensberger, Bernd Rabehl und Willi Semmler über die Frage nach, wie man Deutschland in Eigenregie einen technologischen Morgenthau-Plan[1] überstülpen könnte. Rabehl sagte radikal: »Technologie bedeutet für bürgerliche Zukunftsbilder das Wesentliche, sie bedeute alles. Diese Technologie ist Bestandteil der Bürokratie und der toten Kosten, sie reproduziert andauernd Herrschaft. Sie zielt auf die Verewigung der kapitalistischen Herrschaft. Deshalb muss diese Technologie, so wie sie angelegt ist, zerstört werden, abgeschafft werden.« Darauf Dutschke, der immer schon ein wenig intelligenter war als seine Apostel: »Nicht die Technologie als Ganzes.« Aber Rabehl beharrte: »Doch. Die Technologie in ihrer ganzen Anlage, in ihrer Zielrichtung, in ihrer Arbeitsweise.«[2]

Heute hat sogar der ergraute Revolutionär eine Homepage,[3] die zwar aussieht wie ein selbst gestrickter Norwegerpullover – aber immerhin, auch Bernd Rabehl ist »drin«. Er kämpft auf seiner Website gegen Faulheit, Vasallenstaat und die »Junge Freiheit«. Das Internet (und damit die Technologie) steht jedoch nicht mehr auf seiner Feindesliste.

Als Boris Becker im Jahr 2000 staunend in den Computer glitt (»Ich bin drin!«), war in dem Werbespot die menschliche Angst vor dem Computer noch deutlich zu erkennen. Die deutsche Unsicherheit im Umgang mit Technologie ist unter anderem eine Folge des Verhaltens der Technikexperten. Sie haben immer undurchschaubarere Organisationen errichtet. Sie haben sich selbst unentbehrlich gemacht und waren richtig stolz auf die Kompliziertheit der Systeme. Für Tausende von Fachleuten ist es ein Graus zu sehen, wie ihre exklusive Geheimwissenschaft auf einmal von Millionen Menschen ohne Handbuch praktiziert wird. Dabei hatten sie sich so viel Mühe gegeben, um alles zu verschlüsseln, und Dutzende von Programmiersprachen entwickelt, gegen die sich Esperanto ausnimmt wie ein Kinderreim. Jede Schulung, die wir an unseren Computern erhielten, erfolgte nach dem dialektischen Motto (ausgegeben von den Technikern): »Unwissende damit ihr/unwissend bleibt/werden wir euch/schulen.«[4]

Das gilt übrigens nicht nur für Deutschland. Auch die internationale Software-Industrie entfernte sich immer mehr vom Kunden. Die Sprache von Microsoft (raten Sie mal, welches der dieses Kapitel einleitenden Zitate von diesem Unternehmen stammt!) ist hölzern, bürokratisch, im

Grunde unverständlich. Durch das Internet brauche ich weder Microsoft noch eine Schulung. Die fundamentale Vereinfachung hat es möglich gemacht: Millionen von Menschen entdecken jedes Jahr das Internet für sich. Jeder kann es: Kids und ältere Menschen, der Professor und der Ladenbesitzer von nebenan.

Wir haben intuitiv ein Instrument geschaffen, das egalitär wirkt wie nie etwas anderes zuvor in der Menschheitsgeschichte.

Unser Echolot

Sie schütteln den Kopf? Sagen, dass Sie immer noch Schwierigkeiten haben, das Ding zu bedienen? Erinnern an die Eingangsszene, als wir Sie staunend vor dem Kinderzimmer ertappt haben, ratlos und durch und durch beunruhigt?

Denken Sie an die Delfine: Diese Meeressäuger haben keine technische Abteilung in ihren Herden, die ihre Kommunikation auf Draht hält. Die machen alles »aus dem Bauch« heraus. Die Sorge, die Sie bewegt, ist keine Frage der Technik. Es ist eine Frage Ihrer Bedenken, ob Sie die vielen Formen des Internets verstehen und nützen können. Die Antwort ist einfach: Vergleichen Sie das World Wide Web nicht ständig mit den alten Kommunikations- und Informationsmitteln, die Sie kennen (Brief, Zeitung, Jubiläumsansprache). Vergleichen Sie das Internet mit dem Echolot der Delfine – und entschlüsseln Sie für sich den Code.

Die Weiterentwicklung der menschlichen Kommunikation hat nicht das Ziel, alte Dinge durch neue zu ersetzen. Sie hat das Ziel, das menschliche Kommunizieren, Denken und Handeln von Grund auf zu verbessern. Wie beim Echolot der Meerestiere geht es um Ebenen, die wir zum Überleben brauchen und die uns mit den klassischen Mitteln nicht zur Verfügung standen.

Es sind drei Ebenen, die sich uns durch das World Wide Web neu eröffnen:

Erstens: Das Internet gewährt uns einen elektronischen Tastsinn. Ständig wird über Rückkoppelung überprüft, was die Herde macht – meine Freunde, Familie, Mitarbeiter, Fachkollegen. Weil alles so groß, global und unübersichtlich geworden ist wie das tiefe, schwarze Meer unserer Delfine strecken wir ständig unsere Fühler aus. Senden Signale.

Empfangen und interpretieren Echos. Fragen mehr, als wir sagen. Antworten mehr, als wir verkünden. Hören zu. Versetzen uns in die Köpfe der anderen. Und empfinden es nicht als Belästigung, wenn andere in unsere Gedanken springen.

Zweitens: Das Internet verwandelt das Denken in einen Gemeinschaftsprozess. Wir tauschen unsere Gedanken in Sekundenschnelle aus. Wir bauen keine Schutzwälle um diese. Wir setzen auch unfertige Splitter in die Welt, schicken Bruchstücke auf die Reise, wie es einst bei Brieftauben oder der Flaschenpost geschah. Gehen intuitiv auf Google, weil wir wissen, dass andere vermutlich schon weiter gedacht haben als wir in diesem Augenblick. Senden Links hin und her, um andere nicht im Unklaren zu lassen. Lesen begierig Links, die wir von anderen erhalten. Und lassen uns gern auch mal ablenken, schweifen ab, weil wir etwas finden, was zwar nicht mit unserem unmittelbaren Gedanken zu tun hat, uns jedoch irgendwie in seinen Bann schlägt. Osmotisch saugen wir auf, und oszillierend geben wir weiter. Am Ende steht das Superhirn der Menschheit, bei dem keiner mehr sagen kann, wer eigentlich zuerst auf diesen oder jenen Gedanken gekommen ist.

Drittens: Wir trauen uns mehr. Wir spüren, dass uns nicht allein der feinziselierte Satz, die endgültig in Stein gemeißelte These, die geschliffenste Sprache weiterbringt, sondern vielleicht ein Video. Ein Musikstück. Ein Meisterwerk. Ein dilettantisches Kunstwerk. Was auch immer. Wir verwenden Kürzel, mischen Sprachen, erfinden Begriffe, hauchen toten Zeichen Leben ein. Das Monopol der Sprache als einzig gesellschaftsfähiger Träger der Kommunikation ist gefallen. Es lebe die Freiheit des Ausdrucks, die der menschlichen Vielfalt viel eher entspricht als eine Reduktion auf das Wort. Die Delfine haben ihre Grafiken. Wir haben YouTube. Wir haben die Games.[5] Können unsere Erfahrungen auch dort ausdrücken, wo die Worte versagen. Verstehen Menschen, deren Schrift wir nicht lesen, in deren Herzen wir jedoch blicken können. Wir singen, tanzen und spielen uns in die Zukunft.

Diese Vielfalt ist auch verwirrend. Lassen Sie uns daher einmal im Detail sehen, was es im Werkzeugkasten der Echolotnavigation so alles gibt. Versuchen Sie zu verstehen, warum Sie etwas machen – oder (noch) nicht.

E-Mail: Das geschriebene Telefonat

Neulich sandte ich aus Amerika einer von mir hochgeschätzten deutschen Intellektuellen eine Mail mit einem Attachment (Anhang). Sie sollte ein Dokument lesen und mir rasch ein Feedback geben, damit ich weiter an diesem arbeiten konnte. Ich hörte zehn Tage lang nichts von ihr. Dann wurde ich nervös. Ich rief sie an. Folgender Dialog entwickelte sich:

»Hallo, wie geht's denn?«
»Danke, bestens.«
»Haben Sie meine Mail nicht erhalten?«
»Doch, doch.«
(Ich werde ungeduldig): »Also, sagen Sie mal, können Sie mir nicht einfach ein Okay schicken? Ich sitze hier und denke, die Mail ist verloren gegangen.« (Passiert oft.)
»Aber warum soll ich Ihnen ein Okay schicken?«
»Warum? Weil ich wissen will, ob Sie schon in den Text hineingeschaut haben!«
»Hören Sie mal, für mich ist eine E-Mail ein Brief. Als solcher ist sie angekommen. Ich habe sie gesehen und weggelegt. Antworten muss ich doch erst, wenn ich das Dokument gelesen habe!«
(Ich seufze) »Haben Sie schon mal was von Netiquette gehört?«
»Nein, wieso?«
(Ich seufze wieder und erkläre der werten Kollegin, was ich meine)

Eine E-Mail ist kein Brief. Eine E-Mail ist ein Anker, der ausgeworfen wird. Die »Netiquette« (ein Kunstwort, gebildet aus den Begriffen »Netz« und »Etikette« (Englisch: *etiquette*) regelt informell, wie man mit E-Mails umgeht. Sie ist eine Art digitaler Knigge. Sie ist nirgendwo aufgeschrieben und funktioniert doch weltweit. E-Mails sind ein Übergangsphänomen. Sie erinnern in ihrer schwerfälligen Form tatsächlich noch sehr an die traditionellen Briefe. Und doch: Eine E-Mail-Kommunikation ist kein Briefwechsel.

Ihrem Charakter nach sind E-Mails eher gefrorene Telefongespräche: knapp, informell, immer wieder unterbrochen. Intuitiv haben die Internetbenutzer E-Mail-Dramaturgien entworfen: kurze Ankündigung, Bestätigung zurück (eine Art Exposition). Danach die Durchführung: Hier kommt es zum Wesentlichen, Inhalte werden ausgetauscht, abgeglichen. Die Anrede »Lieber, sehr geehrter Herr Univ.-Prof. Dr. von Schlagenbolzen« kann spätestens bei der zweiten Mail wegfallen. Bei der dritten, die noch immer Teil der Durchführung ist, geht es ganz ohne Ansprache: Es ist die Rückkoppelung – habe ich das Geschriebene richtig aufgenommen? Und schließlich die Coda: Wir bestätigen den Erhalt und versichern einander knapp, dass man sich verstanden hat. Es kann noch ein kleines Nachspiel folgen, das eher informeller Art ist: Ich bin gerade in Los Angeles, das Wetter ist herrlich. In München regnet es. Tja, so ist das Leben. Ach, aber da habe ich noch ein Buch gefunden, das wird Sie interessieren! In der Tat – vielen Dank. Bis später! Im Grunde weiß jeder, wann ein solches »Gespräch« beendet ist.

In diesem kurzen Austausch wird einerseits weniger gesagt als in einer physischen Konversation. (Bitte keine Phrasen wie: »... und ich verbleibe bis zu Ihrer nächsten Mail mit den freundlichsten Grüßen, Ihr sehr ergebener usw.«) Rechtschreibfehler und Vertipper sind zulässig, wenngleich das Chaos nicht ausufern sollte. (Irgendwie ist der Brief in unserem Hinterkopf eben immer noch der große Bruder der E-Mail!) Auf der anderen Seite ist die Botschaft facettenreicher als das gesprochene Wort: Ich bin bei dir, obwohl ich ganz woanders bin (etwa in einer anderen Zeitzone). Ich interessiere mich für dich. Was du machst und denkst, ist wichtig für mich. Schon mit dieser Vorform der Wahrnehmungsverdichtung hätten die Delfine ihre helle Freude.

IM: Die ersten Delfine

Für viele junge Leute ist die E-Mail längst »out«. Sie dauert ihnen zu lange, ist zu schwerfällig. Sie lieben IM. Was? Nein, nicht der »Informelle Mitarbeiter« der Staatssicherheit ist gemeint, sondern »Instant Messaging« (in etwa: »Sofort-Nachricht«). In einem stets auf dem Computer befindlichen Programm zeigt der IM an, ob einer meiner Freunde, Partner, Kollegen online ist. Die Kommunikation erfolgt in einem Fenster. Sobald ich selbst online bin, springt das Fenster auf und sagt mir, wer noch »drin« ist. Die Verwendung eines Messengers ist die nächste Beschleunigung des Rückkoppelungsprozesses. Sie entspricht dem Takt der

SMS, die wir vom Handy verschicken. Die heute Zwanzigjährigen wollen eine unmittelbare Beziehung zu ihren Peers.

Die erste Kontaktaufnahme erfolgt bereits beim Einschalten des Computers, beziehungsweise wenn die Leute online gehen. Das Senden von Messages ist weniger Rede und Gegenrede, sondern ein morseähnliches, wenngleich vielschichtiges Verfahren der Standortbestimmung. Zugleich ist der IM eine Wissensbörse, ein Austauchplatz von Links etc. Auch Dateien werden direkt auf dem Computer hin- und hergeschoben (»Drag and Drop«), was viel praktischer ist als das Senden von Attachments: Vor allem sieht man hier die zunehmende Bedeutung von Rückkoppelung, weil ich als Sender stets mitverfolge, wie weit der Download beim Empfänger ist. Ich »sorge« mich also mit dem anderen, dass ihn auch tatsächlich erreicht, was ich ihm geschickt habe. Bei der E-Mail erhalte ich letzte Gewissheit, ob eine Nachricht angekommen ist, nur aus der aktiven Bestätigung durch den Empfänger. Zusätzlich wird bei IM simultan und multifunktional kommuniziert.[6]

Auch ein IM-Dialog wird von ungeschriebenen Regeln bestimmt. Er folgt den Dialogen im Theater. Der Vorhang geht auf: »Bist du da?« Erst wenn die Bestätigung eintritt, kann es losgehen. Es kann provoziert (»Wo steckst du?«) oder geneckt werden, etwa durch Versenden von kleinen Bildchen wie einem Smiley, die dem Gegenüber sofort visuell signalisieren, wie der andere sich fühlt. Teenager schicken gern weinende Smileys, um ihren Weltschmerz auszudrücken. Von den Freunden wird das verstanden; im rhythmischen Wechselspiel von Bild und Text erkennt das Gegenüber mit absoluter Treffsicherheit, ob der/die andere wirklich traurig ist oder nur kokettiert. Es können Links zu Videos in den Dialog eingeflochten werden, ganz ohne große verbale Erklärung. Der Empfänger sieht sich das Video an und lässt seinen Eindruck in die Kommunikation einfließen. Nuancen sind besser erkennbar, das Verständnis wird besser, weil man Zwischentöne besser wahrnimmt.

Das Eintippen bei einem IM-Vorgang ist mit einer besonderen Form der Reflexion verbunden: Während ich die Nachricht überfliege, arbeite ich noch an meiner Antwort auf den vorherigen Eintrag. Ich kann Dinge weglassen, wenn ich sehe, dass der andere bereits weiter ist. Es ist wie bei einem alpinen Slalomlauf: Ich muss beständig aufpassen, dass ich nicht »einfädle« – und die Kommunikation zurück an den Start des gemeinsamen Einverständnisses muss.

Oft finden IM-Dialoge statt, während die Teilnehmer gleichzeitig etwas anderes machen. Das ist nicht unhöflich, da die Partner diesbezüglich Bescheid wissen. Anders als beim Telefonieren (»Du hörst mir ja gar nicht zu!«), kommt es zu keiner Aggression, weil sich die Teilnehmer stillschweigend darauf verständigt haben, multifunktional zu agieren. Durch eine sich stets verbessernde Technik der Dialogführung beherrschen besonders Jugendliche die Gleichzeitigkeit des Informationsaustauschs mit parallelen Tätigkeiten immer perfekter. Manchmal werden mehrere IM-Gespräche gleichzeitig geführt, zu unterschiedlichen Themen und mit verschiedensten Teilnehmern. Kürzel werden eingesetzt, oft in einem Mischmasch von Buchstaben und Zahlen (»lol« zum Beispiel heißt *laugh out loud*, ein Ausdruck dafür, dass eine Pointe »angekommen« ist). Rechtschreibfehler und Vertipper werden mit Nachsicht behandelt – und selbst verstümmelte Worte »verstanden«, weil der gute Wille die Kommunikation leitet. Im Vordergrund steht der Wunsch, den Gedanken des anderen erfassen zu wollen, und nicht der Drang, einen auf Oberlehrer zu machen.

Messaging will gelernt sein. In meinem Unternehmen Blogform arbeiten Leute in verschiedenen Ländern. Wir verwenden fast ausschließlich IM. Einmal hatten wir einen Kunden, der seine Kommunikation mit uns durch eine sehr liebenswürdige ältere Dame abwickelte. Sie lebte in Atlanta, Georgia. Instinktiv spürte sie, dass sie mit meinen Leuten im norwegischen Oslo engen Kontakt halten musste, um einen recht komplexen Produktionsvorgang ohne Fehler abzuwickeln. Also bombardierte sie meine Leute mit E-Mails, manchmal dreißig Stück in zwei Stunden. Wir erläuterten ihr, dass sie im Prinzip recht hätte. Das Abtasten des Prozesses sollte jedoch besser auf IM abwickeln werden. Sie verstand die Botschaft, und im Handumdrehen war die Kommunikation »entgiftet« (meine Mitarbeiter hatten begonnen, die vielen Mails einfach zu ignorieren).

IM-Dialoge weisen viele Parallelen zur Kommunikation der Delfine auf. Der Grad der »Wahrnehmungsintegration« ist sehr hoch, der Zeitverlust bei der Verarbeitung extrem minimiert. Botschaften werden gleichzeitig versandt und empfangen. Worte mischen sich mit Bildern. Nahsinne (Gefühle) und Fernkommunikation sind vereint. Die Botschaften werden »gescannt«, also abgetastet, um bei all der vorhandenen Vielschichtigkeit sicherzugehen, dass man keine Nuance übersehen hat.

Chat: Das kleine Dramolett

Im Chat werden jene Phänomene, die bei der IM-Kommunikation ablaufen, auf mehrere Gesprächsteilnehmer verdichtet. Die soziale Interaktion spielt bei dieser Form jedoch eine noch größere Rolle, weil verschiedene Teilnehmer aufeinander Rücksicht nehmen müssen. Auch hier haben die Dialoge einen dramaturgischen Charakter, der dem Theaterspiel ähnlich ist. Bei aller Gleichwertigkeit bilden sich beim Chat aber hierarchische Strukturen heraus. Sie werden durch keine formale Autorität bestimmt (es gibt keinen Moderator wie bei einer Talkshow), sondern aufgrund der sozialen oder fachlichen Kompetenz, die die einzelnen Teilnehmer in der Runde entfalten. Weil das »Publikum« zugleich die Theatertruppe ist, die als Gruppe ein Interesse am Gelingen der Aufführung hat, entwickeln sich soziale Ordnungsmuster, die über den »Erfolg« entscheiden. Störenfriede werden ausgeschaltet oder müssen sich einordnen, sonst kann die Truppe enormen Druck entwickeln. Diejenigen, die sich nicht einbinden lassen, werden ziemlich erbarmungslos isoliert.

Wie bei den Delfinen sind Chats gewissermaßen Herden, die sich zusammenfinden und Teile des Weges gemeinsam erkunden. Mit dem Chat werden keine hohen gesellschaftspolitischen Ansprüche verknüpft. Vielmehr geht es um eine informelle Standortbestimmung, in der am Ende eine Art »Wir-Bewusstsein« entwickelt wird – ein wichtiger Faktor für Sicherheit und Orientierung in einer unübersichtlichen Umwelt.

Communities: Geborgenheit im Ozean

Noch viel stärker ist dieses Wir-Bewusstsein in den sogenannten sozialen Netzwerken, den Communities, ausgeprägt. Facebook in den USA und studiVZ oder schuelerVZ in Deutschland sind die wohl bekanntesten Institutionen dieser Art. Für die Nutzer ist in diesen Netzwerken eine mehrfache Echolotwirkung gegeben: Wer hat welches Profil in der Herde, bin ich noch Teil derselben, und wenn ja, was ist meine Rolle? Die Community ist der von Geografie, physischer Existenz und Zeit unabhängige Ort einer kollektiven Präsenz. Hier entwickeln sich weitere Verfeinerungen der echolotgesteuerten Kommunikation. Ein Vertrauensraum entsteht, in dem der Einzelne nicht verloren geht, sondern ein Profil erhält und anderen Einsicht in dieses gewährt.

Es ist ein wohl einmaliges Phänomen der sozialen Netzwerke, dass Millionen Menschen aus aller Welt viele ihrer intimsten Daten preisgeben und sie ins Internet stellen. Sie haben keine Angst vor dieser Öffnung, obwohl ihnen klar ist, dass ihre Daten nicht wirklich sicher sind. Was treibt die Leute an, scheinbar wider besseres Wissen einen persönlichen Seelenstriptease nach dem anderen hinzulegen? Dummheit? Leichtsinn? Geltungssucht?

Vermutlich ist es das genaue Gegenteil. In den Neunzigerjahren war der egoistische Hedonist das Rollenmodell der Stunde. *Die Kunst allein zu leben*, wie ein Buchtitel die vielen Single-Haushalte[7] und ihren Lebensstil zusammenfasst, schien der ultimative Weg zur Selbstverwirklichung. Die Freiheit kam einem grenzenlos vor, und nicht nur über den Wolken, wie Reinhard Mey sang. Inzwischen haben sich die Wolken verdüstert.

Die vielen globalen Krisen und Bedrohungen haben den Wert von Gemeinschaften gesteigert. Die klassische Gesellschaft bietet das Gefühl des Zusammenhalts nicht mehr. Turbo-Kapitalismus und immer mehr zerbrechende Beziehungen (in deutschen Städten wird mittlerweile beinahe jede zweite Ehe geschieden) haben dazu geführt, dass sich viele von sozialer Kälte umweht sehen. Sie haben Sehnsucht nach dem wärmenden Feuer, um das herum sich die Herde gruppiert und Geschichten des Lebens erzählt werden. Vielmehr: Geschichten der vielen einzelnen Leben. Das Fernsehen bietet diese Erfahrung nicht. Auf der atemlosen Suche nach ständig neuen Superstars ist das Medium, welches dreißig Jahre lang die Wohnzimmer gewärmt hat, zum Zentralorgan der Leistungsverherrlichung geworden. Im Internet dagegen finden die Menschen Anschluss, ja, sie finden sogar, wie wir später sehen werden, in diesem Medium immer öfter einen Partner füs Leben. Und so ist der mögliche Datenklau für viele das kleinere Übel.

Die Möglichkeit, ausspioniert zu werden (wie das gar nicht selten passiert!), wird in Kauf genommen, weil die Communities persönliche Sicherheit bieten. Nicht in dem Sinn, dass man sich ausruhen und einfach sein Leben genießen kann. Sondern in einem Sinn, der uns wieder sehr stark an das Verhalten der Delfine erinnert: Wir tasten uns ab, wissen voneinander, sorgen uns umeinander. Oft genug treiben wir auch Unsinn miteinander, keine Frage. Aber wir haben einen Raum gefunden, der Unsinn auch verzeiht. Der uns die Möglichkeit gibt, zu experimentieren, auch in Beziehungen. Der das ideale Trägermedium für unseren neuen Tastsinn ist, für die Verschmelzung von Nah- und Fernkontakt.

In den sozialen Netzwerken gibt es keine Anonymität mehr. Alles wird offengelegt. Die Spezies Mensch hat erkannt, dass sie nur vorankommt, wenn sie mit offenem Visier operiert. Masken und Tarnungen können zwar verwendet werden, dürfen jedoch nicht dazu führen, dass sich destruktive Kräfte durchsetzen und das ganze komplizierte Gebilde von innen heraus zerstören.

Die Communities basieren auf überlegenen Technologien. Sie werden von großen Konzernen für unvorstellbare Summen gekauft, von Risikokapitalgebern für atemberaubende Mengen Geld weiterentwickelt. Sie sind der Ort geworden, in dem das Superhirn der Menschheit seine emotionale Intelligenz speichert und weiterentwickelt. Diese Art der Offenheit und der ständigen Interaktion versucht der oft gebrauchte Begriff »Web 2.0« zusammenzufassen. Mit ihm soll die nächste Stufe der Entwicklung des Internets beschrieben werden.[8]

Im Unterschied zu den informationsgetriebenen Formen wie E-Mail, IM oder Chat sind die Communities ruhende und zugleich dynamische Gebilde. Das Bewusstsein, dass andere da sind, die mir wichtig sind, definiert die Qualität des Vertrauens, welches man der Community entgegenbringt und von ihr erhält. Freunde werden eingeladen, der Kontakt mit ihnen gehalten. Der Begriff »Freunde« ist dabei keineswegs oberflächlich abzutun: Die Systeme, wie Menschen ausgewählt werden, sind durchdacht und lassen dem Einzelnen größtmöglichen Spielraum. Wen man nicht will, den akzeptiert man nicht. Wie von einem Hubschrauberlandeplatz schwirren die die vielen Einzelnen aus und wieder zurück. Mitunter wird ihnen die Landeerlaubnis verweigert. Sie müssen sich bewähren, ausweisen und behaupten.

Spielerische Elemente sind integriert: Ich kann jemanden »poken«, ihm also ziemlich zweckfrei zurufen: »Hey, alles ok?« Ich kann »gruscheln« (eine Wortkombination aus »grüßen« und »kuscheln«). Ich kann Messages verschicken und meine Freunde automatisch mitnehmen, wenn ich mich virtuell irgendwohin bewege.

Groups: Schnell und immer lernen

Viele Leute schließen sich informell und temporär zu Gruppen zusammen, um sich über Themen zu informieren, über die sie sonst keine Informationsquellen haben. Es gibt Gruppen für Programmierer, Künstler oder politisch Interessierte. Oft finden wir kleinste Nischen: In der Gruppe »Green 2.0« werden zum Beispiel Mitglieder von Facebook auf ein Forschungsprojekt von SAP aufmerksam gemacht, in dem der Softwarekonzern die neueste Generation von Programmen vorstellt, durch die Unternehmen bei der Lösung aktueller ökologischer Probleme unterstützt werden. Gelegentlich erreichen solche Teams auch signifikante Größenordnungen: Die Facebook-Solidaritätsgruppe für die protestierenden Mönche in Burma kam im November 2007 auf knapp eine halbe Million Mitglieder. Selbst wenn viele der »Unterzeichner« sich in dieser Group nie »blicken« lassen, beweist die Zahl doch das Potenzial der Netzwerke. Natürlich dienen die virtuellen Versammlungen sehr oft »profanen« Zwecken, wie dem Kennenlernen oder der Teilnahme an der richtigen Party. Aber ist diese erste Phase einmal überwunden, geht es vor allem um die Bildung von informellen Gruppen, in denen der Einzelne etwas lernt und zugleich stets selbst zur Information der anderen beiträgt.

Genau darin liegt auch der Wert dieser neuen Plattformen: Es gibt gemeinsame Reflexions- und Handlungsebenen. Indem die einzelnen Mitglieder einander auf gleicher Augenhöhe begegnen, unterscheiden sie sich von den traditionellen Seilschaften.

In diesem Vorgehen wird eine Haltung sichtbar, die sich fundamental von der der alten Eliten unterscheidet: Die Internetgeneration ist vielfältig interessiert. Sie ist offen für Dinge, mit denen sie sich bislang nicht auseinandersetzte, und sie hat ein vitales Interesse an Sachen, mit denen sie sich professionell beschäftigt. Die Schnelligkeit des World Wide Web erleben die Menschen in den Groups täglich. Sie wissen daher auch, dass sie sich permanent weiterbilden müssen – so wie der französische Schriftsteller Denis Diderot das mit seiner *Encyclopédie* (einem auf ständiges Lernen angelegten Projekt) schon vor über zweihundert Jahren beabsichtigte.

Die alten Eliten haben Diderot für sein Anliegen verprügeln und verhaften lassen. Und sie verstehen auch heute oft noch nicht, worum es bei diesem »geordneten Lexikon der Wissenschaften, Künste und Gewerbe« eigentlich ging. Sie betrachten auch das Phänomen der sozialen Netzwerke als Bedrohung. So schrieb die Journalistin und Autorin Felicitas von Lovenberg in der *Frankfurter Allgemeinen Zeitung*: »Zeig mir deine Freunde, und ich sage dir, wer du bist: Diese Gefahr droht gerade und auch im Netz, wo Bekanntschaften ausgestellt werden wie Trophäen im Jagdkabinett eines Großwildjägers.« Nicht nur Psychologen hätten »längst erkannt, dass das gierige Online-Buhlen um Freundschaften und Kontakte oft der Kompensationsversuch einer massiven sozialen Unsicherheit im realen Leben ist«. Lovenberg meint, dass »die digitale Abschottung vom Bewusstseinsstrom der Banalität überlebensnotwendig für jeden werden wird, der kreativ oder schlicht geistig gesund bleiben will«. Sie sieht in der weltweiten Vernetzung vor allem einen besonderen Nährboden für »Feindseligkeit«, »Gehässigkeit und Schadenfreude«, »Abneigung, Neid und Missgunst« sowie »Denunziationen und Bloßstellungen«.[9]

Wie konnte es geschehen, dass unsere Gesellschaft die Isolation der Menschen in einem derart hohen Maß befördert hat? Wenn das Argument stimmt, dass es vor allem »Kranke« sind, die Communities aufsuchen, dann ist zu fragen: Wie konnte eine Gesellschaft Millionen von Menschen so »krank« machen? Warum kommunizieren sie im normalen Leben nicht mehr?

Ist es nicht an der Zeit, dass wir es den Delfinen nachmachen und den Erhalt der Spezies dadurch zu sichern versuchen, dass wir ausbrechen aus unseren konventionellen Gefängnissen? Indem wir jene Mauern sprengen, die im Grunde willkürlich oder vermeintlich nach »Verdiensten« errichtet wurden – von geschlossenen Gesellschaften für geschlossene Gesellschaften?

Die Communities sind Mikrokosmen, die im Grunde alle bestehenden und zukünftigen Funktionen vereinen, die im Internet möglich sind. Die Wahrnehmungsintegration erfolgt in einer Komplexität, wie sie bisher keine soziale Kommunikations- und Informationsform bieten konnte. Die sozialen Netzwerke sind wie die Wasseroberfläche, die die Delfine als Resonanzfläche für ihre Echolotbotschaften verwenden. Und die Messages, die versendet werden, sind weit mehr als Banalitäten. Sie betreffen höchst persönliche Angelegenheiten ebenso wie berufliche Themen.

Partnernetzwerke: Die Liebe des Lebens finden

In der Vielfalt des Internets hat sich eine interessante Spezialisierung bei den Kommunikations- und Informationswerkzeugen entwickelt. Das Beispiel der größten Online-Partnerschaftsagentur, parship.de, zeigt, wie das World Wide Web sogar den intimsten Lebensbereich, den von Liebe, Familie und Beziehung, revolutioniert. Dies scheint eine Konsequenz der oben beschriebenen Abkehr vom Ideal des Alleinseins zu sein. Betrachten wir parship.de etwas näher, um die Energie zu verstehen, die sich durch solche Plattformen entwickelt.

Mehrere Millionen Menschen suchen in Europa über dieses Beziehungsnetzwerk ihr Glück. Täglich wächst die Mitgliedschaft auf weitere tausend Singles an, alle haben die Hoffnung, einen Partner fürs Leben zu finden. Rund dreißig Jahre arbeitete der Diplompsychologe Hugo Schmale mit seinem Team an diesem Projekt, am Valentinstag 2001 ging parship.de als erste Partnervermittlung Europas online.

Herzstück dieses Portals ist ein wissenschaftliches Verfahren, mit dem zunächst die Persönlichkeit ermittelt wird. Dazu haben die Partnersuchenden einen Fragebogen auszufüllen. Beispielsweise müssen Angaben zum Alter, der Größe, Beruf, zu den Hobbys, Kindern und zur Höhe des Einkommens gemacht werden. Aber es wird auch erfragt, ob die Kinder noch zu Hause leben, in welchem Ort man wohnt, ob Haustiere vorhanden sind, ob man raucht. Ebenso sollen durch diesen Fragebogen die Vorstellungen ermittelt werden, die man hinsichtlich des Traumpartners hat. Also: Wie groß soll er sein, wie alt, welche Hobbys etc.? Im Anschluss daran erfolgt eine Art Psychotest, mit dem Ziel, herauszufinden, was jeweils unter einer harmonischen Beziehung verstanden wird. Dazu nutzt das Unternehmen Fragebogenmethoden, die aus Frauenzeitschriften bekannt sind (»Was würden Sie machen, wenn …«, »Was stellen Sie sich vor bei …«). Nach genauer Analyse des Persönlichkeitsprofils mittels Auswertung nach einem Punktesystem stellt parship.de dem Mitglied verschiedene Partner vor. Die Suchenden können sich die Angebote anschauen, durchklicken und mit einer E-Mail jenen ersten Schritt machen, der im wirklichen Leben in der Regel so ungeheuer schwer fällt.

Und das System funktioniert. Es geht dabei nicht um digitale Aphrodisiaka, nicht um Alchemie, Geheimwissenschaft oder Magie. Die neue soziale Intelligenz hat dazu geführt, dass Einsamkeit nicht mehr als unausweichliches Schicksal empfunden wird. Kein Mensch muss sich mehr verloren geben – die Technologie des Internets vernetzt Menschen, die sich im realen Leben nie kennengelernt hätten.

Die »Zusammenführungen« sind unkompliziert. Nehmen wir Christa. Sie kommt aus Franken, ist neunundvierzig Jahre alt und arbeitet als Verwaltungsbeamtin. Vor viereinhalb Jahren wurde sie von ihrem Mann geschieden, der Ehe entstammt ein gemeinsamer Sohn, der inzwischen erwachsen ist. Sie weiß um die Tücken des Internets – und ist insofern ein typisches Beispiel für jene aufgeklärten und intelligenten Nutzer des Netzes. Genau aus diesem Grund vermag sie es sicher und erfolgreich für ihre Zwecke einzusetzen. Sie kennt die Gefahren und gewinnt durch Kenntnis Sicherheit, nicht durch Ideologien.

Nach mehreren Flops lernt Christa über parship.de einen Mann kennen, den sie aufgrund seiner netten E-Mails treffen möchte. Alles scheint gut zu laufen. Doch sie sieht ihn aus dem Wagen steigen und weiß sofort, dass die Chemie nicht stimmen wird. Es bleibt bei dem einen Date. Zwei Jahre vergehen, sie versucht weiter über die Online-Dating-Agentur ihr Glück. Bereits 300 Euro jährlich hat sie für die digitale Vermittlung investiert. Kurz bevor ihr Vertrag mit der Agentur endet, will sie sich zum letzten Mal mit einer Internetbekanntschaft treffen, und zwar mit Rolf. Christa ist die erste Frau, mit der er eine persönliche Verabredung wagt. Diesem Date sind unendlich viele E-Mails vorausgegangen, manchmal mehrere am Tag, und das über Wochen. Andere Kommunikationsformen, wie etwa das Telefon, hätten sie, so Christa, einfach vergessen. Am Ende gibt es ein Happy End, die beiden sind heute ein Paar. Christa: »Das Internet hat mein Leben komplett verändert. Ich bin einem Mann begegnet, der sonst nie in mein Leben getreten wäre.«[10]

Berufliche Netzwerke: Small Talk an der Straßenkreuzung

Für »offizielle« Zwecke haben sich eigene soziale Netzwerke gebildet, etwa OpenBC, das sich heute Xing nennt. Der Name steht für die englische Abkürzung von *crossing* (»Wegkreuzung«), er signalisiert, dass es sich um einen Treffpunkt handelt, auf dem flüchtige Begegnungen vertieft werden, wie sie im internationalen Geschäftsleben häufig vorkommen: Man trifft jemanden auf einer Veranstaltung, den man vorher nicht kannte. Freundliche Worte und der Austausch von Visitenkarten sind die einzige Interaktion. Ebenso könnte man während der Rotphase zusammen an einer Ampel stehen und bei Grün wieder auseinandergehen. In ähnlicher Form läuft Xing ab, nur auf digitaler Ebene.

Xing-Gründer Lars Hinrichs erkennt in diesen sozialen Netzwerken eine neue Wertschätzung für den anderen. Früher seien solche Kontakte, so sagte er mir, vor allem als »Vitamin B« angesehen worden, mithin als ein Modell, bei dem Leistung nicht entscheidend war, eher, ob man die richtigen Freunde hatte. Das Wort »Kontakt« hatte folglich einen unangenehmen Beigeschmack. Heute, wo die Leute im Durchschnitt nur zwei bis drei Jahre in ein und demselben Unternehmen beschäftigt sind, seien bestimmte Beziehungen und kurzzeitige Begegnungen unerlässlich.

Ein ähnliches Netzwerk wie Xing ist LinkedIn. Der amerikanische Autor Bernard Lunn hat es benutzt, als er in einer Situation war, in der er bestimmte Informationen brauchte: »Es ist nicht die Universallösung für jedes Problem. Aber als ich es einmal mit dem nötigen Respekt für meine Beziehungen in der realen Welt verwendete, hat es mir einen sehr wertvollen Dienst geleistet: Ich konnte mein Ziel mit einem Minimum an Belästigung meiner Kontakte erreichen.«[11] Dennoch gibt es für Lunn ein Kernproblem bei den sozialen Netzwerken: LinkedIn als auch andere Portale wie Facebook hätten die Schwierigkeit, dass sie »die Beziehungen in der wirklichen Welt spiegeln, aber nicht verändern«.[12]

Wir sehen also: Es gibt eine kritische Reflexion der Gefahren. Wie später noch gezeigt wird, existieren bereits erste vielversprechende Ansätze, der Realität Rechung zu tragen und »Reputation« als eine wichtige Größe in unserem Kommunikations- und Informationssystem abzubilden.

Blogs: Die schrillen Aufpasser

Sie seien neidisch, gehässig oder missgünstig – derartige Vorwürfe bekommen besonders die Blogger oft von den alten Eliten zu hören. Dies geschieht nicht von ungefähr: Blogs sind die provokantesten Ausgestaltungen des neuen Echolotsystems, als Signale sind sie am lautesten und schrillsten. Eigentlich begannen sie als »Tagebücher«, als unstrukturierte Aufzeichnungen von Gedanken, die der Autor bewusst öffentlich macht.

Der Blogger provoziert damit die Reaktion, er fordert das Feedback. Besonders, wenn es sich um politische oder sogenannte Watch-Blogs handelt, also solche, die ein Thema stetig beobachten und umfassend kommentieren. Derartige Blogs beschränken sich nicht auf den Bereich der privaten Vernetzung, auf das behutsame Abtasten im Freundes- und Familienkreis. Stattdessen hämmern sie gewissermaßen mit voller Wucht gegen den Spiegel, wühlen die Wasseroberfläche auf, die ihnen zur Reflexion dient.

Blogs sind die Speerspitze sozialer Veränderungen. Das größte Ärgernis für viele etablierte Elitenvertreter ist dabei die Tatsache, dass sich Blogger nicht im traditionellen Sinn legitimeren. Sie verweisen nicht auf eine wirtschaftliche Macht, auf großartige publizistische Ziele oder einen zu den Spitzen der Gesellschaft zählenden Herausgeber. Sie schießen wie Pilze aus dem Boden, sind einfach da. Formal sind sie niemanden gegenüber verantwortlich. Ihre Autorität beziehen sie aus ihrer individuellen Kompetenz und durch eine intensive gegenseitige Verlinkung. Der Grad der Aufmerksamkeit hängt davon ab, wie oft auf einen Blog verlinkt wird. Danach richtet sich auch die Auffindbarkeit bei Google. Der amerikanische Blog »Technorati« beispielsweise ist eine Art Seismograf, welcher Blog gerade wichtig ist und welcher nicht.[13]

Viel stärker noch als die Mitglieder von Communities exponieren sich Blogger. Blogger treten aus ihrem Privatleben heraus, deklarieren sich, geben ihre Identität preis, greifen an und machen sich angreifbar. Sie schwimmen im Ozean der öffentlichen Meinung bewusst gegen den Strom. Sie senden ungeordnet Signale aus, nehmen Echos auf, mischen sich ein, mischen den Diskurs auf. Sie sind die unmittelbarste Form der Rückkoppelung. Ihr blitzschnelles Reagieren auf Entwicklungen und die uferlose Verbreitung von Informationen führen dazu, dass sie mehr als andere das traditionelle Kommunikationsmodell infrage stellen. Blogger sind, im wahrsten Sinn des Wortes, spürbar. Sie tun weh. Und erweitern unser Kommunikations- und Informationssystem auf diese Weise über das ausgewogene, taktierende Wort hinaus.

Es ist kein Zufall, dass die Blogger in den USA mittlerweile zur Normalität der digitalen Öffentlichkeit gehören. Im Land der freien Meinungsäußerung, in der man auch Hitlers *Mein Kampf* legal kaufen und lesen kann, ist die Gesellschaft an ein Stimmengewirr gewöhnt. Schon im »normalen« Medienzeitalter hatte man begonnen, Filter zu entwickeln (im Grunde ist eine Zeitungsredaktion nichts anderes als ein menschlicher Filter) um herauszufinden, was wichtig ist und was nicht. In Deutschland dagegen sind die Blogs noch lange nicht auf einem vergleichbaren Niveau wie in den Vereinigten Staaten, Japan oder Frankreich.[14] Einer der wichtigsten Blogger Deutschlands, Robert Basic, erwartet jedoch, das »die Blogs auch in Deutschland eine gewaltige Rolle spielen« werden. Denn: »Der kulturelle Faktor von Blogs ist global, eine Universalformel.«[15]

Zur Universalformel gehört, dass die Blogger sich nicht um Hierarchien scheren. Frech erheben sie ihre Stimmen. Sie sind wie ein junger Delfin in der Herde, der eine Gefahr erkennt: Er fragt nicht seine Eltern, ob er in dieser Situation reden darf. Er meldet einfach die Bedrohung. Die anderen Tiere können sein Signal dechiffrieren, erkennen, ob die Warnung berechtigt ist oder nicht. Es kommt zu einem unmittelbaren Feedback, um auf diese Weise keine Zeit zu verlieren.

Viele Blogs haben sich auf ein Thema spezialisiert, zum Beispiel auf Technologiethemen. So hat der Amerikaner Daniel Goldman jahrelang nichts anderes getan, als jede neue Entwicklung des Internet-Browsers Opera zu kommentieren.[16] Nervig für das Unternehmen? Die skandinavischen Betriebseigner fühlten sich ganz und gar nicht belästigt. Nach einiger Zeit engagierten sie den Blogger und machten ihn zum »Chief Evangelist«, zum Missionar für den Browser im Internet. Die Opera-Leute wussten: Dieser Blogger hat aufgrund seiner Fachkompetenz so viel Glaubwürdigkeit im Netz, wie es die teuerste PR-Strategie nie erreichen kann.

Das Beispiel ist interessant, denn es zeigt: Viele Blogger arbeiten aktiv an der Verbesserung des Echolotsystems mit. Sie sind gewissermaßen die Testpiloten für das neue Superhirn. Daher sind eine Menge Blogs auch Technologie-Blogs: Die Spezies hat ein vitales Interesse daran, dass das neue Kommunikations- und Informationssystem immer besser und immer verlässlicher wird. Sie hat dieses »ingesourct«, es zu ihrem Kerngeschäft gemacht. So bilden die Blogger gewissermaßen die intellektuelle Open-Source-Bewegung, zuständig für eine immerwährende Internetkritik.

Viele Blogger sind zudem Medienbeurteiler. In Deutschland gibt es einen Blog, der sich nur mit den Fehlern der *Bild*-Zeitung beschäftigt.[17] Aber auch in allen anderen Ländern »nähren« sich etliche Blogs fast ausschließlich von Mediendiskussionen. Dies liegt, wie bei den Technologie-Blogs, im Charakter des neuen Informationssystems begründet: Es überwindet die alte mediale und technologische Basis, indem es die Dimension der Kommunikation erweitert. Die meisten bekannten Blogger sind sich dieses Transformationsprozesses bewusst: Clay Shirky, ein amerikanischer Medienwissenschaftler und leidenschaftlicher Blogger, sagte mir einmal in einem Gespräch, dass Blogger in einer Symbiose mit den Medien leben würden, in der die gegenseitige Abhängigkeit bereits so groß sei, dass es anders schon gar nicht mehr ginge. (Ich nehme an, Frau von Lovenberg würde an dieser Stelle heftig widersprechen!)

Das Opera-Beispiel ist noch aus einem anderen Grund spannend: Der Umgang mit Kritik ist im Internet fundamental anders als in den herkömmlichen Strukturen. Als ich mich neulich bei meiner favorisierten Fluglinie über eine Verspätung beschweren wollte, erlebte ich Folgendes: Ich rief unter einer mir am Schalter zu diesem Zweck gegebenen Nummer an. Dort ließ man mich meine Geschichte erzählen, ohne mich zu unterbrechen, um mir nach sieben Minuten zu sagen: Für Klagen sei das die falsche Stelle, Beschwerden müssten grundsätzlich a) schriftlich formuliert und b) gefaxt werden. Das Unternehmen verfolgt also offensichtlich die Strategie, Kritik abzuwehren: Aus Angst vor Querulanten wurde ein Filter eingebaut, der auch eine berechtigte Beschwerde von der Fluggesellschaft fernhält. So erfährt sie viele Verbesserungsvorschläge nie und wiederholt unnötig ein und denselben Fehler mehrmals. Denn natürlich habe ich kein Fax geschrieben – ich wechselte stattdessen zu einer anderen Airline.

Dieser Umgang mit Einwänden ist typisch für die alten Eliten: Der Kritiker wird wie eine lästige Fliege abgewimmelt. Bei der Entwicklung des Superhirns im Internet ist das anders: Einwendungen sind willkommen, Stellungnahmen stehen unter einem positiven Generalverdacht. Hier wollen Menschen mitwirken. Die soziale Intelligenz, die sich in der durch das Echolotsystem entstehenden raschen und mehrdimensionalen Wahrnehmungsintegration entfaltet, ermöglicht es, massive und gleichzeitig eintreffende Kritik zu sortieren und Handlungen entsprechend zu korrigieren. Als das soziale Netzwerk Facebook eine neue Form der zielgruppenspezifischen Werbung einführen wollte, erwirkten Tausende von protestierenden Nutzern eine Revision der Unternehmenspolitik.[18] Niemand bei Facebook wäre auf die Idee gekommen, den Mitgliedern das Ausfüllen eines Fax-Formulars vorzuschreiben.

Beurteilungen werden im Internet auch nicht immer gleich als Fundamentalkritik verstanden. Im Zuge meiner Forschungsarbeit für das Shorenstein Center an der Harvard Kennedy School haben wir eine – nicht repräsentative – Umfrage unter politischen Bloggern in den USA, Europa, Afrika und Lateinamerika durchgeführt.[19] In allen Antworten machten die Blogger klar, dass sie sich als »Komplementäre« zu den traditionellen Medien verstehen, nicht als ihre Totengräber. Sie wollen Analysten sein, keine Heckenschützen. Sie sind, wie die Ergebnisse zeigten, entgegen der oben zitierten *FAZ*-Kritik, um Objektivität und Genauigkeit bemüht.

Klar: Die Kritik, die aus den Blogs kommt, ist oft ungeschminkt, manchmal verletzend, vielfach sehr sarkastisch. Mitunter fällt den Bloggern das selbst auf: Als im Frühjahr 2007 eine amerikanische Bloggerin Todesdrohungen erhielt, schlugen mehrere prominente Blogger vor, gemeinsam einen Verhaltenscode zu entwickeln. Ein Blogger legte seinen Blog aus Solidarität für eine Woche still.[20]

Geändert haben diese gut gemeinten Ideen der freiwilligen Selbstkontrolle nichts. Denn der Versuch, etwas zuzuspitzen, hat seine Ursache darin, dass die Blogger Zeit sparen wollen. Sie spüren, dass die Veränderungen, die sie anmahnen, schnell kommen müssen. Dass es besser ist, mal übers Ziel hinauszuschießen, als eine wichtige Meldung aus falscher »Höflichkeit« zu unterdrücken. Wie wir schon bei der E-Mail oder beim IM gesehen haben: Floskeln braucht der Internetmensch nicht. Er ist stets getrieben, weil er spürt: Wir müssen handeln, wir müssen rasch handeln. Es geht ums Ganze, um die Zukunft.

Triumph der Bilder – YouTube

In demselben Maß, in dem die Baumeister des menschlichen Superhirns leere Phrasen und hohle Formeln über Bord werfen, suchen sie nach Erweiterungen der kommunikativen Formen. Diese betreffen nicht nur den Denkraum, sondern auch die Ausdrucksmöglichkeiten. Wir haben bei den Delfinen gesehen, dass ihr Kommunikations- und Informationssystem dem menschlichen nicht nur wegen der Schnelligkeit und der automatisierten Rückkoppelung überlegen ist. Einer der großen Vorteile der Meeressäuger ist die Verwendung von multimedialen Möglichkeiten. Sie dichten, singen und schlagen mit ihren Flossen, pfeifen, klicken und fassen, was sie sehen, in komplexen Grafiken zusammen.

Im Internet erkennen wir viele Spielarten der Kommunikation, die die Sprache überwinden: Gaming zum Beispiel ist eines der wichtigsten »Forschungslabore« geworden. Durch die Kultur des Spielens haben wir die Möglichkeit, die jungen Menschen in einer völlig neuen Art zu verstehen. Zugleich bringen uns die Jugendlichen bei, wie man das Spiel als ernsthafte Kommunikationsform begreifen kann. Flickr ist eine Plattform, auf der Bilder hochgeladen und veröffentlicht werden können. Auf Netvibes kann man sich seine eigenen Themenfelder zusammenstellen. Second Life versucht die grafische Nachbildung der Welt, Avatare treten stellvertretend für reale Individuen auf. Eine andere Form dieser virtuellen Stellvertretung sind »Weblins«, mit denen man gewissermaßen »physisch« durch das Web wandern kann. Sobald man auf eine Website kommt, steht im Vordergrund des Bildschirms ein kleines Männchen, wenn einer der Freunde auch gerade die Seite liest. Der Freund wiederum sieht genau, wann ich welche Seite lese.[21] Täglich werden neue Ausdrucksformen erfunden. Es gibt einen regelrechten Wettbewerb der Ideen.

Diese Bereiche sind faszinierend, es gibt unzählige Entwicklungslinien. Wir wollen uns hier jedoch nur mit dem Phänomen beschäftigen, das den größten Einfluss auf die nonverbale Kommunikation der Massen hat: die Videoplattform YouTube.

Auf dem im Februar 2005 in einer Garage in San Bruno, Kalifornien, gegründeten Online-Portal fanden sich über Nacht Tausende von Laien hochgeladene Videos. Zwölf Monate später waren insgesamt über sechs Millionen Videos veröffentlicht. Heute gibt es kein Medium im Internet mit mehr Datenmengen als YouTube. Man könnte fast sagen: YouTube ist das Internet geworden.

YouTube entstand nur bedingt aus Verdruss über die schlechte Qualität des Fernsehens. Gewiss, auch das mag ein Antrieb gewesen sein. Alexander Perschel, der in Deutschland mit großem Erfolg die erste Internet-Soap *Sex and Zaziki* (in Anspielung auf die Kultserie *Sex and the City*) produziert, sieht jedoch tiefere Gründe: »Der Zuschauer will den inszenierten Glamour nicht mehr. Die heutige Generation ist davon zugemüllt. Wir wollen den Helden von Nebenan dagegensetzen.«[22]

Der Zuschauer will noch etwas anderes: Er will Akteur sein. Die Hüter des traditionellen Kulturbetriebs sagen dazu arrogant: »Was, ohne ein

Diplom von der Schauspielschule? Wie bitte, die hat keine Gesangsausbildung? Das geht doch nicht!« Diesen Kulturpessimisten wollen wir entgegenhalten: Sicher, wir lieben auch die klassische Musik, das Theater. Doch leider, leider: Selbst bei Glanzlichtern der etablierten Kunst ist unter den Zuschauern der Altersdurchschnitt erschreckend hoch. Und überhaupt kann das doch nicht alles sein, was wir unter Kunst verstehen. Die Idee, mit Dieter Bohlen einen Marcel Reich-Ranicki der Popkultur heranzuzüchten, hilft nur den Siegern von *Deutschland sucht den Superstar.* Der Rest ist Schweigen. Die Zuschauer sind wieder nur Couch Potatoes, die nichts zum Erhalt der Menschheit beitragen und obendrein durch zu viel Chips und Bier ihr eigene Gesundheit ruinieren.

Was auf YouTube geschieht, ist die große Mobilmachung. Es ist die Erhebung derjenigen, die Neil Postman aufgrund ihres »seichten Amüsements« bereits hat aussterben sehen.[23] Die Helden von nebenan wollen nicht Deutschlands Superstars sein. Sie haben in YouTube die Möglichkeit gefunden, sich über Musik, Tanz, Komik oder Laienspiel auszudrücken. Sie sind dem menschlichen Grundbedürfnis gefolgt, dem anderen etwas mitzuteilen. Und sie haben offenbar etwas zu sagen. Und weil sie nicht nur Sprache und Schrift verwenden, vergrößern sie das Spektrum unseres Kommunikationssystems.

Es ist ein grundlegendes Missverständnis, diese Erweiterung mit der traditionellen Hochkultur zu vergleichen. Die Klassiker des Theaters ebenso wie die des Hollywood-Films sind Endpunkte einer langen Entwicklung. Bei YouTube begegnen wir nicht der ausdifferenzierten Form einer homogenen Kultur am Höhepunkt (vielleicht sogar am Ende) ihres Weges. Hier wir experimentiert und gestammelt. Vieles ist archaisch, brüchig, misslungen. Auf den Theaterbühnen beobachten wir Ähnliches: Das radikale deutsche Regietheater verfremdet die Klassiker brutal, zerhackt sie, macht aus ihnen Mashups (englisch: *to mash*, »vermischen«), gleichbedeutend mit Remix-Versionen. Offenbar gibt es auch hier das Gefühl eines notwendigen Neuanfangs. Die traditionellen Eliten, etwa in der Theaterkritik, sind dagegen so sehr in Ehrfurcht vor den großen Meistern erstarrt, dass sie den Geburtsschrei einer neuen kulturellen Bewegung nicht hören und verstehen können.

Dieser Schrei kommt laut und ungehobelt daher, ist mit den herkömmlichen Konventionen nicht zu fassen. Es ist ein Ausbruch der ungezügelten und noch ungezähmten Kräfte, mit denen die Kultur das

Entstehen und Wachsen eines völlig neuen Kommunikationssystems begleitet.

Entscheidend ist auch: Bei YouTube melden sich jene zu Wort, die bisher von öffentlicher Rede abgeschnitten waren oder denen etwas vorgekaut wurde. Sie tun dies nicht wegen der anrüchigen »fünfzehn Minuten Ruhm für jedermann«. Sie stellen ihre Videos auf die Plattform, weil sie spüren, dass sie zur Weiterentwicklung der kollektiven sozialen Intelligenz der Menschheit beitragen müssen und können. Am Ende soll die Menschheit zu einer Ausdrucksform finden, die alle verstehen. Afrikaner, Europäer, Inder, Amerikaner. Die Zukunft der Welt wird nicht in den obersten Etagen der Weltbank, in den Hinterzimmern der Brüsseler Lobbyisten oder im gepflegten Diskurs des deutschen Ethikrats entschieden. Die Zukunft der Menschheit wird, wenn das Internet als vollwertiges Kommunikations- und Informationssystem etabliert ist, von allen bestimmt.

Nur so können auch die richtigen Entscheidungen getroffen werden. Der Hirnforscher Wolf Singer hat eine bemerkenswerte Vision skizziert, wie das aussehen könnte, aussehen sollte: »Die ethnischen Konflikte, die derzeit ein Hauptproblem darstellen, beruhen nicht zuletzt auf der Unfähigkeit, sich in die kognitiven Schemata der jeweils anderen hineinzuversetzen: Das gleiche Ereignis wird von den Kontrahenten unterschiedlich wahrgenommen, und so fühlt sich jeder im Recht – ein eindrucksvolles und folgenreiches Beispiel für die kulturelle Prägung von kognitiven Funktionen. Wenn sich die Kontrahenten auch der nicht-rationalen Sprachen bedienen könnten, um sich verständlich zu machen, würden sie vermutlich schnell erkennen, dass ihre Befindlichkeiten und Sehnsüchte die gleichen sind. Ich denke da zum Beispiel an eine Friedenskonferenz, bei der versucht wird, mit allen verfügbaren Ausdrucksmitteln – also nicht nur Sprache, sondern auch Musik, Gesang, Tanz und Bildern – zu erklären, welches die respektiven Ängste und Nöte sind, eine Art Jam-Session ausdruckskompetenter Vermittler. Wenn solche Ausdrucks- und damit auch Rezeptionskompetenz früh gepflegt und eingeübt würde, hätte dies vermutlich segensreiche Auswirkungen auf unsere Sozialgefüge.«[24]

YouTube ist die visuelle Sprachschule für genau diese neue Welt. Auch MySpace, die Plattform, die in weiser Voraussicht vom australischen Medienmogul Rupert Murdoch gekauft wurde, trägt dazu bei. Und die vielen anderen kreativen Räume, die täglich weltweit im Internet entstehen. Es gibt keine Grenzen von Raum und Zeit mehr. Unvorstellbares geschieht: Programmierende Künstler haben sich zum Beispiel auf einer Website so tief in die »kognitiven Schemata« des Malers Jackson Pollock hineinversetzt,[25] dass durch die kongeniale Kombination von Zufall, Farbe, Emotion, Wechsel, Rhythmus und Computerprogrammierung tatsächlich jedermann neue Originale schaffen kann.

Kunst als Avantgarde im Internet

Ob ein solch umstürzlerisch erscheinendes Klima auch tatsächlich gesellschaftliche Veränderungen ankündigt oder nur eine Mode ist, kann man meist daran erkennen, ob und inwieweit die Kunst beziehungsweise die Kunstschaffenden involviert sind. Sie waren in der Geschichte immer ein Seismograf für den Wandel. Pollocks wilde Malerei war ein solcher Vorbote des Umbruchs. Und in der Entwicklung der Zwölftonmusik durch Arnold Schönberg zeichnete sich eine Auflösung der Zivilisations- und Kulturgesellschaften des 19. Jahrhunderts ab.[26]

Schönberg ging dabei sehr »intellektuell« vor: Er wollte anstelle der »Diktatur des Grundtones« (die Basis der westlichen, harmonischen Musik) die »gleichberechtigte Demokratie aller 12 Töne«.[27] Diese Demokratie fand jedoch nicht nach den von Schönberg vorgesehenen strengen Gesetzen statt, als Fortsetzung und Vollendung der abendländischen Musik. Was folgte, war die völlige Zertrümmerung des alten Systems innerhalb der Musik. Und später das gleichberechtigte Nebeneinander einer unübersehbaren Zahl von Musikstilen (Unterhaltung, Jazz, Hip-Hop etc.). Die klassische zeitgenössische Musik hat davon profitiert: Heute kann jeder Komponist schreiben, was er will. Phasenverschoben zu diesem grundlegenden Wandel in der Musik (die hier nur als Beispiel für alle Künste steht) hat sich auch weiterhin die Gesellschaft verändert: Zerstörung, Wiederaufbau, Neudefinition und Vielfalt kennzeichnen die Umformungen des 20. Jahrhunderts in allen Lebensbereichen.

Stets geht die Veränderung mit einem entsprechenden Lebensgefühl einher. Das ist auch im Prozess der Delfinisierung der Menschheit nicht anders. Die Entwicklung des Echolotsystems passiert nicht in der Fabrik.

Auch nicht auf den großen »Chip-Plantagen« Indiens. Und kaum in Seattle bei Microsoft. Das alles ist zu organisiert für einen wirklich kreativen Akt. In Deutschland hat man für die »Dampfmacher« das schöne Wort der »digitalen Boheme« erfunden.

Die digitale Boheme

»Digitale Boheme« ist aus mehreren Gründen eine passende Bezeichnung. Die Bohemians aller Zeiten unterschieden nie zwischen Beruf, Berufung und Arbeit. Ihr Leben sahen sie ganzheitlich, locker und gelassen, auch wenn sie mal scheiterten. Die Boheme beanspruchte zudem für sich, mehr zu hören, zu sehen – und vor allem mehr zu fühlen als der Rest der Gesellschaft. Wie die Delfine, die mit einer bewundernswerten Leichtigkeit und viel Sinn für Humor[28] durch das Meer schwimmen, war und ist die Boheme in gewisser Weise »völlig losgelöst« von alten gesellschaftlichen Konventionen. In der Regel gibt es keinen besseren Nährboden für Innovationen.

Die digitale Boheme, so behauptet der Volkswirt und Autor Holm Friebe, sei intelligenter als die Anhänger der New Economy.[29] Friebe beschreibt die neue Boheme als eine Bewegung jener jungen Menschen, die man spät abends in einem Café in Berlin, etwa Prenzlauer Berg, oder in Zürich, im Kreis 4, an einem Tisch sitzen sieht. Sie starren auf einen Bildschirm, die meisten von ihnen arbeiten selbstständig, manche haben eine Ich-AG gegründet. Es ist nicht ganz klar, womit sie ihr Auskommen bestreiten. Sie scheinen jedoch selbst nach Ende des Start-up-Booms noch etwas durch das Internet zu verdienen. Friebe erklärt, dass diese ernüchternde Erfahrung das kritische Bewusstsein für Sein und Schein geschärft hat: »Gerade in dem Moment, wo es praktisch und theoretisch jedem möglich ist, eine glitzernde Website zu haben, schärft sich auch die Sensorik dafür, dass das nichts bedeutet. Stattdessen fängt man an, eine Sensibilität für innere Widersprüche und Tonfälle zu entwickeln, lernt Nuancen zu sehen.«[30]

Friebe denkt dabei wohl auch an die Aktivitäten seiner eigenen Schöpfung, der »Zentralen Intelligenz Agentur« (ZIA), deren Geschäftsführer er ist. Die ZIA wurde 2002 in Berlin als »Witz« und »Parodie einer Firma« gegründet und führte eine Mitgliederkartei, die launig in Agenten, Inoffizielle Mitarbeiter und Schläfer unterteilt war. Mittlerweile sorgt die ZIA für mächtig Wind im deutschen Medien- und Kulturbetrieb. Unternehmen werden beraten, Ausstellungen kuratiert, kuriose Kongresse veranstaltet, die das Lebensgefühl der digitalen Boheme reflektieren.

Die Gruppe versucht weiterhin, die Vorteile, die das Internet bietet, theoretisch zu fassen und beruft sich dabei auf den amerikanischen Blog-Provokateur Clay Shirky. Dieser vermutet, so ZIA-Mitglieder, »dass uns ... massive Umwälzungen bevorstehen: Lose organisierte, wendige Gruppen sollen zunehmend an Einfluss gewinnen, während Institutionen und Organisationen unter Druck geraten. ›Fünfzig Jahre Chaos‹ stehen uns laut Shirky bevor, aber es handelt sich offenbar um ein für apokalyptische Verhältnisse recht wohlgeordnetes Chaos, das wir schon irgendwie gemeinsam aussitzen, taggern, flickern, verlinken und in unseren Blogs dokumentieren werden.«[31]

Die meisten Bohemiens verstehen sich als »Projektemacher«. Der Projektemacher ist keine Erfindung des Internets. Er hat eine lange Tradition, galt schon immer als ein wenig suspekt, war er doch das Gegenbild zum klassischen Kaufmann, der ein ehrwürdiges Geschäft an einem festen Ort führt. Er erinnert an den »Möglichkeitsmenschen« in Robert Musils *Mann ohne Eigenschaften*, der, »wie man sagt«, in einem »Gespinst von Dunst, Einbildung, Träumerei und Konjunktiven« lebt.[32] Aber sagt man es auch zu Recht? Gewiss, das gekonnte Scheitern gehört zu seinen größten Lebensleistungen. Aber wächst der Projektemacher nicht auch an seiner prekären Aufgabe? Muss er nicht lernen, den Graben zwischen einer hochtrabenden Idee und der praktischen Umsetzung zu schließen? Gilt für ihn nicht, was Musil positiv vom »Möglichkeitsmenschen« gesagt hat: Er ist einer, »der die Wirklichkeit nicht scheut, wohl aber als Aufgabe und Erfindung behandelt«?[33]

Der Kulturwissenschaftler und Medienhistoriker Markus Krajewski glaubt im Vorwort zu dem von ihm herausgegebenen Buch über Projektemacher, dass diese Individualisten nicht »in den Abteilungen für ›Forschung & Entwicklung‹ der Konzerne« und auch nicht »in bestallten Positionen oder Ämtern innerhalb von Institutionen ... Galerien und Akademien zu finden« sind.[34]

Die wahren Echolotmotoren aus der Kunstszene haben einen viel anarchischeren Ansatz. Kathrin Passig, 1970 geboren, programmiert die

Websites der »ZIA«, schreibt seit vielen Jahren Kolumnen und Texte für Zeitungen und veröffentlichte im Jahr 2000 ihr erstes Buch über sadomasochistische Sexualität. Schlagartig berühmt wurde sie in der Welt der alten Eliten, als sie 2006 in Klagenfurt den Ingeborg-Bachmann-Preis gewann, die bekannteste deutschsprachige Literaturauszeichnung. Das Unerhörte an ihrem Sieg: Die preisgekrönte Erzählung *Sie befinden sich hier* war nicht nur ihr literarisches Debüt. Sie hatte den Text, wie sie später öffentlich bekannte, auch haargenau auf die Bedürfnisse der Jury zugeschnitten. In der Form eines inneren Monologs schilderte sie darin die Not und Verwirrung einer im Schnee erfrierenden Person.

Der Literaturbetrieb war nur zum Teil amüsiert, viele fühlten sich betrogen.[35] Die Tatsache, dass jemand authentisch ist, weil er besonders berechnend vorgeht, wurde nicht als ironische Neuinterpretation des Kunstbegriffs gesehen, sondern als Betrug. Es herrschte Irritation unter den Kritikern, denen es – wie Harald Staun in der *Frankfurter Allgemeinen Sonntagszeitung (FAS)* schrieb – nicht viel anders erging »als den Bewohnern der bayerischen Ortschaft Pappenheim, in der die Mitglieder des Internetforums ›Wir höflichen Paparazzi‹ … an einem Wochenende im Jahr 2002 tagten. Wann immer die Einheimischen fragten, wo diese jungen Leute denn alle herkämen, die ihnen ob der Masse und Andersartigkeit auffielen, bekamen sie, wahrheitsgemäß, folgende Antwort: ›Wir kommen aus dem Internet.‹«[36]

Zum ersten Mal war einer der Geistesblitze des Internets mitten im herkömmlichen Kulturbetrieb eingeschlagen. Aber was bedeutet der Satz »Wir kommen aus dem Internet« im Fall von Passigs Coup? Holm Friebe meint, es läge in der Art des Wissens (in diesem Fall über Nordpolreisen), das in den Text eingeflossen ist und das heute im Internet erworben wird. Passig stehe für eine Gelehrsamkeit, die keine Verbindung mehr zur klassischen Universität pflegt.[37]

Es handelt sich vielmehr um ein Wissen, das in der »Universität des Netzes«[38] angeeignet wurde. Diese Universität erinnert auf interessante Weise an die Weimarer Republik, an eine alte Utopie aus jener Zeit. Und zwar an »die wahre und einzig mögliche deutsche Akademie«, wie sie der Dichter Hugo von Hofmannsthal in seinem berühmten Vortrag »Das Schrifttum als geistiger Raum der Nation« 1927 erträumte.[39]

Das »Schrifttum« ist heute in den unendlichen Raum des Internets gewandert. Von »Nation« redet da keiner mehr. Aber die neuen Schüler der Internetakademien setzen eine Tradition fort, die ebenfalls in Umbruchzeiten Konjunktur hat: Die Tradition der Hochstapler, bei denen man nicht weiß, ob sie wirklich so gut sind, wie sie vorgeben. Sie ermächtigen sich kurzerhand selbst zu Fachleuten, zu Kennern. Formale Prozeduren, Prüfungen, Abschlussarbeiten etc. haben sie nicht durchlaufen oder sie sind für ihr Wirken nicht relevant.

Ob man sich zu Recht einen Experten nennen darf, darüber aber entscheiden die User, die Leser im Internet. Häufig handelt es um ein (noch) randständiges Wissen, das aus dieser neuen Gelehrsamkeit spricht.[40] Und ebenso oft ist dieses Wissen buchstäblich esoterisch – die Kenner in Sachen Grenzwissenschaften im Internet sind Legion.

Ein solch schillernder Fachmann ist Jürgen Kuttner. Der 1958 in Ostberlin geborene Kunstschaffende und Moderator ist ein begnadeter Projektemacher, der den Graben zwischen hochtrabender Idee und Realisierung gut zu schließen weiß. Noch in der Hauptstadt der DDR gründete er die »Bolschewistische Kurkapelle Schwarz-Rot«. Weil er kein Instrument konnte, war er »gewissermaßen konzeptuell« tätig, wie er sagt.[41] Kurz nach dem Fall der Mauer verantwortete er die Ostausgabe der *taz*, dann holte ihn der Berliner und Brandenburger Radiosender Fritz, weil es dort nur Musikredakteure gab und ein »Mann fürs Wort« fehlte. In unzähligen »Sprechfunk«-Sendungen ist Kuttner der Mann fürs Wort bis heute geblieben. Er nimmt seine Hörer an die Hand und ermuntert sie zur Skepsis.

Dieses Ethos prägt auch seine berühmt gewordenen Videoschnipsel-Vorträge, die er auf deutschen und Schweizer Theaterbühnen hält. In lebendiger Rede dokumentiert und kommentiert er in diesen Reden Kurioses und Aufschlussreiches aus der Fernsehgeschichte. Für das Internet hat er seine Reflexion erweitert: In der *Kuttner Show: Was sagt eigentlich YouTube dazu?* bezog er sein Material von der Videoplattform YouTube und beschriftete diese laufenden Bilder. Kuttner promovierte mit einer Arbeit über »Massenkultur und Masse« zum Doktor der Philosophie. Dennoch wirkt er in seinem Blog völlig unakademisch oder, besser gesagt, wie ein Absolvent der neuen »Akademie des Netzes«.

Bei seinen vielen Reisen nach Vietnam hat der Schweizer Verlagsmann Thomas Trüb festgestellt, dass es in dem Land außergewöhnlich begabte Künstler gibt. Über die Website painting-station.com kann man unter dem Motto: »Ihr Lieblingsfoto als Ölgemälde« Werke wie von alten Meistern gemalt bestellen. Die Qualität der Gemälde ist phänomenal. Rembrandt hätte es nicht besser machen können. »So können wir die Kultur demokratisieren«, sagt Trüb, weil man sich Gemälde dieser Qualität sonst nicht leisten könnte.[42] In Vietnam erscheint das Projekt wie eine Fortsetzung der alten Malerschulen: Wer aus der kleinen Künstlergruppe gerade Zeit hat, fertigt das Bild an. Das Internet als Erbe abendländischer Kulturpraktiken. Wir denken weiter, was vor uns gedacht wurde. Das Superhirn als Bewahrer, als Neuerfinder der Tradition. Wer hätte das gedacht.

Künstler begreifen sich durch die neue soziale Intelligenz nicht mehr als von Mäzenen abhängige oder dem aggressiven Kunstmarkt ausgelieferte Einzelgänger. Einrichtungen wie der »Kulturserver« fassen Künstler zusammen, lassen sie jedoch Individualisten bleiben. Es werden ihnen aber Arbeiten abgenommen, die nicht zu ihren »Kernaufgaben« gehören. Ankündigung und Bewerbung einer Veranstaltung, Servicehinweise oder Kartenverkauf können in der Zusammenarbeit in einem Netz ungleich wirkungsvoller erledigt werden: »Mit Software und Expertise im Internetbereich werden Lösungen geliefert, die allen mit einer schlauen Mischung von Zentralität und Dezentralität zugutekommen«, sagt Wolfgang Knauff, Gründer und Geschäftsführer des Datennetzwerks Kulturserver.[43]

Aber auch für pure Individualisten ist das Internet die ideale Plattform, ein eigenes soziales Netzwerk zu bauen. Lady Bitch Ray, mit bürgerlichem Namen Reyhan Şahin, stammt aus einer Gastarbeiterfamilie, die aus Anatolien übergesiedelt ist. Sie wuchs im Bremer Arbeiterviertel auf und wurde traditionell-türkisch erzogen. Nachdem sie einen Song bei rap.de mit pornografischen Inhalten veröffentlichte, stellte sie ihr damaliger Arbeitgeber Radio Bremen vor die Wahl, die Lieder aus dem Netz zu nehmen oder ihren Job aufzugeben. Şahin entschied sich für die Freiheit – und kreierte eine MySpace-Seite. Diese gehört mittlerweile zu den meistbesuchten ihrer Art.

Dass solche Tendenzen den Glaubenshütern der überlieferten Kultur Angst machen, versteht sich von selbst. Sie blasen zum Gegenangriff: »Das ist Frankenstein!«, rufen sie. »Die Lustmörder lauern überall!« Oder: »Runter mit der Maske, wir wollen wissen, wer ihr seid, euch mit Händen greifen.« (Und einsperren!) »Das ist alles – Wahnsinn! Wir rennen geradewegs in den Untergang.«

Diese Sorgen können nicht leichtfertig beiseitegeschoben werden. Denn wir rennen tatsächlich geradewegs in den Untergang – nur nicht, wie es die alten Kulturcliten denken. Wir haben schon mehrfach hervorgehoben, dass die Zeit für Veränderungen knapp bemessen ist. Verzögerung durch den Widerstand herkömmlicher Kulturüberlieferer kann verheerende Folgen haben. Sollte der große Crash eintreten, bevor unser Superhirn einsatzbereit ist, wird es brenzlig. Und doch: Die Menschheit scheint einen Instinkt dafür zu haben, sich nicht von den Bösen auffressen zu lassen. Sie reagiert auf Fehlentwicklungen mit derselben »unsichtbaren Hand«, die der schottische Nationalökonom Adam Smith schon für die Wirtschaft entdeckt hatte.[44] Und sie weiß – zum Überleben der Menschheit gilt der Satz: »Kontrolle ist gut, Vertrauen ist besser!«

Digitale Räume des Vertrauens

Es scheint bei der Entwicklung des neuen Kommunikations- und Informationssystems tatsächlich eine solch »unsichtbare Hand« zu geben. Mit all jenen Werkzeugen, die wir oben beschrieben haben, bilden wir Vertrauensräume, in denen gemeinsames Denken geübt, gemeinsames Handeln geprobt wird. Fehlentwicklungen werden im System korrigiert, es herrscht diesbezüglich geradezu ein instinktives Verhalten, wann und wo das notwenig ist.

Viele Experimente werden gestartet – und später modifiziert oder gar verworfen. In der Online-3D-Infrastruktur Second Life zum Beispiel ist eine virtuelle Welt geschaffen worden. Viele bewegen sich darin, viele gehen aber auch nach einer gewissen Zeit enttäuscht wieder heraus. Dieses Metauniversum-Projekt braucht länger als erwartet, bis es funktioniert. Niemand weiß, ob es am Ende gelingen wird. Ist es zu avantgardistisch? Eher zu konventionell: Das Internet wird sich auf Dauer nicht darauf beschränken, die alte Welt zu imitieren. Gescheitert? Na und? Wir haben es mit Projektemachern zu tun. Nur wer Fehler macht, lernt. Die richtigen Signale zu identifizieren, die an der Wasseroberfläche reflektieren, das muss erst begriffen werden.

Mit jedem neuen Schritt werden wir jedoch die wichtigen Funktionen verstärken. Wir werden unsere Fähigkeit zum Abtasten verfeinern. Die Verbindung von Fern- und Nahkommunikation wird möglich. Twitter ist auch solch ein Werkzeug. Es ist ein Netzwerk, bei dem die Nutzer »zwitschern« (daher der Name »twitter), sich also einander zurufen, wo sie sind und was sie gerade machen.[45] Die User haben ihr individuelles Bloggen durch knappe Eintragungen ergänzt, die Freunde und Interessierte »abonnieren« können. So weiß im Grunde jeder, was der andere im Moment tut. Man kann sich finden, auch wenn man einander noch nie zuvor gesehen hat. Jeff Jarvis, ein quirliger New Yorker Journalistikprofessor und anerkannter Blogger, erzählte mir einmal mit leuchtenden Augen, wie er bei einer Reise nach Lissabon von einem portugiesischen Redakteur aufgespürt wurde, der ihn schon lange gesucht hatte. Jeff behielt diese Begegnung nicht für sich, er machte über sie einen kurzen Eintrag auf Twitter und Facebook. Die Herde soll wissen, dass es funktioniert. Vertrauen ist eine Frage der kleinen Schritte, weniger der großen Worte.

Wie das Beispiel von Jeff zeigt, bildet sich auch ein neues Verständnis von Privatheit heraus. Die Trennlinien zum beruflichen Dasein werden unschärfer. Damit entsteht allerdings auch die Notwenigkeit, Kontakte zu »qualifizieren«. Wir müssen wissen, mit wem wir es zu tun haben (wollen). Und wir müssen wissen, ob wir demjenigen vertrauen können.

Identität und Reputation

Das heutige Internet, darüber sollten wir uns keine Illusion machen, ist nur eine Vorstufe zum Superhirn. Bedenken Sie, wie dramatisch sich schon vieles in der unvorstellbar kurzen Zeit von zehn Jahren gewandelt hat! Können Sie sich noch an das Quietschen und Kreischen Ihres ersten Modems erinnern? An die Einwahl über AOL? Vielleicht gar an CompuServe? Eine sehr weitsichtige Diplomarbeit aus dem Jahr 1996 beschreibt alles, was aus damaliger Sicht einmal im Internet wichtig sein wird – nur der Name Google fehlt, weil es das Unternehmen einfach noch nicht gab![46] Wir sollten uns also hüten zu glauben, dass wir heute wissen könnten, welch dramatische Änderungen und Verbesserungen uns noch bevorstehen.

Eine der wichtigsten Veränderungen wird die Sicherstellung der persönlichen Identität sein. Paul Trevithick, ein junger Mann mit viel Enthusiasmus, arbeitet mit seiner in der Nähe von Boston ansässigen Firma an einer »Identitäts-Karte«, ähnlich einer Kreditkarte.

In Zukunft wird jeder eine solche virtuelle Identität haben. Experten rechnen damit, dass man künftig beim »Eintritt« ins Internet eine solche grundsätzlich nachweisen wird, etwa durch einen Fingerabdruck. Trevithick entwickelt mit seinem Team solche i-cards.[47] Passwörter? Wie antiquiert! Jeder wird sein Profil mit sich tragen, seine Freunde und Kontakte.

Eine interessante Parallele besteht auch hier zu den Delfinen: Jedes Tier hat einen absolut individuellen Namen, der viel komplexer ist als »Hans« oder »Heidi«. Die Struktur der Meeressäuger-Namen könnte man mit einem Barcode vergleichen (den schwarzen Strichen auf jedem Produkt, das Sie kaufen). Über diesen Namen kann jedes Tier von der Herde »identifiziert« werden. Warum sollte das bei den Menschen nicht auch möglich sein? Schon heute haben die Behörden, Kreditkartenunternehmen und Banken so viele Daten, dass es schwer ist, sich zu verstecken. Die Komplexität der globalen und gleichzeitig ablaufenden Kommunikation und Information erfordert es, dass wir uns darauf verlassen können: Wir haben es mit den richtigen Leuten zu tun.

Das Higgings-Projekt verfolgt dasselbe Ziel: Es wird von zahlreichen großen Unternehmen wie Microsoft und IBM sowie den wichtigsten amerikanischen Universitäten unterstützt.[48] Diese wollen »ein offenes Identitätsnachweissystem« schaffen, bei dem jeder sein persönliches Profil, einschließlich der sozialen Beziehungen, mit sich führt, wo immer er sich im Netz bewegt. Damit werden Bequemlichkeit und Sicherheit erhöht.

Weiterhin wird aktuell an ausgefeilten Reputationssystemen gearbeitet, in denen Teilnehmer von Kommunikationsnetzwerken den Nachweis ihrer Verdienste ebenso transparent mit sich herumtragen werden wie ihre Identität. In Seattle sitzen einige Wissenschaftler, die ein solches System schon entwickelt haben. Der amerikanische Evolutionsbiologe Carl Bergstrom hat zusammen mit seinen Forschern einen Algorithmus konstruiert, eine genau definierte Handlungsvorschrift, mit der durch die Häufigkeit und Qualität von Zitaten in Fachzeitschriften die Reputation eines Kollegen bestimmt werden kann.[49] Das System findet seine Anwendung in vielen Bereichen bestimmter US-Fachpublikationen – und zwar sehr erfolgreich.

Auch im Community-Bereich werden bereits neue Ebenen kreiert, »mit dem Ziel, seine Reputation zu schützen oder wiederherzustellen«.[50] So existieren mittlerweile Plattformen »für Beziehungsmanagement, die eine stärkere Kontrollmöglichkeit der Online-Selbstveröffentlichung bieten« und damit als »Karrierewerkzeug« im Internet benutzt werden können.[51]

Die populäre Technologie-Website »Slashdot« wiederum praktizierte eine Zeit lang ein System, in dem sich die Autoren gegenseitig bewerten. Je nach Anzahl und Bedeutung der Artikel können so einzelne Verfasser von Beiträgen einen höheren Status erlangen als andere oder wieder verlieren. Sie werden von allen Usern »benotet«. Nach einiger Zeit stellten die User das System infrage. Die erste virtuelle »Palastrevolution« war die Folge. Diejenigen, die einen höheren Status hatten, wurden gezwungen, wieder in Reih und Glied zu treten. Das war vor wenigen Jahren – und wie im richtigen Leben. Ähnlich wie bei Second Life wurde hier vielleicht zu konventionell gedacht. Aber die Herde der Echolotforscher hat in der Zwischenzeit viel gelernt.

Suche nach der garantierten Sicherheit

Die Entwickler des neuen Superhirns haben keinen Zweifel: Obwohl das Internet (im Sinne einer technischen Infrastruktur) einen riesigen Fortschritt für die Entwicklung des gemeinsamen Denkens gebracht hat, sind wir noch lange nicht so weit, dass wir uns zufrieden zurücklehnen können und die Rettung der Welt als »gelungen« verbuchen können.[52] Tim Berners-Lee, einer der schon erwähnten »Erfinder« des World Wide Web (im Sinne aller über das Internet zugänglichen Inhalte), schilderte im Jahr 1997 die Alternativen, die es bei der Entwicklung des neuen Kommunikations- und Informationssystems geben könnte: Intelligente Agenten werden die Märkte entweder stabilisieren oder destabilisieren. Das Verschwinden von jeglicher Distanz wird Kultur homogenisieren oder zu verschärfter Polarisierung führen. Der Zugang zum Web wird zur großen globalen Einheit oder Spaltung führen. Am Ende lautet die entscheidende Frage: Stellen wir die Weichen auf Gier und Hass oder auf Frieden und Verständigung?[53]

Das hohe Problembewusstsein der Entwickler des Superhirns hat dazu geführt, dass immer neue Anstrengungen unternommen werden, um die Qualität der Technologie zu verbessern. Globale Gruppen beschäftigen sich weltweit rund um die Uhr mit diesen Fragen.[54] Einer der Ansätze ist das sogenannte semantische Web. Bei diesem Konzept wird versucht, eine intelligente »zweite Ebene« zu schaffen. An Stelle der »Suchmaschine« soll die »Antwortmaschine« treten.[55] Haben die Computer bisher nur getan, was der Mensch ihnen sagte, sollen nun mithilfe von »Meta-Daten« regelrechte Sicherheitsnetze eingezogen werden. Damit erhält der Nutzer zusätzliche Daten (Antworten) zu der Frage, die er sich immer stellt: Kann ich einer Information trauen? Meta-Daten sind Informationen über Informationen. Erste Vorstellungen von dem, was das semantische Web will, kann man heute schon bei den Intranets (also den Informationsnetzen in Unternehmen) erkennen, die viel präziser mit Informationen umgehen als das »offene« Web.

In der Zukunft könnte es auf jedem Computer eine Taste geben auf der steht: »Stimmt das auch wirklich?« Wird sie gedrückt, werden im Internet all jene Informationen überprüft, die eine Nachricht näher beschreiben: Empfehlungen von Fachkollegen, Magazinen, Banken, anderen, bewährten Autoritäten. Die Information (die falsch sein könnte) steht dann nicht mehr isoliert im Netz, sondern wird eingewoben in ein Netz von zusätzlichen Kriterien, die den Empfänger einer Nachricht immer sicherer werden lassen, dass auch stimmt, was er liest. So entsteht auf der Ebene der Technologie etwas, was Berners-Lee »Interkreativität«[56] nennt: Im Netz werden immer mehr einzuordnende Informationen über eine Meta-Information miteinander verknüpft, aus der toten Infrastruktur wird ein lebendiger Prozess.

Schon heute haben wir sehr komplizierte Prozesse im Internet zu bewältigen: Die Suche nach einer bestimmten Information ist oft ein Horror, weil wir dazu unglaublich viel unbrauchbares Zeug wegschaufeln müssen. Viele Inhalte werden zudem gleichzeitig dargestellt (Video, Text, Grafiken, Kommentare etc.), sodass man oft den Eindruck hat, die Gebrauchsanweisung eines Rasenmähers zu studieren, wenn man auf einer Website etwas sucht. Und Einkaufen im Netz ist auch noch nicht so vielfältig und umfassend, wie man das erwarten würde. Angetrieben von diesen drei Bereichen – Suche, Präsentation und E-Commerce – wird im semantischen Web ausgetestet, möglichst viele intelligente Bezugspunkte zu schaffen: So wird eine Computersprache entwickelt, die die Maschinen befähigt, die Metainformationen zu verstehen. Eine neue »Architektur« soll entstehen, die dieses neue Sprachverständnis überall zum Einsatz kommen lässt. Alle Lösungen sollen so sein, dass sie dem »menschlichen Nutzer dienen«.[57]

Maskerade im Netz

»Ich blogge, also bin ich«, sagte die amerikanische Journalistin Susan Reed auf einer Podiumsdiskussion im Herbst 2007 in Harvard,[58] mit kritischem Blick auf die Tatsache, dass heute jeder, der eine Website ins Netz stellt, automatisch schon »jemand« ist. Ist das so? Und wenn ja: Ist das gut oder schlecht?

Viel wird über die Frage der Anonymität im Internet diskutiert. Wir wollen hier keine Gefahren herunterspielen, und schon gar nicht irgendwelche Kinderschänder decken. Aber Anonymität hat viele Facetten: Die deutschen Zeitungen sind voll von Interviewpartnern, die »namentlich nicht genannt werden wollen«. Dennoch vertraut der Leser in diesem Fall den verdeckt gehaltenen Quellen, weil er annimmt, dass die etablierten Medien mit solchem Hindergrundwissen keinen Schindluder betreiben. Seit den jüngsten Abhörskandalen fordern wir besseren Schutz für *whistleblower* – also jenen Leuten, die über Missstände in ihrem Unternehmen informieren. Für sie ist Anonymität eine Frage der Existenz.[59] Dagegen sind wir selbst bei bewährten Internetprojekten wie Wikipedia, der Online-Enzyklopädie in mehreren Sprachversionen, noch sehr skeptisch. Klar: Ein Wikipedia-Beitrag über den Transrapid liest sich beispielsweise so, als wäre er direkt von ThyssenKrupp zugeliefert worden.[60] Dann wieder ist man erstaunt über die detailgenaue Chronologie des Massakers auf dem Campus von Virginia Tech. Erstellt von unbekannten Schreibern innerhalb kürzester Zeit – und kein Fehler![61]

Bei genauerem Hinsehen haben jene Gruppen, die über eine große soziale Intelligenz verfügen, ausgefeilte Echolotsysteme entwickelt. Wikipedia beruht mitnichten auf einem unkontrollierten, anarchischen Chaos, sondern auf einem sehr feinsinnigen und hierarchischen Gefüge. Jeder Text, der geschrieben wird, wird von sogenannten Administratoren gelesen und überprüft. Oft sind es mehrere Leute, die an seinem Entstehen mitwirken. Den jeweils höheren Status gewinnt der Einzelne, indem er ihn sich durch aktive Mitarbeit »verdient«. Er erhält seine »Macht« aus der Akzeptanz, die ihm die Herde einräumt – egal, wie er heißt. Jeder Mitarbeiter muss sich bewähren, jeder wird von der Gemeinschaft beurteilt. Dieser Mechanismus wurde von dem amerikanischen Computerwissenschaftler Jaron Lanier scharf kritisiert: Er sieht die Gefahr, dass Projekte wie Wikipedia in einem »digitalen Maoismus« aufgelöst werden, in dem nicht demokratische oder leistungsbezogene Kategorien den Ausschlag geben, sondern durch sozialen Druck eine neue Bürokratie über die Menschen herrscht. Es gehe nicht mehr um die Wahrheit, sondern um einen digitalen Kollektivismus, der die Freiheit des Einzelnen gnadenlos untergräbt.[62]

Die realen Ergebnisse bei Wikipedia sprechen in der Summe eine andere Sprache. Hier beobachten wir etwa, wie die Spezies auf Kritik reagiert – ohne Befehl, aus dem Instinkt heraus. Und wenn einem der Kragen platzt, schafft er einfach etwas Neues: Larry Sanger, einer der Mitbegründer von Wikipedia, hat die Online-Enzyklopädie verlassen, weil ihm die Rechthaberei auf die Nerven ging. Er sagte mir in einem Gespräch: »Ich war es einfach leid, dass ein Professor, der offensichtlich die Fakten besser wusste, sich gegenüber einem Studienabbrecher rechtfertigen musste, der ihn der Meinungslastigkeit zieh.«

Sanger wurde jedoch nicht der neue kulturpessimistische Kolumnist irgendeiner Zeitung. Er drehte sich um und begann sofort mit einer existenziellen Rückkoppelung, die sich in der Haltung »Ich kann es besser« manifestierte. Bei seiner jetzigen Lexikon-Idee Citizendium[63] haben Experten einen höheren Status als »normale« Mitwirkende. So soll Fachkompetenz über Eifer gestellt werden, und zudem soll das Ganze auch noch sprachlich werden. Und die Artikel haben eine Autor, womit ein anderer Schwerpunkt als bei Wikipedia gesetzt ist.

Eine solche Weiterentwicklung ist notwendig. Das Superhirn ist noch lange nicht vollendet, und es gibt viele Feinde, die das Projekt »hijacken« wollen. Überall drängen PR, Werbung und andere mit mehr oder weniger raffinierten Manipulationsstrategien auf die Websites. Die dunklen Seiten der Menschen zeigen sich im Internet in immer neuen, in immer ausgeklügelteren Strategien, unter falschem Deckmantel zu agieren. Angela Beesley, eine der Mitgründerinnen von Wikipedia, schrieb mir in einer E-Mail: »Es ist unglaublich, wie viel absichtlichen Vandalismus, wie viel Selbstdarstellung und wie viel Spam es im Netz gibt. Und es ist unvorstellbar, wie viel Zeit der Gemeinschaft gestohlen wird, um sich gegen diese Attacken zu schützen und die Seiten sauber zu halten.« Die Technologie, so Beesley weiter, würde im Fall dieser Angriffe leider gar nicht helfen: »Die Zerstörer verwenden dieselbe Technologie wie wir. Nur die Menschen, die bei einem Projekt mitmachen, können es verteidigen. Sie müssen wachsam sein und alles checken, was daherkommt.«

Wikipedia arbeitet aus diesem Grund ständig an einer Verbesserung seines Systems: Im Frühjahr 2008 wurde in Deutschland ein Beta-Versuch, ein erster Test, gestartet. Die Innovation dabei: Ein Artikel kann zwar weiter anonym bearbeitet werden, für alle sichtbar werden die Änderungen jedoch erst, wenn ein qualifizierter Mitarbeiter diese überprüft (»sichtet«) und freigibt.[64]

Und andere denken noch weiter: So arbeiten derzeit in der Nähe von New York Dan und Vanessa Scanfeld mit einem kleinen Team von Programmieren an der Entwicklung einer Software, die das kollaborative Schreiben (Mehrautorenschaft) von Essays ermöglichen soll.[65] Tag und Nacht sitzen die jungen Leute an dem Projekt, nebenher verdienen sie sich ihren Lebensunterhalt beziehungsweise schreiben ihre Dissertation. Sie sind fasziniert von der Möglichkeit, die sie in einer neuen Form des Denkens erkennen. Sie legen ganz bewusst Wert auf Zuspitzung: Abtreibungsgegner, so ihre Vorstellung, sollten nur in einem Essay gegen den Schwangerschaftsabbruch mitwirken, Befürworter schreiben ihren Gegen-Essay. Dies ist eine Art Signalverstärker, in der die unterschiedlichen Positionen zugespitzt werden. Damit werden Kämpfe um die Ausrichtung eines Artikels vermieden.

Der heftig Umbruch, in dem sich unsere Gesellschaft befindet, erfordert besondere Wachsamkeit. Denn es sind nicht nur die Weltverbesserer und Bohemians, die sich in solch unruhigen Zeiten hervortun. Auch mancher Scharlatan sieht seine Chance.

Dies war in der Zeit der Weimarer Republik nicht anders, als Deutschland einen ähnlich massiven Modernisierungsschub erfuhr, wie wir ihn heute durch das Internet erleben. Auch damals kannten sich die Deutschen kaum noch aus in ihrem Land. Schuld daran waren die Auswirkungen des Ersten Weltkriegs, aber ebenso veränderten neue Massenmedien wie Kino, Radio und Presse das Land von Grund auf. Über Nacht entstanden neue Imperien, neue Machtzentren, neue Eliten. Die Gesellschaft wurde vor allem nach unten, aber auch nach oben durchlässig. Viele rutschten in die Arbeitslosigkeit, andere wurden reich und mächtig. Darunter so dubiose Personen wie Alfred Hugenberg, der aus der Führungsebene der Schwerindustrie kam und ein gewaltiges, reaktionäres Pressereich schuf, das maßgeblich zur Durchsetzung des Dritten Reichs beitrug.

Hugenberg meinte es bitterernst. In der kollektiven Wahrnehmung jener Zeit verfestigte sich jedoch der Eindruck, dass der Macht etwas Inszeniertes, nicht selten etwas Schmierenkomödiantisches beiwohnte. Der Hitler-Ludendorff-Putsch trug entscheidend zu dieser Ansicht bei. Mussolinis »Marsch auf Rom« nachspielend, zogen der junge österreichische Tagedieb (Hitler) und der alte deutsche General (Erich Ludendorff) im November 1923 mit einer Horde Landsknechte zur Münchener Feldherrnhalle. Es ist kein Zufall, dass diese (gescheiterte) Aktion im selben Jahr wie die deutsche Hyperinflation stattfand. Für 420 Milliarden Mark waren im November 1923 gerade mal vier Pfund Brot zu kaufen. Was wog da schon die Macht einer Regierung?

Es waren seltsame Gestalten, die von den Rändern der Gesellschaft in deren Mitte aufbrachen: barfüßige Propheten, Apokalyptiker, »Inflationsheilige«.[66] In ihrem Rucksack hatten sie religiöse Heilslehren, ökologische Lebensentwürfe, pädagogische Reformkonzepte, und unter ihnen waren enttäuschte Revolutionäre, ehemalige Marinesoldaten, Unternehmer, auch handfeste Wirtschaftsbetrüger.

So verschieden sie waren, so verband sie doch ihr Charisma. Zur wirkungsmächtigsten Herrschergestalt in der kollektiven Fantasie jener Jahre wurde Doktor Mabuse. 1922 erschien der Film *Dr. Mabuse, der Spieler* von Fritz Lang auf Tausenden von Leinwänden. Er basierte auf einem Kolportageroman von Norbert Jacques, der kurz vor der Kinoversion als Fortsetzungsroman in der *Berliner Zeitung* abgedruckt wurde. Die Allgewalt des Superverbrechers Dr. Mabuse – sie beinhaltete ein »Spiel« mit »Karten, mit Waren, mit Gedanken und mit Genüssen, mit der Macht wie mit der Schwäche, mit dem Nächsten wie mit sich selbst«.[67] Kurzum: ein Spiel mit allem und jedem. Hätte Dr. Mabuse über das Internet verfügen können, vermutlich wäre er Milliardär geworden.

Dass die Grenze zwischen Spiel und Ernst sich als durchlässig herausstellte, machte Angst. Für die Menschen war nicht mehr fraglos sicher, was echt, keine Täuschung, nicht bloß Kulisse und Schein war – bis der Nationalsozialismus seine völkischen, rassistischen Antworten feilbot. Man kann ihn als eine Ideologie verstehen, in der es kein Spiel mehr geben durfte, in der alles blutiger Ernst war.

Vielleicht ist die schillernde Realität des Internets gerade deswegen so ermutigend: Sie ist das Gegenteil einer Diktatur. Alles kann infrage gestellt werden, mit sämtlichen Mitteln. Spott ist erlaubt, Humor und Ironie sogar wichtig. Wie die Delfine scheinen sich jene, die die große Unberechenbarkeit des Superhirns erahnen, daran zu erfreuen, auch mal zu bluffen, zu täuschen, zu irritieren. Man kann dies im Kontext dessen, was wir weiter oben beschrieben haben, als eine besondere Raffinesse des Echolots sehen: Auch falsche Signale werden gesendet, um die richtigen herauszufinden. Noch haben wir die endgültige Arbeitsweise des Superhirns nicht perfekt entwickelt – noch lange nicht. Wir müssen weiterhin experimentieren, wagen, scheitern.

Aber die Richtung scheint zu stimmen. Im Folgenden soll ein Blick darauf geworfen werden, welche Erfolge wir bislang mit den ersten, noch höchst unvollkommenen Ansätzen des neuen Kommunikations- und Informationssystems erreicht haben. Wenn das alles keine Illusion ist, sondern ein Vorgeschmack auf eine »Möglichkeitsmenschheit«, dann gehen wir spannenden Zeiten entgegen. Faszinierenden Zeiten. Und am Ende werden wir vielleicht wirklich in der Lage sein, die Welt zu retten.

4 Die ersten kollektiven Denkerfolge

»Wir werden herrschen!«
»Tue nichts Böses …«
wikiwiki, *hawaiisch*[1] *– bedeutet »schnell«*

Die Mutigsten wagen sich vor

Schon im Jahr 1970 prophezeite der amerikanische Soziologe Alvin Toffler den gewaltigen Umbruch, der die Spezies Mensch gravierend verändern werde. Er sah im Aufkommen der Computer »die zweite große Trennungslinie der Menschheitsgeschichte, an Bedeutung vergleichbar nur dem ersten großen Bruch in der historischen Kontinuität, dem Übergang der Menschheit vom Natur- zum Kulturzustand«.[2]

Dass wir allerdings noch viel weiter gehen würden, das konnten die kühnsten Propheten nicht ahnen. Die Entwicklung eines Superhirns, die delfinartige Verwandlung der Menschheit in eine Spezies mit deutlich gesteigerter sozialer Intelligenz – das war nicht zu erwarten. Die Computerclique schien die Menschheit eher zu spalten als zu vereinen. Kriege, die fast religiöse Ausmaße annahmen, wurden über die Frage geführt, ob Apple nun besser sei als Microsoft. Eifersüchtig wachten die Hersteller über ihre Codes, Geheimhaltung war die oberste Maxime. Kein Computer konnte mit dem anderen ohne Konvertierungsprogramme kommunizieren. Es war wie in einem Dorf, in dem in jeder Hütte, in jeder Familie eine andere Sprache gesprochen wird. Man kann sich unschwer vorstellen, wie der soziale Friede in einer solchen Gemeinschaft aussieht.

Den Computerherstellern war dieser Zustand zunächst nur recht: Wie die Religionsführer in früheren Jahrhunderten gingen sie auf Missionsreisen. In einem legendären Werbespot aus dem Jahr 1984 zertrümmerte eine Athletin für den neuen Macintosh den »großen Bruder« Microsoft, der kurz zuvor noch von einem überdimensionalen Bildschirm herabgeraunt hatte: »Wir werden herrschen!« Und bis ins 21. Jahrhundert hinein zog sich das Verfahren der EU-Kommission, die Microsoft wegen der Ausschaltung des Wettbewerbs zur Zahlung einer hohen Geldstrafe verurteilte.

Doch ähnlich wie die Computerwissenschaftler sich nicht von den Interessen der Militärs haben einfangen lassen, sahen auch die PC-Hersteller irgendwann ein, dass Widerstand gegen die große gemeinsame Anstrengung der Menschheit, sich ein wirkungsvolles Kommunikations- und Informationssystem zuzulegen, sinnlos sei. Angetrieben wurde die Industrie dabei nicht von Behörden, Regierungen oder den Vereinten Nationen (UN). Die Schrittmacher waren jene, die sozusagen im innersten Kern des neu entstehenden Superhirns der Menschheit arbeiteten: die Programmierer. Sie galten lange Zeit als nützliche Hilfsarbeiter der Computerindustrie. Diese fuhr mit immer besser werdenden Leistungen ihrer Mitarbeiter Milliardengewinne ein.

Programmierer sind von Natur aus neugierig: Sie sind stets auf der Suche nach der besten Lösung. Zwar sitzen sie – physisch gesehen – oft allein an ihrem Arbeitsplatz, aber in ihren Köpfen ist die ganze Welt. Ständig halten sie Ausschau nach Ideen und Inspirationen. Sie schauen immer genau hin – und finden daher auch Fehler in den Programmen anderer. Und weil die Welt in ihren Köpfen eine Einheit bildet, haben sie begonnen, die Fehler der anderen zu verbessern. In der Umgangssprache waren sie schnell als »Hacker« abgestempelt; die großen Softwarefirmen fürchteten sie. Die Haltung der klassischen Hacker war allerdings keine »destruktive«, sie wollten nicht einfach etwas zerstören. Das Programm eines anderen zu hacken, bedeutete vielmehr: »Ich kann das besser lösen!« Was auf den ersten Blick wie eine geballte kriminelle Energie aussieht, ist im Kern etwas völlig anderes: Die Programmierer hatten und haben nur eines im Sinn: bessere Programme zu kreieren.

Diese Menschen vertreten, was Perfektionismus betrifft, eine eigene Kultur. Noch heute staune ich über die Programmierer in meinem Unternehmen, wenn sie nach langen Nächten erst in dem Augenblick zufrieden sind, wenn sie einen »sauberen Code« entwickelt haben. Sie ärgern sich maßlos, wenn andere schlampig sind, weil sie dann deren Arbeit nicht verwenden können, sondern von vorne anfangen müssen. Und sie sind mächtig stolz, wenn sie, im kalten Oslo sitzend, von einem Kollegen aus San Francisco wegen ihrer makellosen Leistung gelobt werden.

Eric S. Raymond, amerikanischer Autor und Programmierer in der Hacker- und Open-Source-Szene, hat in einem Aufsatz von 1999 beschrieben, wie die Hacker/Programmierer zu einer treibenden Kraft für gesellschaftliche Veränderungen wurden. In *Die Kathedrale und der Basar* legte er dar, wie die auf den ersten Blick anarchisch wirkende Tätigkeit der Hacker immer mehr Form gewann. Am Ende war die Art, wie die Hacker dachten, Teil der neuen sozialen Intelligenz: Nicht jeder, der etwas ändert, was eigentlich einem anderen gehört, ist ein Zerstörer. Wenn die Produkte, die ohne formelle Erlaubnis verwandelt wurden, aber dadurch eine Verbesserung erfuhren, war es zum Nutzen aller.[3]

Zunächst stieß die Tätigkeit der Programmierer/Hacker auf Unverständnis und Ablehnung. Die speziell attackierten Unternehmen reagierten, indem sie bessere Schutzwälle um ihre Produkte errichteten. Die Hacker wurden dadurch jedoch nur noch weiter angestachelt, bessere Codes zu programmieren, um die Anfälligkeit der kommerziellen Software zu beweisen. Dies führte zu einer Spirale von immer intelligenteren Lösungen.

Was wir heute unter »Software« verstehen, also die Programme eines Computers im Unterschied zur Maschine (»Hardware«), entfaltete sich erst langsam zu einem Geschäft. Bis weit in die Achtzigerjahre hinein war die Software nur eine »Zugabe« zu den als wertvoller angesehenen »Blechkisten«, also der Hardware. Bereits 1969 hatten die amerikanischen Informatiker Ken Thompson und Dennis Ritchie eine erste Version von Unix, einem Betriebssystem für den Telefonkonzern AT&T Bell Telephone Laboratories, programmiert. Weil es US-Telefongesellschaften damals gesetzlich untersagt war, Geld mit Software zu verdienen, wurde Unix als Lizenz gegen einen geringen Betrag an Universitäten abgegeben. Es begann eine rege und ungeordnete Entwicklungstätigkeit im universitären Umfeld, die von der Universität Berkeley (Kalifornien) koordiniert wurde. Raymond schrieb dazu: »Dass aus einem solchen Gebrabbel ein zusammenhängendes und stabiles Computerbetriebssystem entstehen könnte, war nur in einer Abfolge von mehreren Wundern vorstellbar.«[4]

Das Wunder währte jedoch nicht lange: Sobald die Computerhersteller feststellten, dass auch mit Unix Geld zu verdienen war, brachten sie die Software unter Verschluss und nutzten das neue Geschäft weidlich aus, indem sie die Computerbenutzer dazu zwangen, sich »bei Programmfehlern oder Änderungswünschen nunmehr immer an den Softwarehersteller« zu wenden, »der sich jeden Handschlag üppig bezahlen ließ«.[5]

Unix war eine Geheimwissenschaft geworden. Im Jahr 1984 platzte Richard Stallman, der im Labor für Künstliche Intelligenz am Massachusetts Institute of Technology (MIT) arbeitete, der Kragen: Er wollte Unix aus dem Käfig befreien – und gründete das GNU-Projekt, mit dem Ziel, ein Unix-ähnliches Betriebssystem zu schaffen, das ausschließlich aus freien Softwarequellen bestehen sollte: Der Name GNU bedeutet: »Gnu is not Unix.«[6]

1991 hatte der finnische Programmierer Linus Torvalds schließlich die entscheidende Idee: Er stellte den gesamten »Quellcode« (das Herzstück jeder Programmiertätigkeit) eines von ihm entwickelten und an Unix orientierten Systems vollkommen offen und ungeschützt ins Netz. Gleichzeitig lud er alle Programmierer der Welt ein, diesen seinen Code zu verbessern. Er legitimierte gewissermaßen das Hacken. Die einzige Bedingung, die Torvalds stellte: Jeder, der den Originalcode verwendete, musste seinen Code ebenfalls für alle zugänglich ins Netz stellen. So entstand die Open-Source-Bewegung, benannt nach dem »Quellcode«, also der Grundlage jeder Programmierung.

Kulturpessimistische Propheten verbuchten dies unter Wahnsinn. Zerstörung und Anarchie würden, ihrer Meinung nach, die Folgen sein. Das ganze Unterfangen würde wegen der Schlechtigkeit der Menschen, wegen ihrer natürlichen destruktiven Triebe zur hemmungslosen Anarchie führen, zu Rechtsstreitigkeiten, vielleicht sogar zu Gewalt.

Das Gegenteil trat ein: Innerhalb weniger Jahre wurde die Open-Source-Bewegung nicht bloß zum Anbieter eines äußerst robusten und erfolgreichen Betriebssystems: Linux – benannt nach einer Verknüpfung von Torvalds' Vornamen und Unix. Aufgrund der hohen Stabilität des Systems, der freien Verfügbarkeit der Server und der guten Einbindung in die individuellen Computer wurde Linux rasch zum Maß aller Dinge. Durch die Vernetzung von Unix-Rechnern entstand am Ende unser heutiges Internet.

Ein loser Zusammenschluss unorganisierter und freiwilliger Programmierer hatte die herkömmliche Struktur des Programmierens überwunden. Linux begann, dem Platzhirschen IBM Marktanteile abzujagen, und war drauf und dran, sich zu einem gefährlichen Konkurrenten des Computerriesen zu entwickeln.

An diesem Punkt zeigten die Computerhersteller jedoch erhebliche soziale Intelligenz. Unternehmen wie IBM, Hewlett-Packard, Oracle oder andere große Softwarefirmen, anfangs noch verunsichert, schlossen sich nach einer Schrecksekunde aktiv der Open-Source-Bewegung an. Schon bald arbeiteten Open-Source-Programmierer gemeinsam mit IBM-Technikern an IBM-Systemen. Die Deutsche Welle, der deutsche Auslandsrundfunk, berichtete im Jahr 2002: »Nach IBM-Angaben haben Geheimdienste und Streitkräfte in den USA, Kanada, Deutschland, Frankreich, England, Spanien, Singapur und China Linux-Systeme gekauft. Die Nationale Sicherheitsbehörde der USA bietet Linux-Software sogar zum kostenlosen Download an.«[7] Linux habe sein früheres Image als Spielzeug für Computerfreaks verloren, erklärte James Lewis vom Zentrum für Strategische und Internationale Studien.[8]

Tim Pritlove, Mitglied des Chaos Computer Clubs, fasst zusammen: »Unix ist das beste System. Seine Community bildet den Motor des Internets.«[9] Er sieht Unix als die Quelle des Internets, dessen Struktur sei die »direkte Konsequenz der Leute, die mit Unix gearbeitet haben. Selbst Google als einflussreichstes Internetunternehmen verwendet Unix.«

Die Unix-Community arbeite sehr autonom, demokratisch und freiheitsliebend. Pritlove vergleicht das Internet mit einem gigantischen Baumarkt: »Die Unix-Kultur besitzt eine Handwerkermentalität. Computershops sind die Baumärkte von morgen.«[10] Unix-User wollen demnach unabhängig von Konzernen, von Zentralisation und der Technik selbst sein.

Von den obskuren Hackern über IBM in die Kommandozentralen von Geheimdiensten und Armeen – und nun der Motor des Internets. Es ist ein erstaunlicher Weg für Unix/Linux (und damit für das World Wide Web). Und dieser endet nicht in den Expertenlabors der hoch technisierten und reichen »Ersten Welt«: Der Kolumnist der *New York Times*, Thomas Friedman, erzählt in seinem Buch *Die Erde ist flach* von einem Projekt in Timbuktu, bei dem lokale Techniker »drahtlose Netzwerke zum Satellitenempfang« herstellen, mit »Antennen aus Plastik-

Mineralwasserflaschen und Scherben aus zerbrochenen Fensterscheiben. Und offenbar benutzt jedermann in Mali Linux …«[11]

So entsteht, weltgeschichtlich geradezu beiläufig, unser Superhirn – ein neues Kommunikations- und Informationssystem, das uns die Möglichkeit gibt, alle Köpfe zu vernetzen. Computer, das Hacken von Programmen und die Reaktionen der Betroffenen – hierbei werden jene Bauprinzipien deutlich, die wir schon beim Echolotsystem der Delfine kennengelernt haben: Ständig wird rückgekoppelt. Abgetastet. Signale werden versandt, die entsprechende Reaktion sofort in die Wahrnehmung integriert. Nah- und Fernkommunikation – ein Vorgang. Die Herde hat ihr System gefunden. Ganz von selbst. Ohne Diktator, ohne politisches Mandat und ohne Milliardengelder. Das Prinzip der Offenheit, das Ende der Einsamkeit, der Sieg des Vertrauens über Skepsis und Zynismus – das sind die Grundlagen, nach denen das menschliche Echolot funktioniert. Je mehr diesen folgen, desto tiefer werden sich, wie wir später noch sehen werden, auch die Menschen als Einzelne ändern. Die Dynamik der Herde, sich weiterzuentwickeln, ist ungebremst. Die Grundprinzipien werden hinausgetragen in alle Welt. Nicht jedoch wie ein Kreuzzug, sondern als frischer Wind der Freiheit. Er bläst denen ins Gesicht, die nicht teilen wollen. Und weckt jene auf, auf die es am Ende zur Verhinderung der großen finalen Katastrophe am meisten ankommt.

So startete Nicolas Negroponte, einer der Gründer des MIT Media Lab in Cambridge, im Jahr 2005 die gemeinnützige Organisation »One Laptop per Child« (»Ein Laptop für jedes Kind«). Das Ziel: In Zusammenarbeit mit den Vereinten Nationen soll sichergestellt werden, dass es nicht zu einer gigantischen digitalen Spaltung der Welt kommt, sondern Chancengleichheit für alle geschaffen wird.[12]

Viele Länder warten gar nicht auf die UN. Staaten, die wegen des Kommunismus von wichtigen technischen Entwicklungen des 20. Jahrhunderts ausgeschlossen waren, übersprangen das Versäumte und treiben heute die neue Entwicklung besonders voran. Seit der Wiedererlangung der Unabhängigkeit im Jahr 1991 hat sich Estland beispielsweise zu den IT-Vorzeigestaaten der EU entwickelt. So verfügt das Land nicht nur über eine ausgezeichnete Internet-, WLAN- und Mobilfunkinfrastruktur, sondern ist auch Kreativschmiede für Telekommunikationspioniere wie die Programmierer von Skype. Die estnische Regierung konferiert gern per Laptop und Videokonferenz. Und im Februar 2007 machte Estland Schlagzeilen, als es als erstes Land der Welt die elektronische Stimmabgabe bei einer Parlamentswahl erlaubte.

Die großen Beweger, die die Entwicklung unseres neuen Kommunikations- und Informationssystems vorantreiben, folgen in ihrem Kern dem Delfin-Prinizp: Jedes Signal kann wichtig sein. Hören, ansammeln (aggregieren), senden, filtern. Es wächst auf diese Weise zusammen, was sonst auseinanderfallen würde.

Google: Mächtig und sympathisch

Am deutlichsten wird dieses Delfin-Konzept bei einem Unternehmen, das es vor wenigen Jahren überhaupt noch nicht gab und das 2008 einer Studie zufolge die wertvollste Marke der Welt ist, noch vor Microsoft, General Electric und Coca-Cola[13]: Die unglaubliche Erfolgsgeschichte von Google ist oft genug beschrieben worden, die möglichen Gefahren werden immer wieder heraufbeschworen. Lassen wir alle pauschalen Betrachtungen beiseite und schauen genauer hin, was geschieht, wenn Sie irgendetwas »googeln«. Das Wort ist mittlerweile fast so selbstverständlich wie »essen« oder »lesen«. Der Vorgang des Googelns gehört neben dem Mailen zu jenen Dingen, die praktisch jeder macht, wenn er das Internet verwendet. Es ist dabei bemerkenswert, dass wir bei dieser Suchmaschine nicht von einem »Suchen im Internet« sprechen. Ebenso auffallend ist, dass es für andere Suchmaschinen dieses einzigartige Identifikation nicht gibt. Oder haben Sie schon einmal gesagt: »Ich muss dies oder das jetzt schnell yahooen oder lycossen«? Wohl nicht.

Google bedient sich in einer sehr grundsätzlichen Weise des Delfin-Codes. Die Suchergebnisse, die Sie bei Google finden, werden mit Maschinen aufgespürt, sogenannten *Crawlern*, also Robotern mit Krallen, die unablässig das Internet durchpflügen, um entsprechende Begriffe zu finden. Weil aber nicht sämtliche Ergebnisse auf einen Haufen geworfen werden können, muss es – wie bei allen anderen Suchmaschinen auch – ein Ordnungsprinzip geben: Welche Seite ist wirklich wichtig? Millionen Menschen damit zu beschäftigen, eine Auswahl zu treffen, wäre ziemlich teuer, und vermutlich würden sich die Leute dabei ziemlich schnell in die Haare geraten. Also braucht es einen Algorithmus, der Ordnung schafft.

Bei Google beruht die Auswahl und Reihung von Suchergebnissen nicht nur auf einer besonders guten mathematischen Formel. Die Entscheidung, ob etwas weiter oben in der Liste des Gefundenen erscheint, treffen auch die Nutzer. Einer der Gründer von Google, Larry Page, hat den Einfall gehabt, jene Seiten besser zu bewerten, auf die viele andere Websites einen Verweis setzen, also verlinken. Ein Link (Hyperlink) ist die direkte Einbindung einer Website in eine andere.

Je nachdem, wie gut eine Seite »verlinkt« ist, erlangt sie eine höhere Position beim Gefundenwerden – oder eben eine niedrigere. Über einen längeren Zeitpunkt beobachtet, erhält jede Seite auf diese Weise einen quasi hierarchischen Rang, der auch ihre Glaubwürdigkeit zum Ausdruck bringen soll. Page erfand dafür die amüsante Bezeichnung »PageRank«, ein Ranking also, das eine Seite *(page)* klassifiziert. Dass dieses Ranking zufällig den Namen seines Erfinders trägt, ist eine der typischen Ironien, die das Internet so reizvoll machen.

Das PageRanking ist in gewisser Weise manipulierbar: So sind findige Trickser schon bald auf die Idee gekommen, viele bedeutungslose Seiten zu bauen (sogenannte Linkfarmen), von denen aus sie künstlich den PageRank hochtreiben wollten. Auch entstand eine ganze Industrie, die über den unverfänglichen Begriff »Suchmaschinenoptimierung« darauf aus war, die Bewertung durch die Gemeinschaft zu manipulieren. Google verfolgt solche Versuche unterdessen mit immer besseren Technologien – und straft die Trickser mit dem Ausschluss aus der Gemeinschaft. Das Unternehmen schreckt dabei auch nicht vor großen Namen zurück: Einmal geriet BMW wegen derartiger Machenschaften auf die Watchlist.

Zugleich hat Google Dienste entwickelt, die die Daten der Nutzer auf unauffällige Weise sammeln. Nun werden Sie sagen: »Was ist mit unserer Privatsphäre? Wir werden ausspioniert, das kann doch nicht sein.«

Der irische Internetvisionär Tim O'Reilly kontert solche Befürchtungen mit einem interessanten Argument: »Es gibt viel Aufregung darüber, was Google alles über uns weiß. Du lieber Himmel! Direktmarketingfirmen in den USA wissen mindestens genauso viel über uns. Aber der Unterschied ist, Google stellt mit seinem Wissen etwas Nützliches an und lässt sich Dinge einfallen, die unser Leben leichter machen. Deshalb haben am Ende viele Menschen kein Problem damit. Es ist ein kleines Opfer der Privatsphäre, gewiss, aber so tasten wir uns Stück für Stück an

Grenzen heran. So ist das immer bei Erfindungen, die sich durchsetzen: Sie verändern auch unsere Kultur.«[14]

Es ist nicht so, dass Google sich heimtückisch an ahnungslose Nutzer heranpirscht und diese überlistet. Erfahrene User geben bereitwillig ihre Daten preis. Als Google sein E-Mail-Programm Gmail zunächst als Beta-Version in begrenzter Zahl testete, gab es ein regelrechtes Hauen und Stechen: Jeder wollte eine Gmail-Adresse haben, obwohl bekannt war, dass Google jede Mail speichert. Die Daten der Nutzer werden dann von Google verwendet, um Werbung zielgerichtet zu versenden. Alle wussten das – und alle wollten das haben. Mit dem Dienst von iGoogle stellt man sich seine eigene Google-Seite zusammen und gibt auch hier Vorlieben preis – sehenden Auges, weil der Dienst einen enormen Nutzen bringt.

Jene Generation, die am meisten über das Internet weiß, führt den Veränderungsprozess bewusst herbei. Die Spezies ist offenbar dabei, das Prinzip des individuellen »Eisernen Vorhangs« aufzugeben. Bei dem Thema Pornografie werden wir später sehen, dass nicht nur die Privatsphäre, sondern möglicherweise der ganze Komplex »Intimität« neu definiert wird.

Die Möglichkeit, über das Echolotsystem des Internets ausfindig gemacht zu werden, Informationen zu bekommen, Kommunikation auch dort zu betreiben, wo ich gar nicht bewusst spreche oder telefoniere – das ist eine der neuen Qualitäten unseres Superhirns. Wenn wir ein ähnlich verzweigtes und vielschichtiges Rückkoppelungssystem wie die Delfine entwickeln wollen, dann können wir das nicht, indem wir dauernd bewusst kommunizieren: Wir müssten Tag und Nacht tippen und reden und anrufen. Das Rückkoppelungssystem gelingt nur, indem Bereiche gebildet werden, in denen das kollektive Wissen gespeichert und weiterentwickelt wird. Indem der Besitz von Wissen gleichbedeutend ist mit dem Austausch von Wissen.

Die Idee des PageRanks beruht genau auf dieser Idee. Es sind Millionen von »Meinungsäußerungen«, mit denen wir es zu tun haben: »Ich finde diese Seite, diesen Artikel wichtig.« Die Meinungsäußerung erfolgt jedoch nicht mit der Absicht, jemanden aus unbestimmten Gründen zu bevorzugen oder zu fördern. Wenn ein Link (Hyperlink) gesetzt wird, geschieht dies aus einem logischen Zusammenhang heraus: Zu meinen Gedanken gibt es eine Fortführung, eine Quelle, eine Erweiterung – und ich verweise direkt dorthin. Dies mache ich in der Regel nicht aus Spaß, sondern weil der Verweis im Kontext der Vertiefung meines eigenen Textes wichtig ist.

Das Setzen eines Links – also eines direkten Hinweisschilds zu einer anderen Website – ist eine der zentralen Innovationen des Internet. In einer Diskussion in den USA wurde im Sommer 2008 darüber gestritten, was der Unterschied zwischen »Verlinkung« und journalistischem »Zitieren« sei.[15] Im Zuge dieser Debatte verkündete die Nachrichtenagentur Associated Press (AP), sie werde künftig einen Geldbetrag pro Wort von Bloggern erheben, wenn diese AP zitieren.[16] Einige Blogger konterten, sie werden dasselbe von AP verlangen.

Zugleich geht es in den Streitgesprächen um das, was all die Links in unseren Köpfen anrichten könnten. Tatsächlich wird im Internet nicht nur aus Bequemlichkeit verlinkt, sondern weil die Menschen anders zu denken beginnen, wie der amerikanische Technologie-Blogger Scott Karp schreibt.[17] Unser Denken wandelt sich tatsächlich. Und je tiefer die neuen Prinzipien in unserem Unterbewusstsein ankommen, desto besser wird der Einzelne die Gemeinschaft verstehen, wird von ihr profitieren und ihr nützen. Oft findet man bei einer Google-Suche Ergebnisse aus Blogs vor jenen von den Websites renommierter Medien. Das ist keine »Politik« von Google, sondern entspricht dem kollektiven Denkverhalten der Herde.

Ein Delfin, der keine Signale aussendet, verendet. Er ist ohne die Herde aufgeschmissen, so wie die Herde den einzelnen Delfin braucht, um sich gegen all das zu schützen, was die Art bedrohen könnte. Es ist ein symbiotisches Wechselspiel, das die Spezies zum Überleben braucht. Wer es nicht mitmachen will, wird verschwinden. Nicht, weil ihn die Herde nicht »mag«. Sondern weil sie instinktiv erkennt, dass sein Beitrag zum Überleben der Art nicht wichtig ist – oder aber zumindest nicht wahrnehmbar. Google in seiner komplexen Ansammlung von unendlich vielen Stimmen ist eines der besten Beispiele für die Form der neuen »Wahrnehmungsintegration«, durch die wir unser Kommunikations- und Informationssystem verbessern.

Diese Suchmaschine ist im Übrigen nicht beim Sammeln dessen stehen geblieben, was die Nutzer mehr oder wenig zufällig finden und ins Netz stellen. Im Dezember 2004 kündigte Google an, das Unternehmen werde die Buchbestände einiger großer Bibliotheken digital erfassen.

Wie wir gesehen haben: Mittlerweile machen fast alle Institutionen mit. Mit einem Mal war der alte Traum wieder lebendig: Es wird die universale Bibliothek geben! Schon einmal wähnten sich die Menschen am Ziel – als sie im Jahr 300 v. Chr. in der Großen Bibliothek von Alexandria mit einer halben Million Schriftrollen fast 70 Prozent des damaligen »Buchbestands« gesammelt hatten.

Angesichts der heutigen Technologien wird Googles Initiative jedoch eine unvergleichlich nachhaltigere Wirkung entfalten. »Anders als die Bibliotheken der Vergangenheit, die nur den Eliten vorbehalten waren, wird diese neue Bibliothek wahrhaft demokratisch sein, indem jedes Buch jedem Menschen angeboten wird«, so der US-Internetpionier Kevin Kelly in einem Aufsatz für die *New York Times.*[18] Wir haben den Vorgang, wie seit einigen Jahren nun Tausende von Büchern auf eigens dafür eingerichteten Scannerstraßen eingelesen und digital archiviert werden, bereits weiter oben beschrieben.

Dieses Verfahren ist für die Qualität unseres Superhirns von ungeheuerer Bedeutung. Würde dies nicht passieren, gingen Tausende von Jahren, in denen gedacht, geforscht und analysiert wurde, verloren. Unser Echolot braucht diesen Spiegel, um die unschätzbaren Erfahrungen von vielen Generationen in den kollektiven Denkprozess einbeziehen zu können. Würde dies nicht geschehen, müssten wir bald eine erhebliche Amnesie beklagen – zum Nachteil der Welt. Wir müssen zum Erhalt der Spezies Mensch alles Gedachte der Geschichte griffbereit haben.

Vor allem in Deutschland und Frankreich sorgte die Digitalisierung der Bibliotheken für Widerstand, weil man eine amerikanische Hegemonie im kulturellen Bereich fürchtete. Eine solche Reaktion ist verständlich – immerhin wird dadurch dokumentiert, dass alle anderen Sprachen außer Englisch in Zukunft nur noch regionale Bedeutung haben werden. Die globalen Herausforderungen machen aber nicht vor Sprachgrenzen halt. Simultanübersetzungen sind einfach zu langsam, um bei den neuen komplexen und selbst simultan ablaufenden Kommunikations- und Informationsprozessen eingesetzt werden zu können.

Das schmerzt, ist aber nicht zu ändern. Wir werden in der Bundesrepublik auch in hundert Jahren noch ein gutes Deutsch sprechen. Der öffentlich-rechtliche Rundfunk zum Beispiel sollte die Pflege der deutschen Sprache als eine Kernaufgabe sehen und so der deutschen Kultur dienen. Dies würde ihm helfen, seine staatlichen Gebühren zu rechtfertigen. Und der Ruf nach staatlichem Geld für eine Qualitätspresse wird vor dem Hintergrund dieses gewaltigen Sogs abgemildert: Jürgen Habermas hatte angesichts des drohenden Einstiegs von Finanzinvestoren bei der *Süddeutschen Zeitung* die Idee geäußert, die Qualität von »Leitmedien« sei möglicherweise nur zu retten, wenn der Staat den Markt ersetzt.[19]

Dass es auch ohne den Ruf nach dem starken Staat geht, beweist Wikipedia: Es gibt bei der Online-Enzyklopädie Ausgaben in 260 Sprachen, darunter auch kleinste Regionalsprachen oder sogar Mundarten – eine schier unglaubliche Vielfalt, die ausschließlich aufgrund der Eigeninitiative der Menschen entstanden ist.[20]

Wikipedia: Perle ohne Marktwert

Wikipedia war von Anfang an ein gemeinnütziges Unternehmen. Es hat keinen Marktwert wie Google, und die Gründer sind nicht, wie mittlerweile Tausende von Google-Mitarbeitern, sehr wohlhabend (weil sich der Aktienkurs phänomenal entwickelt hat). Ist Wikipedia, nach irdischen Maßstäben bemessen, deshalb nichts wert? Sicher nicht.

Das Konzept des kollaborativen Zusammentragens von vorhandenen Informationen spielt bei der Entwicklung eines neuen Superhirns der Menschheit eine zentrale Rolle. Selbst etablierte Medien erkennen die Wikipedia-Enzyklopädie im journalistischen Tagesgeschäft als *Clearing House* oder Clearingverfahren von Informationen im Internet an, als ein aufgearbeitetes Zusammenstellen verschiedener Hinweise, als Suchhilfe für verschiedene Gebiete.[21] Vielleicht ist das aber auch eine ihrer Schwächen: Dass sie sich immer noch zu einem überwältigenden Teil auf Informationen aus traditionellen Quellen stützt. Möglicherweise werden neue Formen, die technologisch die schon oft angesprochene »Wahrnehmungsintegration« sicherstellen können, auch einen entsprechenden »Marktwert« haben. Aggregationsdienste, also Linksammlungen wie digg.com, versuchen sich in dieser Richtung, stehen aber erst am Anfang. Die Rolle von Wikipedia wird sich vielleicht im menschheitsgeschichtlichen Rückblick als »kollektive Kinderkrippe« entpuppen – als eine höchst wertvolle und wichtige Einrichtung im ersten Erlernen und Einüben einer wirklich neuen sozialen Intelligenz.

Die »Erfindung« von Wikipedia ist eine der interessantesten Innovationen, die wir auf dem Weg zum neuen menschlichen Superhirn beobachten können. Unzählige Freiwillige schreiben ohne Entgelt Artikel für eine virtuelle Enzyklopädie, die nach einer Untersuchung der amerikanischen Zeitschrift *Nature* im Jahr 2005 nur unwesentlich mehr Fehler aufweist als die berühmte, von ausgewählten Experten verfasste *Encyclopedia Britannica.*[22]

Das Spannende an Wikipedia ist die Tatsache, dass sich Menschen aus allen Ländern der Welt ohne jede äußere Organisationsstruktur an der Erstellung der Einträge beteiligen. Was haben sie davon? Geld? Keinen Cent. Ehre? Die Einträge sind anonym, also kann niemand stolz auf seinen Namen blicken. Karriere? Höchstens in dem Sinn, dass diejenigen, die sich in der Wikipedia bewährt haben, innerhalb der Hierarchie der Enzyklopädie aufsteigen können. Am Ende können sie nicht nur eigene Beiträge verfassen, sondern auch von anderen Mitarbeitern redigieren. Was zur Folge hat: mehr Arbeit – für weiterhin kein Geld und nicht viel Ehre. Warum machen die Leute das?

In Chicago traf ich einen der angesehensten Rechtsanwälte der Stadt, der sich mir gegenüber als Wikipedian outete. In seiner Freizeit verfasst er Aufsätze über Architektur und Kunstgeschichte für die Enzyklopädie. Er hat ein enormes Wissen auf diesen Gebieten, weil sie ihn seit jeher faszinieren. Als Brotberuf entschied er sich jedoch für das Rechtswesen. Aufschlussreich ist seine Auffassung zu dem professionell ausgeübten Fachbereich: Über juristische Themen würde er nicht für Wikipedia schreiben. Er begründete das mit dem Argument, er wolle nicht, dass andere in einem von ihm formulierten Artikel »herumfuhrwerken«. Seine Meinung zu den auf Wikipedia veröffentlichten juristischen Fachbeiträgen war jedoch bemerkenswert: Er erhebe sich nicht hochnäsig über sie, sondern lese sie und bessere offensichtliche Fehler aus. Es sei ihm wichtig, dass in »seiner« Enzyklopädie kein Unsinn stehe. Und er könne sich dafür verbürgen, dass die juristischen Artikel in der Wikipedia keine groben Schnitzer enthalten – eben schon deshalb, weil er stets ein waches Auge darauf habe.

Das Vorgehen dieses Wikipedia-Mitarbeiters sagt viel über Motivation und Haltung der virtuellen Chronisten aus: Sie sind getrieben von der Idee, dass das Wissen der Menschheit ein Schatz ist, den wir nicht museal verwalten, sondern aktiv immer wieder bergen müssen. Das Zusammentragen von Artikeln auf Wikipedia funktioniert nach dem Echolotprinzip: Jemand schreibt Beiträge, ein anderer, den der Verfasser meist nicht einmal kennt, antwortet, indem er redigiert. Wie die Delfine über Tausende von Kilometern ihre Signale unter Wasser senden, so kommuniziert in der Wikipedia der Anwalt aus Chicago mit der Lehrerin aus Helsinki, über alle Zeitzonen, Sprach- und Bildungsgrenzen hinweg. Innerhalb der menschlichen Informationsarchitektur ist das ein unglaublicher Fortschritt, nach der Logik der traditionellen Mediengesellschaften ein unvorstellbarer Vorgang.

Natürlich kommt es selbst bei größter Wachsamkeit vor, dass alle Sicherheitssysteme versagen. Im Frühjahr 2007 wurde bei Wikipedia ein vierundzwanzigjähriger Studienabbrecher enttarnt (er hatte auf einer Website und in einem Interview mit seiner Qualifikation geprahlt), der sich mit dem Namen »Essjay« als Professor ausgegeben und mehrere, unter anderem theologische Beiträge für die Enzyklopädie verfasst hatte.[23] Keine Technologie der Welt konnte verhindern, dass dies geschah. Und auch die Gemeinschaft vermochte nicht zu erkennen, dass hier jemand unter Vorspiegelung falscher Tatsachen tätig war.

Wikipedia-Mitbegründer Jimmy Wales nahm die Sache anfangs noch locker und sagte, eigentlich sei es ihm egal, von wem ein Text geschrieben werde, Hauptsache, der Inhalt sei in Ordnung. Auf Druck der Gemeinschaft warf Wales »Essjay« dann aber doch raus. Der Fall wurde von den alten Eliten gern als Beweis für die Schwäche des Systems zitiert. Er ist, ganz im Gegenteil, ein Beweis der Stärke: Das größte Versagen von Informationssystemen liegt nicht in der Tatsache, dass in ihnen Fehler vorkommen, sondern ob Fehler rasch entdeckt und korrigiert werden. Bei »Essjay« kann man sich durchaus – so wie Jimmy Wales es tat – sagen: »Egal, Hauptsache die Fakten stimmen.« Aber die Herde hat in diesem Fall ihren Gründer überstimmt. Sie hat instinktiv gespürt: Für das Funktionieren des neuen Kommunikations- und Informationssystems ist es nicht nur wichtig, dass sachlich alles seine Ordnung hat, sondern dass in einem echten Vertrauensraum über das Wort hinausgehende Qualitäten (Ehrlichkeit, Authentizität, Transparenz etc.) gefordert sind.

Die Herde verlässt sich dabei nicht auf moralische Appelle oder soziale Sanktionen. Weil sich hier ein ganzes System ändert, müssen entsprechende Kontrollmechanismen verankert werden – schließlich wäre es zu riskant, darauf zu warten, dass jemand einen Schwindler entdeckt und meldet. Die Gemeinschaft könnte unter Umständen schon zu lange in die Irre geführt worden sein. Folglich entwickelte im Sommer 2007 der kalifornische Programmierer Virgil Griffith eine Software, mit deren Hilfe die Identität von Manipulierern festgestellt werden kann. Die Ersten, die aufflogen, waren ein Pharmaunternehmen, ein Ölkonzern und der Vatikan.

Deutschland scheint für die Wikipedia-Idee besonders prädestiniert: Die deutsche Wikipedia ist innerhalb dieses freien Enzyklopädien-Netzwerks die aktivste Community. 767 000 Artikel[24] wurden bislang auf Deutsch verfasst (im Vergleich: Es gibt knapp zwei Millionen englischsprachiger Artikel). Kurt Jansson, Mitbegründer der deutschen Ausgabe von Wikipedia, erklärt die Gründe, warum Leute bei diesem vollständig ehrenamtlichen Modell mitmachen: »Die Motivation der Autoren ist vor allem eine intrinsische: Sich als Autor in der Wikipedia zu betätigen, ist für viele Teilnehmer ein Akt der Selbstverwirklichung; das eigene Wissen mit anderen zu teilen entspricht einem inneren, sehr persönlichen Bedürfnis. Viele schreiben über Themen, mit denen sie sich schon lange beschäftigen, sei es beruflich oder privat. Wikipedia dient ihnen als Plattform, ihr individuelles Wissen und ihre Interessen in kreativer und doch sachlicher Form auszudrücken. Insofern fußt das Projekt auch auf dem jeweiligen Einzelautor, und entsprechend hoch ist das Ansehen, das ein Teilnehmer durch eine kontinuierliche, qualitativ hochwertige Arbeit erreichen kann.«[25] Jansson sieht einen »aufklärerischen Impetus«, also den »Wunsch, an einer neutralen Wissensplattform mitzuarbeiten, die als Basis für den demokratischen Meinungsbildungsprozess dienen kann«.

Die Form dieser kollektiven »Selbstverwirklichung« trägt stark die Züge des delfinischen Kommunikationssystems: Oft sind es Tausende von Fassungen, die von einem Artikel erstellt werden, bis er seine letztgültige Form gewonnen hat. Die Erstellung eines Beitrags erfolgt in der ständigen Rückkoppelung mit den anderen Mitgliedern der Herde. Erst in der Zusammenstellung erhalten die einzelnen Signale den Charakter einer Botschaft – ein Phänomen, das wir hinlänglich als »Wahrnehmungsintegration« beschrieben haben.

Wikipedia ist, so erstaunlich die Ergebnisse jetzt schon sind, erst ein Anfang. Es wird noch viele Fehler geben, und eine Unmenge Arbeit für die Gemeinschaft, das Projekt »sauber« zu halten. Aber die eigentlich historische Dimension dieses Unterfangens besteht in der Tatsache, dass es existiert: Wenn sich Tausende von Menschen aus aller Welt feiwillig und unentgeltlich zusammenschließen, um ein Kompendium des menschlichen Wissens zu erstellen und allgemein zugänglich zu machen, so liegt da mehr in der Luft, als nur eine philanthropische Aufwallung. Die Menschheit hat offenbar erkannt, dass die Zeit für eine substanzielle Veränderung gekommen ist. Sie handelt, ohne dass ihr befohlen wird. Der Instinkt, dass die Spezies, die Zukunft in Gefahr ist, mobilisiert die Menschen. Sie schaffen immer verblüffendere Ergebnisse.

Die Entdeckung des SARS-Virus

Als im Februar 2003 China die Weltgesundheitsorganisation WHO offiziell über das Auftauchen eines bislang unbekannten Virus informierte, stand die Behörde vor einem echten Problem: Durch die globale Reisetätigkeit würde ein solches Virus innerhalb kürzester Zeit weltweit verbreitet werden, die Bekämpfung wäre praktisch unmöglich. Die Uhr tickte also, und diesmal sehr real und berechenbar. Das Virus musste identifiziert werden, in schnellstmöglicher Zeit. Der beste Experte musste gefunden werden, um das Problem zu lösen. Nach einigem Überlegen, an welcher Universität der Guru sitzen könnte, entschloss sich die WHO zu einem einmaligen Schritt: Sie ersuchte elf verschiedene Forschungseinrichtungen, den SARS-Erreger gemeinsam zu analysieren, um herauszufinden, wie der Virus funktionierte. In einer beispiellosen Kollaboration arbeiteten Labore aus Deutschland, Frankreich, den Niederlanden, Japan, den USA und Hongkong zusammen. So entstand ein faszinierendes Team im Internet, in dem buchstäblich ein Wissenschaftler den begonnenen Gedanken eines anderen zu Ende dachte. Pausenlos gingen die Informationen hin und her. Die Köpfe der besten Fachleute wurden vernetzt. Jeder konnte in seinem Teilgebiet brillieren und zu einer großen Sache beitragen.

Nach nur einem Monat identifizierten die Experten gemeinsam den Virus – in einer derart engen Zusammenarbeit, dass es am Ende nicht mehr möglich war zu sagen, wer den Virus nun wirklich aufgespürt hatte. Die WHO stellte schließlich fest, dass der Virus »kollaborativ entdeckt« wurde. Das Internet hatte als neues Kommunikations- und Informationssystem seinen ersten großen Erfolg gefeiert. Das Superhirn, so zeigte sich, funktioniert. Es kann globale Probleme tatsächlich global lösen helfen.[26]

Der Erfolg bei der Entdeckung des SARS-Erregers ist unter anderem darauf zurückzuführen, dass die Wissenschaft längst in weiten Bereichen das Echolotsystem inkorporiert hat. Das ist auch nur logisch: Schließlich ist Forschen jene Form des kollaborativen Denkens, in dem jeder vom Wissen des anderen abhängig ist. Rückkoppelung ist, etwa in Form der Gutachterkultur, ein zentraler Bestandteil des intellektuellen Lebens von Wissenschaftlern. Allerdings waren auch sie bisher von den Restriktionen der Technik gebremst. Gleichzeitig begannen sie aber zu realisieren, dass eine globale Vernetzung unerlässlich ist, will man die globalen Schwierigkeiten lösen.

Das Santa Fe Institute fand heraus, dass ein durchschnittlicher Physiker im Energiebereich heute mit 173 Kollegen zusammenarbeitet. Das Astrophysikalische Institut der Universität Harvard ist im Begriff, das geschlossene Wissenschaftssystem zu durchbrechen: Statt wie bisher nur zwei ausgewählte Experten weltweite Forschungsergebnisse auf diesem Gebiet begutachten und kommentieren zu lassen, sollen es nun alle Astrophysiker können. Die Überzeugung, dass alle klugen Köpfe zusammenarbeiten müssen, nimmt überhand.

Der Computerchiphersteller Intel hat ein offenes Netzwerk gegründet, in dem Experten von Universitäten und interne Fachkräfte zusammenarbeiten. Kerngedanke: Durch das Internet können Forschungsvorhaben an verschiedenen Orten von unterschiedlichen Leuten gleichzeitig zu signifikant günstigeren wirtschaftlichen Bedingungen durchgeführt und somit die Produktinnovation vorangetrieben werden.

Klimawissenschaftler optimieren ihre Forschung durch das »Earth System Grid«. Das Projekt ist ein virtueller Raum der Kollaboration, in dem diverse dezentrale Institute kooperieren und ihre Modelle und Ergebnisse zusammenführen. Auch im Europäischen Bioinformatischen Institut (EBI) wird das Internet dazu benutzt, verschiedene Quellen auszuwerten und zusammenzutragen. Das in der Genom-Forschung tätige Institut in England ist entstanden, weil die Wissenschaftler fürchteten, in der Fülle von Daten »zu ertrinken«[27], die sich durch die rasante Forschung angehäuft hatten.

Ähnlich erging es den Astronomen des »Sloan Digital Sky Survey« (SDSS). Dies ist ein gigantisches Projekt, bei dem praktisch das ganze

Universum vermessen wird. Die Forscher hatten in den vergangenen sechzehn Jahren Unmengen an Daten über den Sternenhimmel gesammelt. Die Wissenschaftler zahlreicher renommierter Universitäten wie John Hopkins oder Oxford kapitulierten schließlich angesichts der Materialfülle. Sie stellten fest: Wir kommen allein nicht weiter. Sie stellten die Daten ins Internet und luden die Öffentlichkeit ein, bei der Auswertung des Fakten und Informationen zu helfen.[28] Und siehe da: Die Physiklehrerin Hanny van Arkel aus den Niederlanden wurde fündig! Sie entdeckte ein rätselhaftes Objekt. Die Wissenschaftler gingen der Sache nach und fanden heraus, dass es sich um die Lichtreflexion eines sogenannten Quasar handelt – eines »Quasi stellaren (sternenähnlichen) Objekts«.[29] Dieses war vor 100 000 Jahren aktiv, und seit seiner Entdeckung durch die niederländische Lehrerin heißt es »Hanny's Voorwerp« (*Voorwerp* bedeutet »Objekt« auf Niederländisch).[30]

Das neue Kommunikations- und Informationssystem ist also eine riesige »Entdeckungsmaschine«. Peter Glaser, einer der deutschen Internetvordenker, spricht vom »Kolumbus-Gefühl«.[31] Wir verwenden das Superhirn nicht nur, um die großen Probleme der Menschheit zu lösen. Wir können all das Wissen, das wir schon gesammelt haben, schrittweise in Informationen übersetzen, die die Herde auch verwenden kann.

Deutsche Pioniere und ihre Kämpfe

Die Entstehung eines kollektiven Denksystems folgt keinem erkennbaren Masterplan. Die Anfänge sind chaotisch und ungeordnet, wie wir es bei den Hackern gesehen haben. Zusammenhänge, eine innere Logik, wird man vermutlich erst in der Rückschau sehen. Viele machen mit, ungeordnet, freiwillig, angetrieben von einer Energie, die sie oft selbst nicht erklären können. Die sie aber zu immer erstaunlicheren Leistungen befähigt.

Für diejenigen, die als Erste das Internet zu ihrem beruflichen Betätigungsfeld erkoren haben, ist der Begriff »Early Adopter« (Englisch: »frühzeitiger Anwender«) geprägt worden. Early Adopter sind also jene, die sich schon sehr früh mit einer neuen Technologie vertraut machen, diese verstehen lernen und Anwendungen für Probleme entwickeln, für die es in der Vor-Internetzeit keine oder nur unzureichende Lösungen gab.

Sind diese Early Adopter schon andere Menschen? Sind sie besser als wir, die normalen Menschen? Können wir an ihnen und ihrem Verhalten erkennen, wie sich das neue Superhirn auf Menschen auswirkt, die sich Tag und Nacht mit ihm beschäftigen? Oder haben wir es genau mit jenen Freaks zu tun, die man am liebsten in eine Garage einsperren möchte? Obwohl man sich über ihre Entdeckungen freut – könnte es sein, dass man persönlich möglichst nichts mit ihnen zu tun haben will?

Die meisten dieser Leute sind ziemlich normal. Den Early Adopters fehlt der missionarische Eifer, der so typisch für die erste Internetgeneration war. Es fehlt ihnen auch der Drang, ihre Arbeit an die Öffentlichkeit zu bringen. Die Zeit der legendären Haffa-Brüder ist vorbei; Jachten und rauschende Partys sind nicht die Markenzeichen der Early Adopters.

Man spürt bei ihnen, dass es um eine wichtige Sache geht. Sie sind ernsthaft und konzentriert, versprühen viel Enthusiasmus und haben alle das Bewusstsein, für eine große Sache zu arbeiten. Sie sind Individualisten (Sie erinnern sich: Jeder Delfin hat einen Namen), kommunizieren jedoch viel miteinander (die Herde ist wichtig). Wir sprachen weiter oben von der Netiquette, also von den ungeschriebenen, aber von allen verstandenen Verhaltensregeln, die in diesem Internetmilieu entstanden sind und weiterhin im Entstehen begriffen sind. Ihre Grundprinzipien: ständige Rückkoppelung, Feedback, schnelle Wahrnehmungsintegration. Was zählt, ist das permanente Abtasten: Wo stehen wir, was weißt du, was kommt als Nächstes? Der Code ist komplex, aber informell. Die Verständigung erfolgt schnell und oft als Multitasking – also als gleichzeitige, simultane Ausführung von verschiedenen Kommunikations- und Informationsvorgängen.

Ich gestehe, dass die ersten Veranstaltungen, die ich am MIT (dem Massachusetts Institute of Technology in Cambridge, Massachusetts, einem der wichtigsten Labore für das neue Superhirn) erlebte, mir einiges an Gewöhnung abverlangten: Jeder hatte seinen Laptop vor sich, und während auf dem Podium diskutiert wurde, klapperten die Tastaturen. Der Raum war von einem beständigen nervösen Klicken erfüllt, als schwämme eine ganze Gruppe junger Delfine durch ein aufregendes Korallenriff. Das Ganze wurde auch noch live auf Second Life übertragen, dauernd gingen auf einer riesigen Leinwand irgendwelche Avatare (die virtuellen Ebenbilder der Menschen) ein und aus.

»Real« wurde die Veranstaltung erst, als ein Teilnehmer per Videokonferenz aus San Francisco zugeschaltet wurde: In seinem Jogginganzug und mit der bunten Kaffeetasse in der Hand erinnerte er uns daran, dass es auch noch ein Leben diesseits des Bildschirms gibt. Was mir jedoch sofort auffiel: Es herrschte während der Diskussionen eine ungeheure Konzentration, null Langeweile kam auf, und keiner war nur da, weil er eine lästige Pflicht erfüllen musste. Es war mit Händen zu greifen: Tief in ihrem Inneren wissen diese Leute, dass es um mehr geht als nur um einen Job. Dass das Überleben der Spezies auf dem Spiel steht und wir keine andere Wahl haben, als unsere Köpfe zu vernetzen, damit wir am Ende auf die richtigen Gedanken kommen.

Immer wieder schimmert die ungeheure Faszination durch, die dieser Entwicklung innewohnt. Etwa dann, wenn Eberhard Schöneburg, einer der deutschen Early Adopters, der in Boston Künstliche Intelligenz lehrt und dort eine Firma mit dem Namen »Artificial Life« (»Künstliches Leben«) betreibt, beschreibt, um welche neue Dimension es geht: »Eigentlich sollten Menschen mit Menschen kommunizieren und nicht mit Maschinen. Aber ist dies nicht gerade das Interessante? Diese neue Qualität? Plötzlich fangen die Dinge an zu denken und werden integriert in unser Kommunikationswerk.«[32]

Die Mitwirkung am Aufbau eines übergreifenden menschlichen Kommunikationssystems ist so packend, dass alle, die daran mitwirken, tatsächlich Zeit und Raum vergessen. Jeder dieser Leute entdeckt täglich neues Land, neue Zusammenhänge, hat unerwartet Besuch von einem virtuellen Partner. Da verliert die alte Welt ihren Reiz. Man ist aufgesogen von dem neuen Kosmos, in dem man sich bewegt. Die Art, wie die Leute im Internet miteinander kommunizieren, zeigt, wie sehr ihr Denken von dem kollektiven Informationssystem geprägt ist. Sie wissen, dass ihre Leistungen von den Leistungen anderer abhängen. Sie wissen, dass sie heute eine E-Mail von jemandem bekommen können, der sie in ihrer Arbeit wirklich weiterbringt. Sie haben oft genug erlebt, dass ein informeller Kontakt zu einem bis dahin Unbekannten Einfluss auf ihr Denken genommen hat. Sie empfinden sich intuitiv als Teil einer Gemeinschaft, die etwas Großes schafft.

Zugleich hat das Gefühl, aktiv die Welt zu verändern, in den seltensten Fällen zu Größenwahn geführt. Die herausragenden Fähigkeiten sind vielen oft gar nicht bewusst. Als ich einmal in München den Internetunternehmer Oliver Samwer traf, sagte der mir aus dem Stand und ohne große Vorbereitung, wie viel seiner Beurteilung nach eine bestimmte Firma wert sei. Er lag, wie sich später herausstellte, fast punktgenau richtig. Aber er stellte dies so nüchtern und abwägend dar, als spräche er über den aktuellen Benzinpreis. Ein Mitzwanziger!

Es gibt keinen Starkult. Es ist geradezu egal, ob einer, der etwas Wichtiges geschaffen hat, ein Kotzbrocken ist oder nicht. Denn natürlich sind im World Wide Web nicht nur Heilige versammelt. Im Dezember 2006 verhandelten die Gründer des Studentennetzwerks studiVZ über einen Verkauf der Plattform. Nach einem Bericht des kenntnisreichen *FAZ*-Beobachters Holger Schmidt habe Facebook kein Bargeld geboten, sondern einen fünfprozentigen Anteil am eigenen Unternehmen. Unter anderem deshalb, »weil studiVZ-Gründer Ehssan Dariani darauf bestand, das gleiche Gehalt wie Zuckerberg zu beziehen, platzte der Deal«.[33] Den Zuschlag erhielt schließlich 2007 der Stuttgarter Holtzbrinck-Verlag, für angeblich 85 Millionen Euro in bar. Ehssan Dariani wurde daraufhin »wegen seiner spätpubertären Eskapaden aus dem Management entfernt«.[34]

StudiVZ ist, wie weiter oben geschildert, ein Online-Netzwerk für Studenten, es wurde im Oktober 2005 gegründet. De facto ist es aber offen für alle, ist also nicht nur für Studenten gedacht. Es gibt dieses Netzwerk auf Deutsch, Spanisch, Französisch, Italienisch und Polnisch. Nach eigenen Angaben hatte es Ende Juli 2008 rund fünf Millionen Nutzer. Ende Oktober 2007 beschäftigte das Projekt rund 135 Mitarbeiter. Im Wesentlichen orientiert sich das Portal an Facebook, es geht darum, Freunde zu treffen, Gruppen zu bestimmten Themen zu gründen.

An studiVZ zeigt sich auch, wie sehr wir erst am Anfang stehen: Das Netzwerk geriet mehrfach in die Schlagzeilen. Datenschutz, Neonazis, unseriöse Geschäftspraktiken, Machogehabe und die bereits erwähnten Eskapaden eines ihrer Gründer trugen studiVZ vor allem im Internet harsche Kritik ein. Außerdem war das Portal Ende 2006 mehrere Tage offline, um die eklatanten Sicherheitslücken zu beseitigen – mehrere Studentenvertretungen hatten bereits zu einem Boykott aufgerufen, sollte dies nicht schnell behoben werden. Erst eine Entschuldigung der Gründer von studiVZ führte zur Entspannung der Lage.

Das kollektive Denksystem hatte jedoch funktioniert: Fehlentwicklungen wurden in einem sehr frühen Stadium korrigiert. Dabei trat kein

Kontrollgremium auf. Die Gemeinschaft regelte das Problem selbst – und hatte auch keinen Respekt vor dem Gründer.

Die erst kurze und doch bewegte Geschichte von studiVZ zeigt, dass es viele Übergangsphänomene gibt. Scharlatane gibt es weiterhin. Aber im Internet herrscht eine kritische, gegenseitige Beobachtung. Mancher Missstand bei studiVZ wurde beispielsweise durch den Blogger »Don Alphonso« aufgedeckt, der recht gern einen harschen Ton an den Tag legt.[35] Aber es fällt immer schwerer im World Wide Web zu bluffen – zu viele können die Wahrheit herausfinden.[36]

Die meisten der Early Adopter sind keine »einfachen«, keine angepassten Leute. In ihren Biografien sind oftmals Brüche festzustellen. Es sind vielfach Leute, denen ihre kompromisslose Art der »Rückkoppelung« (Widerstand, offene Kritik) in der traditionellen Welt Schwierigkeiten bereitete. Sind sie deswegen Querulanten? Haben sie ein Sozialisierungsproblem?

Viele von ihnen sind unberechenbar. Vielleicht macht gerade das den alten Eliten zu schaffen. Sie haben es nicht einfach mit neuen Genies zu tun, die man hemmungslos bewundern kann, weil sie so herausragend sind. Neid ist keine Kategorie mehr. Die Menschen, die die Revolution durch das Internet am wirkungsvollsten vorantragen, sind Querköpfe und nach herkömmlichen Maßstäben tatsächlich äußerst schwierig in das »normale« soziale Leben zu integrieren. Es sind oft jene, die eine traditionelle Gesellschaft mit Skepsis betrachtet. Diese neuen Eliten haben schon deswegen etwas Herausforderndes, weil sie alle »bewährten« Pfade verlassen, sich nicht um die vorgezeichneten Wege geschert haben.

Ihre größten Stärken: Sie suchen das rasche Feedback, den Dialog, die Auseinandersetzung, um eine richtige Lösung nicht erst gewaltsam durchsetzen zu müssen. Sie arbeiten in kleinen Teams, in denen Mikro-Vertrauensräume geschaffen werden, um das Echolotsystem eines Tages zum gemeinsamen Vertrauensraum für die ganze Spezies zu machen.

Neben einem sicheren Instinkt und viel Fantasie brauchen die meisten Early Adopter ein Kämpferherz. Die Entwicklung des menschlichen Superhirns ist alles andere als einfach. Es sind ganz neue Tugenden, die es zu entdecken gilt.

Nehmen wir die Gründer der Firma Ionstar. Georg Steinröhder und Christian Herold hatten immer »kleine Probleme mit den Autoritäten«, wie sie verschmitzt erzählen.[37] Die beiden jungen Männer kannten sich aus Schulzeiten – beide waren Schulabbrecher –, als sie sich in einer Düsseldorfer Firma für »Vertriebsinformationssysteme« erneut trafen. Sie arbeiteten dort an einer »sautrockenen« Software, an Kundendatenbanken. Mit der Zeit wurden sie immer unzufriedener und begannen, gegen die »stillen Hierarchien im Unternehmen« zu rebellieren. Die Entwickler mussten liefern, was Vertriebsleute schon verkauft hatten (ohne zu wissen, ob es die entsprechenden Produkte letzten Endes überhaupt geben würde). Von ihnen wurden Dinge gefordert, die mehr oder weniger unmöglich waren. Steinröhder erinnert sich an ein Meeting mit einem wichtigen Kunden. Der Vertriebler sagte zu allem Ja und Amen, versprach dem Kunden das Blaue vom Himmel, bis Steinröhder konterte: »Wie du dir das vorstellst, so geht das nicht.« Der Chef des Unternehmens, der bei dem Termin anwesend war, verlor die Fassung und brüllte: »Ich habe die Dienstklappen an. Und wenn ich sage: ›Das geht‹, dann geht es.«

Irgendwann reichte es den beiden. Sie wollten einfach nicht mehr. Stiegen aus, stiegen um. Im März 2006 boten sie ihrem Boss an, künftig frei für die Firma zu arbeiten. Dieser sagte: »Ganz oder gar nicht. Barfuß oder Lackschuh.« Die beiden antworteten: »Wir nehmen den Lackschuh« – und gingen. Gründeten die Firma Ionstar, die eine Software herstellt, die die Programmierung für Spiele wie »World of Warcraft« erleichtert. Und sie hatten Glück: Über ein Forum kamen sie in Kontakt mit einer kanadischen Firma, die ihnen ihr Programm abkaufte und Folgeaufträge für sie hatte.

Eine eigene Firma zu haben, bedeutete in diesem Fall: In der Nacht zu arbeiten, weil die Kunden in den USA und Kanada saßen. Kein geregeltes Einkommen, unsichere Zukunftsplanung. Und doch hatten sie ungebrochene Freude an ihrer Tätigkeit.

Oder Rolf Hilchner. Auch dieser Internetunternehmer ist Schulabbrecher, machte sein Abitur erst auf dem zweiten Bildungsweg. Er wollte von Anfang an mehr als »Mittelmaß« sein, wobei das für ihn nicht das Erreichen einer herausgehobenen Position in einer Hierachie bedeutete. In seiner in Oldenburg ansässigen Firma Ashampoo, die er mit Heinz-Wilhelm Bogena gemeinsam leitet, geht es um die Herstellung von herausragender Software. Das gelingt, indem er seinem Team Macht gibt – Ashampoo ist ein kollaboratives Unternehmen. Gerade deswegen hat es Erfolg auf dem international hart umkämpften Softwaremarkt. Hilchner selbst hat sich das Internet Schritt für Schritt erarbeiten müssen. Die

Folge ist, dass er jetzt perfekte Kenntnisse hat und er daher in seinem Segment an der Spitze liegt. »Wer nicht versteht, wie das Internet wirkt, der wird es auch nie beherrschen«, sagt Hilchner mit Blick auf viele traditionelle Unternehmen.[38]

Die Gründer von Neofonie, einer Berliner Firma für Suchmaschinentechnologie, sind selbstbewusst und bescheiden. Als ich sie das erste Mal traf, vermittelten sie mir den Eindruck: Die wissen etwas, was ich nicht weiß. Helmut Hoffer von Ankershoffen und Nurhan Yildirim standen, als die von ihnen mitentwickelte Suchmaschine Fireball verkauft wurde, vor der Frage: Wollen wir mitgehen zum neuen Arbeitgeber? Oder wollen wir eine eigene Firma gründen?[39] Instinktiv erkannten sie, dass sie viel mehr bewegen könnten, wenn sie das, was sie programmierten, auch selbst auf den Markt bringen würden.

Um ihr Unternehmen zu gründen, liehen sie sich Geld bei Verwandten und Freunden. Heute beschäftigt Neofonie 140 Mitarbeiter. Die produzierte Technologie wird von großen Firmen und Behörden eingesetzt. Hoffer von Ankershoffen und Yildirim, die man früher respektlos als Computer-Freaks bezeichnet hätte, sind hochgeachtete Geschäftsleute. Ihr Wert für die Gesellschaft besteht unter anderem darin, dass sie der traditionellen Welt Wege zeigen, wie das World Wide Web Dinge verändert. Hoffer von Ankershoffen ist davon überzeugt, dass das Internet sämtliche »greifbaren Arbeitsvorgänge, alles, was, mit Routine zu tun hat« abschaffen wird. Er erklärt seinen Kunden also nicht nur, wie sie eine Suchmaschine einsetzen können, sondern auch, welche realen Auswirkungen diese Technologie auf die Abläufe in der jeweiligen Firma hat.

Indem sie zwischen der neuen Welt des Internets und der alten Welt der Unternehmen vermitteln, denken sie die radikalsten Entwicklungen mit ihren Klienten zu Ende. Ankershoffen: »Wir überlegen nicht nur, wie sich das Internet verändern wird, sondern wie wir das Internet verändern werden.«

Die Gründung von Unternehmen im Netz darf man sich keinesfalls zu romantisch vorstellen. Gerade nach dem Platzen der New-Economy-Blase im Jahr 2001 wurde es in Deutschland unglaublich schwer, ein Internet-Startup ins Leben zu rufen. »Wenn man nach dem Ende der New Economy sagte, dass man etwas mit Internet macht, galt man eigentlich schon als Betrüger«, sagt Lukasz Gadowski.[40] Er gründete im Jahr 2001 die Firma Spreadshirt. Kunden können ihre Outfits selbst gestalten. Er hat, wie die meisten der neuen Eliten, im sprichwörtlichen Keller angefangen. Mit nichts, wie er rückblickend sagt. Heute ist er vermutlich Millionär, seine Firma beschäftigt über 250 Mitarbeiter und expandiert gerade in die USA.

Aber wie gesagt: Oft müssen die neuen Unternehmer gegen viele Widrigkeiten kämpfen. Die Entwicklung des Superhirns ist kein Freundschaftsspiel. Es geht um grundlegende Veränderungen. Und oft kracht es dort, wo die alte Welt auf die neue Welt, der Geist der Netiquette auf Unverständnis trifft. Wo das Abtasten auf taube Flächen schlägt. Wo der Versuch der Rückkoppelung zum Bumerang wird.

Fast alle müssen Rückschläge einstecken, so auch Matthias Storch. Er wollte eine Software für die Finanz- und Dienstleistungsbranche entwickeln und wandte sich mit dieser Idee an seine Bank. Nach vielen Versprechungen erhielt er eine Abfuhr. Zynisch sagte ihm – nach Kreditverhandlungen, die über ein halbes Jahr gingen – ein Vertreter der Bank, dass man entschieden habe, keine Softwareunternehmen mehr zu unterstützen.[41]

Diese Erfahrung ist kein Einzelfall. Die neuen Internetgründer betrachten die Banken folgerichtig nicht mehr als ihre Verbündeten. Aber sie beklagen das nicht in Denkschriften, sondern stellen das alte System infrage, indem sie ein neues dagegenstellen. Sie stoßen an Grenzen, und versuchen sie zu überwinden.

Alexander Artopé zum Beispiel hält die Mittlerfunktion der Banken für zu unpersönlich und für bestimmte Kreditwünsche auch für unnötig. Das von ihm gegründete Portal smava.de will daher eine Art »eBay für Geld« sein. Mikrokredite werden dort direkt angefragt und gewährt. Die Idee der Mikrofinanzierung hat durch die Verleihung des Friedensnobelpreises an den Wirtschaftswissenschaftler Muhammad Yunus aus Bangladesch im Jahr 2006 neue Popularität gewonnen. Sie ist eigentlich nicht neu, schon der Raiffeisen-Gedanke aus dem 19. Jahrhundert basiert auf diesem Modell. Aber das Internet kann diesen Einfall erst wirklich weit verbreiten. Während Raiffeisen irgendwann eine traditionelle Institution wurde, wird das Instrument der Mikrofinanzierung im Internet ständig weiterentwickelt. Artopé glaubt, dass das Konzept aufgeht, wenn man die Leute für mündig hält: »Das Internet beschleunigt die Entflechtung von Organisationen. Jeder Einzelne bekommt so eine Chance und mehr Bedeutung.«[42]

Die Finanzierung einer Firma ist eine schwierige Sache. Interessanterweise bilden sich immer mehr Initiativen heraus, bei denen die Vernetzung und gegenseitige Hilfe im Vordergrund steht. Ähnlich wie die Samwer-Brüder (neben dem schon erwähnten Oliver Samwer ist noch sein Bruder Marc im Internet tätig) mit ihrem »European Founders Fund«, unterstützen auch Lars Hinrichs von Xing und Lukasz Gadowski andere Jungunternehmer. Es entwickeln sich Netzwerke, die die traditionellen Finanzierungsmodelle langsam ersetzen.

Die Weigerung der Bank, Matthias Storch einen Kredit zu geben, und die Herablassung, mit der dies geschah, brachten ihn und seine Freunde auf eine Idee: Auf der zu diesem Zweck gegründeten Website foerderland.de wurde der Vorfall publiziert. Das große Echo, das diese Aktion fand, führte dazu, dass die Website nicht nur weiter bestand, sondern sich sogar signifikant weiterentwickelte: Sie ist heute eine umfassende Beratungswebsite, auf der Gründer erfahren, was sie tun können, um ihr eigenes Unternehmen aufzubauen.

Die neuen Eliten helfen sich im Internet nicht nur finanziell, sie sprechen auch über ihre Erfahrungen. Es sind nicht mehr die geheimen Zirkel, in denen eine vertrauliche Information gegen eine andere getauscht wird. Im World Wide Web entsteht eine neue Vernetzung, in der nicht das Konkurrenzdenken herrscht, sondern ein gemeinsames Interesse, spannende Ideen durchzusetzen.

Neben der Beschaffung von Startkapital stoßen die neuen Veränderer auch auf andere Schwierigkeiten, verursacht durch den zum Teil erbitterten Widerstand vonseiten der traditionellen Unternehmen – besonders dann, wenn deren Geschäfte durch die im Internet mögliche Transparenz bedroht sind. Immer wieder werden neue Unternehmen dann in rechtliche Auseinandersetzungen verwickelt – ein »probates« Mittel, um das Neue aufzuhalten. Matthias Storch richtete nach seiner Gründerberatungsstelle eine Website mit einem Preisvergleich für pharmazeutische Produkte ein. Nach kurzer Zeit musste er vor jedem neuen Vergleich umfangreiche Rechtsgutachten einholen, um sich gegen die Apotheker abzusichern. Kein Wunder: Diese Branche macht so unglaubliche Profite, dass sie ihr Terrain mit Heerscharen von Anwälten verteidigt.

Der Rechtsstreit ist eine bevorzugte Strategie, weil er die oft jungen Unternehmen unter erheblichen finanziellen Druck setzt. Weil sie nicht die Möglichkeiten haben, einen großen Krieg zu führen, versuchen viele, ihre neuen Ideen im Verbund mit den alten Eliten zu verwirklichen: Als mit imedo.de ein Experiment gestartet wurde, ein Gesundheitsportal aufzubauen, bei dem die Nutzer selbst ihre Krankheitserfahrungen austauschen, bekam das Team sofort Druck von der Kassenärztlichen Bundesvereinigung. Imedo-Gründer Christian Angele nahm den Kritikern den Wind aus den Segeln, in dem er der Vereinigung eine Partnerschaft antrug. So wie er reagieren nicht wenige aus den neuen Eliten: Sie sehen die alten Institutionen nicht als Feinde, verspüren aber auch keinen missionarischen Eifer, sie zu reformieren. Wenn sie eine Partnerschaft eingehen, dann wollen sie es auf gleicher Augenhöhe tun. Das ärgert viele aus den alten Eliten, weil sie es nicht für möglich halten, dass eine alte, gewachsene und reiche Organisation gleich viel »wert« sein soll wie ein junges, ideenreiches und dynamisches Team.

Diese Skepsis ist unangebracht, sie ist sogar fahrlässig: Denn wenn man die Unmengen von vergeblichen Versuchen sieht, mit denen alte Unternehmen reformiert werden sollten, dann lag das Scheitern entweder am internen Widerstand begründet oder aber an der nicht mehr steuerbaren Komplexität der Strukturen.

Oft müssen Partnerschaften allerdings regelrecht erzwungen werden: Die Hamburger Gregor Hackmack und Boris Hekele hatten in ein Wespennest gestochen, als sie abgeordnetenwatch.de ins Leben riefen. Zunächst stellten sie auf der Website alle 121 Bürgerschaftsabgeordneten aus dem Hamburger Senat vor, mit den wichtigsten Angaben zu ihrer Person. Auch das Abstimmungsverhalten wurde dokumentiert. Dazu gab es eine Dialogfunktion: Online konnten Fragen gestellt werden, die die Abgeordneten im Netz beantworteten – öffentlich einsehbar. Hackmack: »Eigentlich haben wir nur einen Idealfall umgesetzt: Wir wollten Herrschaft überwinden, wollten, dass sich Menschen gleichberechtigt in einem geschützten Raum begegnen und austauschen können und gemeinsames Handeln entsteht.«[43]

Im Jahr 2005, zur Bundestagswahl, integrierte man die Website kandidatenwatch.de in das Projekt abgeordnetenwatch.de, um das »politische Gedächtnis« zu erweitern. 2061 Direktkandidaten aus 299 Wahlkreisen wurden vorgestellt. Es gab Spenden, Pressemeldungen – und viel Renommee. Als die *tagesthemen* über die Seite berichteten, brach der Server wegen Überlastung zusammen. Hackmack und Hekele hatten hinter dem idealistischen Ansatz aber auch eine Geschäftsidee: Jeder Kandidat bekam einen Grundeintrag. Wer mehr wollte – Fotos, die jeweiligen Termine, eine Verlinkung auf die eigene Website –, der musste einmalig 100 Euro zahlen. Es wurden 180 Profile verkauft, 18 000 Euro waren erwirtschaftet. Damit konnten zukünftige Projekte gestartet werden. Zu jeder Landtagswahl gibt es für den Hamburger Senat nun »Kandidatenwatch« und für den Bundestag »Abgeordnetenwatch«. »Watches« für alle Landesparlamente sollen folgen. Die jungen Gründer befriedigen mit dieser Idee offenbar ein breites Bedürfnis: Fast 200 000 Leser kommen monatlich auf die Seite.

Als Internet und Politik auf diese originelle Weise zusammentrafen, gab es anfangs erhebliche Probleme. Die alten Eliten waren auf eine solche Verbindung nicht vorbereitet. Die Abgeordneten mussten sich daran gewöhnen, dass sie übers Internet zu befragen waren. Einige reagierten gar nicht oder gaben Standardantworten, die nur zum Abwiegeln dienten. Ein Beispiel: »Persönlicher Kontakt ist mir wichtig. Bitte schreiben Sie mir einen Brief.« Andere Bundestagsabgeordnete waren überfordert, weil Sekretärinnen die Mails erst ausdrucken und sich die Antwort diktieren lassen mussten. Als zur Bundestagswahl die Kandidaten vorgestellt wurden, rief so mancher wutentbrannt im Büro an und fragte, was ihnen denn einfalle, ihre Daten ins Internet zu stellen. Hackmack: »Die Transparenz hat einige überfordert. Denen war nicht klar, dass Grunddaten, die auch dem Landeswahlleiter vorliegen, auf diese Weise an die Öffentlichkeit kommen. So nach dem Motto: ›Ich trete zu einer Wahl an, aber keiner soll es wissen.‹«[44]

Heute wird die Website im Bundestag »zwar nicht geliebt, aber respektiert«, sagt Hekele. »Der Wunsch wächst, dass Leute sich aktiv mit Entscheidungsprozessen auseinandersetzen, sich in demokratische Prozesse integrieren. Das Netz ermöglicht das.«[45]

Viele der Widerstände, die von Interessensverbänden vorgetragen werden, sind im Übrigen nicht durch den Willen der Mitglieder gedeckt. Lehrer wehren sich dagegen, dass sie von Schülern im Internet bewertet werden. Das Oberlandesgericht Köln hat jedoch in einem Urteil festgestellt, dass dies zulässig ist.[46] Die Kassenärztlichen Vereinigungen laufen beispielsweise gegen jeden Versuch Sturm, mit einem Vergleich von Medizinern für Transparenz zu sorgen. Vielleicht sehen die alten Eliten in den Kassenärztlichen Vereinigungen das Reformpotenzial deswegen nicht, weil sie damit beschäftigt sind, ihren eigenen Interessen nachzugehen. Und als Funktionäre kommen sie mit dem praktischen Leben kaum mehr in Berührung. Am Ende setzen sie sich mit Politikern zusammen, die genauso abgehoben leben – und so werden vorwiegend Entscheidungen im Interesse des Systemerhalts getroffen.

Einen Ärztevergleich im Internet halten viele Mediziner dagegen für eine gute Idee, so auch Heinrich Apfelstedt, niedergelassener Chirurg in Solingen. »Ich würde mich der Beurteilung durch meine Patienten selbstverständlich stellen«, sagt er.[47] Eine solche Entwicklung würde den dringend notwendigen Wettbewerb unter den Ärzten befördern. Vermutlich sieht Apfelstedt das Reformpotenzial des Internets deshalb so klar, weil er die vielen Vorteile des World Wide Web nicht bloß theoretisch kennt, sondern weil die neue Technologie seinen gesamten Alltag revolutioniert hat: Er erhält E-Mails von seinen Patienten, in denen diese ihn über den Heilungsprozess ihrer Krankheit informieren. Und durch »Doktor Google« wissen seine Patienten viel mehr über ihre Beschwerden als früher. Er selbst holt seine Fachinformationen stets über die Website doccheck.com ein.

Dr. Apfelstedts Beispiel zeigt sehr anschaulich, dass das neue Superhirn bereits in seinen Anfängen das Denken und Handeln der einzelnen Menschen entscheidend verändert. Ein Arzt wie dieser Chirurg ist nicht mehr der »Halbgott in Weiß«. Ständig erweitert er seinen Horizont, tastet sich durch den Ozean des Fachwissens, sucht die Rückkoppelung mit den Patienten, um seine Arbeit zu verbessern.

Myrko Thum aus Hamburg hat wiederum mit einem kleinen Team »ingame« zu einer der bedeutendsten Gamer-Plattformen aufgebaut. Als Spieler begann er seine Karriere, wollte mit dieser Profession seinen Lebensunterhalt verdienen. Mittlerweile erreicht ingame fast vier Millionen Nutzer über diverse Spiele-Websites. Die Spieleindustrie ist für ihn treibender Motor für technische, aber auch kulturelle Entwicklungen. Ihm, der sich als Spieler »Magikus« nennt, kann es gar nicht schnell genug gehen: »Die Technologie ist noch nicht so ausgereift, dass sie das ganze Spektrum der jetzigen menschlichen Interaktion, besonders der Emotionen, abbilden kann.«[48]

Es geht aber nicht nur um die Grenzen des Internets. Ein anderer Aspekt betrifft das Scheitern beim großen Transformationsprozess, den wir auf dem Weg zum Superhirn durchlaufen. Mathias Entenmann gründete 1999 die Firma Paybox. Das Unternehmen galt als eine der größten Hoffnungen auf dem deutschen Markt. Die Idee dahinter: Bezahlen per Mobiltelefon – ein in Japan bereits sehr entwickelter Markt. Sie beruht auf der Vision, dass die Menschen ihr Handy irgendwann nicht mehr nur zum Telefonieren, sondern grundsätzlich für Alltagshandlungen nutzen werden – eine Idee, der wir mir dem mobilen Internet schon einen großen Schritt näher sind. Das Mobiltelefon wird zu unserem mobilen Echolot.

Entenmann hat, wie so viele, in der Garage angefangen, mit seinem eigenen Geld. Doch dann ging alles sehr schnell, bereits ein halbes Jahr später stieg die Deutsche Bank in das Geschäft ein. Über eine Million registrierte Nutzer hatte die Firma nach wenigen Monaten. Es ging aber auch genauso rasant wieder bergab, als die Deutsche Bank die Reißleine zog. Erst Ende 2007 gab es einen neuen Anlauf für ein solches System.

Die Fehler, die gemacht wurden, beruhen auf einem entscheidenden Missverständnis der alten Eliten mit dem Internet. Es reicht nicht, Geld in ein Unternehmen zu pumpen. Viel wichtiger ist es, die neuen Spielregeln zu verstehen, die das Netzt stark gemacht haben. Entenmann, der heute in London für eine Internetfirma tätig ist, erinnert sich daran, dass bei der ersten New-Economy-Euphorie bis zum Jahr 2000 alle das Gefühl hatten, auf einer »großen Welle« zu schwimmen.[49] Dass seine Idee später von anderen Firmen erfolgreich umgesetzt wurde, erfüllt Entenmann nicht mit Bitterkeit, sondern eher mit einer Art leisem Stolz.

Nicht wenige sind von dieser »Welle« verschluckt worden. Daher ist bei den neuen Eliten, die heute das Internet gestalten, nicht blinder Fortschrittsglaube die Triebfeder, sondern ein aus den Erfahrungen gespeister Realismus. Loretta Würtenberger, die das Unternehmen Webmiles gründete und später an Bertelsmann verkaufte, sieht signifikante Defizite im Dialog der Generationen. Eine der Spätfolgen nach dem Platzen der Internetblase sei ein »Ausgrenzen der heute Dreißig- bis Vierzigjährigen« in der Wirtschaft. »Die ältere Generation rechtfertigt dies durch das Risiko, das sie aus dem Verhalten der Jüngeren während der New Economy ableitet: Cash Burn, Burn Rate, Jugend kostet, Jugend verschleudert, jedenfalls sind die Jüngeren ein Risiko. Dabei vergessen sie, dass dies erst durch eine bestimmte Kombination verursacht wurde: Die Älteren dominierten die Finanzmärkte und die Jungen waren unerfahren.«[50]

Das klingt nach einer handfesten Auseinandersetzung. Von den sanften, klugen Delfinen scheinen wir hier weit entfernt zu sein. Wie wir jedoch gesehen haben, verwenden die Tiere ihre feinen Sinne nicht nur zur Partnersuche, sondern auch zur Abwehr von Bedrohungen. Eine der Gefahren besteht darin, dass die Gesellschaft als Ganzes nicht erkennt, warum ein neues Superhirn nötig ist. Viele der alten Eliten spüren, dass das ständige Tasten, Rückkoppeln, Senden und Empfangen (negativ formuliert: Nörgeln, Palavern, Schwatzen, als Parasit leben) an die Substanz der Spezies geht.

Einer der Herausgeber der *Frankfurter Allgemeinen Zeitung*, Frank Schirrmacher, diagnostiziert völlig zu Recht, »dass die technologische Revolution sich überhaupt jetzt (erst) in der Gesellschaft selbst bemerkbar macht. Nachdem die Werkzeuge verändert wurden, verändern sich die Menschen.«[51]

Lassen Sie uns aus diesem Grund gemeinsam einen Blick auf das menschliche Gehirn werfen. Ändert es sich wirklich? Wie wirkt sich der Computer auf unser Denken aus? Verschmelzen nun tatsächlich Mensch und Maschine? Schaffen wir die Versöhnung, die der Regisseur Fritz Lang in seinem Film *Metropolis* so berührend zu skizzieren versuchte: Die Kluft zwischen den Händen (den Arbeitern an ihren Maschinen) und dem Hirn (den Unternehmern, denen die Fabrik gehört) sei nur durch einen Mittler (das Herz) zu schließen? Das Herz ist bei Lang das bewusste Mensch-Sein. Der Arbeiter ist Mensch, und auch der Kapitalist. Erreichen wir mit der Vernetzung unserer Gehirne vielleicht am Ende auch die Vernetzung unserer Herzen?

5 Das Superhirn

»Ich habe einfach die Nerven verloren!«
»Nur zuschauen genügt nicht. Selbermachen ist entscheidend.«
»Nach dreißig Sekunden Fernsehen schaltet die linke Gehirnhälfte ab.«
»Survival of the fittest«

Der Kult ums Hirn

Das Gehirn gehörte immer schon zu den Kult-Organen des Menschen. Es ist zuständig für den Verstand, während das Herz sich um die Liebe kümmert. Beide Organe sind mythologisch besetzt, geheimnisumwoben, rätselhaft. Beide dienen den Dichtern seit Jahrhunderten als Metaphern für menschliche Handlungen und Erfahrungen. Ihre Faszination rührt daher, dass wir mit ihnen mehr verbinden als nur eine physische Funktion. Warum lieben wir einander? Wie denken wir? Was bestimmt meine Persönlichkeit?

Während das Herz dank der ersten erfolgreichen Transplantation 1967 und vermutlich auch aufgrund der sehr unangenehmen Kausalkette »Saufen-Fressen-Herzinfarkt« bereits deutlich auf dem Pfad der Entmythologisierung ist und nicht mehr in erster Linie als »Sitz der Liebe« gesehen wird, ist das menschliche Gehirn immer noch Projektionsfläche für allen möglichen kulturgeschichtlichen Ballast. Es wird als der Sitz der menschlichen Entscheidungs- und Beurteilungsfähigkeit gesehen, als die wesentliche Schaltstelle, in der das »Ich« wohnt.

Mit dem Gehirn ist fast zwangsläufig die Assoziation der Einzigartigkeit verbunden. Der französische Schriftsteller Émile Zola stellte sich vor, wie es wäre, wenn sein Gehirn in einem gläsernen Schädel sitzt und dem allgemeinen Publikum zur freien Einsicht geboten wird. Der russische Neurologe Vladimir Bechterew schlug einige Zeit nach der Oktoberrevolution die Gründung eines Pantheons der Gehirne vor, in dem die besten Köpfe der Sowjetunion auf ihre Genialität hin untersucht und ausgestellt werden sollten. 1947 wollte der Hirnanatom Oskar Vogt die Gehirne der bei den Nürnberger Kriegsverbrecherprozessen hingerichteten nationalsozialistischen Täter untersuchen, um ihre Verbrechen anhand der Anatomie ihrer Hirne zu beweisen. Und im Jahr 2002 kam die Idee auf, das Gehirn von Ulrike Meinhof mit dem eines Serienmörders zu vergleichen, um gegebenenfalls Ähnlichkeiten festzustellen, mit denen die kriminellen Handlungen der beiden verglichen werden könnten.[1] Heute gehen wir an das Thema Hirn anders heran: Wir erwarten große Dinge von der Hirnforschung, wissen aber zugleich, dass diese Wissenschaft erst ganz am Anfang steht. Man kann nicht einfach einen Schädel aufsägen und dann auf einen Blick – wie bei Leber, Niere oder Lunge – den Defekt oder die Funktionsweise erkennen. Je weiter die Gehirnforschung kommt, umso klarer wird, dass die Entschlüsselung des menschlichen Denkens kompliziert ist wie kaum eine andere Disziplin.

Vieles von dem, was wir über das menschliche Gehirn lernen, wird unser Staunen nur erhöhen. Der »Mythos Hirn« ist unzerstörbar. Wir werden immer fasziniert sein, wie wir als Individuen denken und welchen Einfluss das Denken und Handeln der Spezies Mensch auf uns als Einzelne ausübt.

Wir sehen zugleich, dass wir noch viel mehr wissen können, als wir ahnen. Dieses Wissen wird unsere Sicht nicht nur auf das Organ Gehirn verändern, sondern auch auf alle Handlungen des Menschen und deren moralische Bewertung. Als im Frühjahr 2008 der Fall eines Österreichers bekannt wurde, der seine Tochter über vierundzwanzig Jahre in einem Keller festgehalten hatte, befragte das Hamburger Nachrichtenmagazin *Der Spiegel* Hirnforscher über das mögliche »Innenleben« dieses Täters, der allgemein als »hochintelligent« beschrieben worden war. Wie konnte das grauenhafte Verbrechen geschehen? War der Mann verrückt? Die bisherige Rechtssprechung gewährt nur jenen einen Freispruch, die unter zwanghaften Wahnvorstellungen leiden (zum Beispiel Schizophrenie). Hätte eine Person auch anders entscheiden können, muss man sie zur Verantwortung ziehen. Die Antworten der Wissenschaftler zu diesem Aspekt waren in dem *Spiegel*-Artikel sehr unterschiedlich, alle stimmten jedoch in einem Punkt überein: Wenn die Hirnforschung weiter fortgeschritten ist, wird auch die Frage der Schuld neu diskutiert werden müssen. Wie sollte man nämlich jemanden zur Verantwortung ziehen, wenn unser »Handeln in einer spezifischen Situation durch die Verschaltungen in unserem Gehirn determiniert ist«, wie einer der Forscher meinte? Wenn es den freien Willen gar nicht gibt, sondern nur chemische Prozesse und elektrische Schaltkreise in unserem Kopf?[2]

Wir werden keine einfachen Antworten bekommen. Die Gehirnforschung ist extrem komplex, weil sie alle Disziplinen berührt. Vieles können selbst die Experten nur erahnen. Der einzige Konsens besteht darin, dass man erst Bruchteile des Ganzen kennt. Aber immer wieder erfahren wir Spektakuläres: Die amerikanische Hirnforscherin Jill Bolte Taylor beispielsweise beobachtete ihren eigenen Schlaganfall mit unfassbar wissenschaftlicher Akribie und beschrieb genau, wie die menschliche Wahrnehmung sich ändert, wenn sich die Abläufe in Inneren des Hirns – in diesem Fall durch eine Blutung – verschieben.[3]

Bei einem Experiment fanden Wissenschaftler des Max-Planck-Instituts für evolutionäre Anthropologie in Leipzig heraus, dass sich anbahnende Entscheidungen im Gehirn durch spezielle Stoffwechselvorgänge gewissermaßen vorweggenommen werden. Die Forscher konnten mittels Computertomografien beobachten, wie bereits lange vor dem »bewussten« Entschluss Hirnregionen aktiv wurden. Aufgrund ihrer Tätigkeit konnte daraufhin die Entscheidung »vorhergesagt« werden.[4]

Der freie Wille, so legen diese und andere Untersuchungen nahe, ist vielleicht keine moralische Kategorie, sondern die Summe von verschiedenen chemischen Prozessen in unserem menschlichen Standardhirn. Zu ähnlichen Schlussfolgerungen ist auch der amerikanische Physiologe Benjamin Libet gekommen. Er hat in seinen berühmt gewordenen Experimenten die zeitliche Abfolge bewusster Handlungsentscheidungen und ihre motorische Umsetzung gemessen. Dabei fand er heraus, dass der Körper bereits Sekundenbruchteile vor dem Verstand »entschieden« hatte, was er tun wollte. Allerdings, so Libet, bleiben weitere Sekundenbruchteile, in denen der Verstand seinen Messungen zufolge sich immer noch gegen die »Vorentscheidung« des Körpers stellen kann. Wann dann die »Moral« einsetzt, ist eine spannende Frage, die in den kommenden Jahren mit Sicherheit heftig diskutiert werden wird.[5]

Diese Erkenntnis stellt den Mythos vom unergründlichen (und daher unantastbaren) Genie, das durch den göttlichen Blitz seine Begabung erhalten hat, infrage. Mozarts Geist als Musik-PC? Bachs übernatürliche Klänge als gelungener Neuronen-Cocktail? Man will es sich nicht recht vorstellen. Unsere westeuropäische Kultur hat uns gelehrt, vor dem menschlichen Geist größten Respekt zu haben. Solche Überhöhungen vereinfachen auch das Leben: Über Mythen denken wir nicht nach. Wir errichten Schutzmauern um sie. In ihnen lebt dann das »Tabu«. Dieses schützt die Unwissenden. Ein Problem wird es jedoch für die, die aus der Norm fallen: Denken Sie nur an den Umgang mit »Geisteskrankheiten« in unserer Gesellschaft. Über Jahrhunderte, als von Forschung und Heilung noch keine Rede war, wurden an den Rändern der Gemeinschaft Tabu-Gebäude errichtet – man nannte das »Institutionalisierung«. Zudem suchte man Schuldige – und fand stets Sündenböcke in den »Hexen« und »Monstern«. Hätte man vor zweihundert Jahren bereits jene Antidepressiva entwickelt, über die wir heute verfügen, viele hätten ein würdiges Leben gehabt.

Neuronen und Synapsen

Die Hirnforschung wird von jenen Wissenschaftlern vorangetrieben, die sich mit den »dunklen Seiten« der Menschen beschäftigen. In ihrem Bemühen, diese zu beleuchten und möglichst ohne ideologische Anschauung die Wahrheit zu finden, bedienen sich diese Forscher immer stärker jener Sphäre, in der auch unser Superhirn entsteht: Gemeint ist die Welt der Computer, des Internets, der Vernetzung, des Delfin-Codes.

»Man muss sich das Gehirn wie einen großen Computer vorstellen, in dem ein unglaubliches Gewirr von Kabeln (Neuronen) herrscht«, schreibt Borwin Bandelow, einer der weltweit führenden Angstforscher.[6] Das »Computer-Konzept« in unserem Kopf erklärt er so: »Ein Neuron besteht aus einer einzigen, langen, schlauchförmigen Zelle, die am Anfang einen Zellkern hat. Manche Nervenzellen im menschlichen Körper können bis zu einem Meter lang sein. Ein Neuron steht mit vielen anderen Neuronen in Verbindung. Mithilfe dieser Kabel wird so etwas wie elektrischer Strom weitergeleitet; dies wiederum geschieht durch Neurotransmitter. Das sind Moleküle, die zwischen zwei Nervenendigungen hin- und herspringen.«[7] Bandelow erklärt, dass vieles im Gehirn wie bei normalen elektrischen Geräten, etwa einem Bügeleisen, abläuft: Wenn

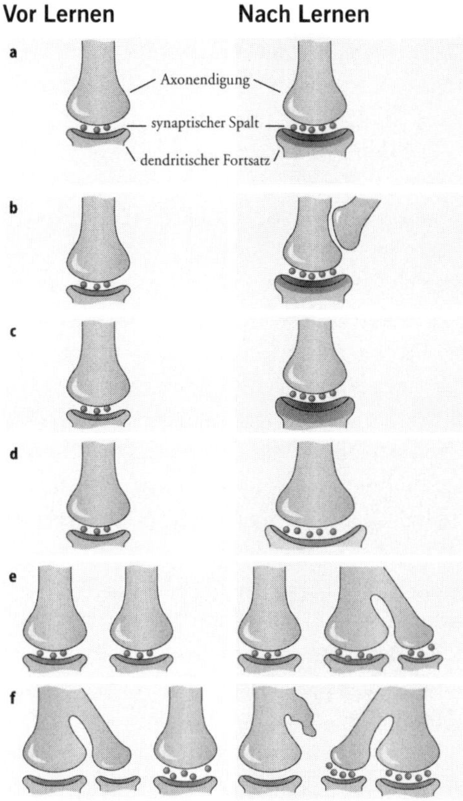

Synaptische Veränderungen: **a** *Nach dem Training kommt es zur verstärkten Ausschüttung von Transmittermolekülen.* **b** *Ein Interneuron löst die Ausschüttung vermehrter Transmittermoleküle aus.* **c** *Modifikation der postsynaptischen Rezeptormembran führt zu einer verstärkten Reaktion auf dasselbe Ausmaß von Transmittersubstanz.* **d** *Die Fläche des synaptischen Kontaktes erhöht sich mit Training.* **e** *Ein Erregungskreis, der öfter benützt wird, erhöht die Anzahl der synaptischen Kontakte.* **f** *Eine häufig benutzte neuronale Verbindung »übernimmt« vorher weniger benützte Synapsen.*

ein Gerät defekt ist, ist es meist dort kaputt, wo ein Kabel endet, selten in der Mitte: »Die Störung entsteht meist da, wo ein Kabel festgelötet oder -geschraubt ist. Genauso ist es mit psychischen Krankheiten: Meist findet man das Problem an der Stelle, an der ein Neuron auf ein anderes trifft. An dieser ›Lötstelle‹, die man Synapse nennt, geschieht die Nervenübertragung mithilfe von Botenstoffen.«[8] Umgekehrt, wenn das Kabel, also die Synapse, besonders stark ist, dann sind wir zu besonderen Denkleistungen imstande. Welche »Power« in unserem Kopf steckt, muss uns erstaunen: Etwa hundert Milliarden Neuronen hat der Mensch, und jedes dieser Neuronen besitzt bis zu 10 000 Synapsen.[9] Der amerikanische Computerwissenschaftler Ray Kurzweil berichtet von faszinierenden Forschungsergebnissen: Wir wissen heute, dass Synapsen verstärkt werden und eine längere Haltbarkeit haben, wenn sie Nützliches für das Hirn liefern. Neue Stimulationen erhalten den Vorzug gegenüber Wiederholungen. Bestehende Synapsen werden modifiziert, um gleichzeitig für das Kurzzeit-Lernen und das Langzeitgedächtnis genutzt zu werden.[10]

Wir erkennen also, dass »Gefühle und Stimmungen mehr mit Molekülen, Biochemie und elektrischen Erregungen zu tun haben, als wir wahrhaben wollen«.[11] Die entscheidende Rolle bei all diesen Prozessen spielen die Synapsen, die Lötstellen. Das menschliche Gehirn ist kein toter Klumpen Hardware, der uns einmal eingepflanzt wurde und der, wenn wir Glück haben, einigermaßen funktioniert. Die Synapsen verändern sich ständig. Sie funktionieren im Prinzip wie die Downloads oder Updates, mit denen wir uns jeweils die neueste Software auf unsere Computer laden. Danach ist der Computer besser, weil er sich alle neuen Programmierleistungen der Softwareentwicklung zu eigen gemacht hat. Genauso ist es mit den Synapsen: Die Erfahrungen, die jeder Mensch im Lauf seines Lebens macht, werden adaptiert. Nützliches wird verarbeitet, Unnützes gezielt zerstört.

Die Lebenserfahrungen einer Person, deren Aktivitäten, legen die Stärke der Verbindung zwischen den Neuronen mittels jener Synapsen fest. So machen diese letztlich die Einzigartigkeit eines jeden Menschen aus. Im Fall eines Defekts kommt es zur Krankheit, bei Nichtgebrauch werden die Verbindungen lahmgelegt. Aber es ist auch möglich, dass Menschen, denen jener Teil des Hirns entfernt wurde, der das Sprachzentrum enthält, dennoch fließend zwei Sprachen lernen (wie es ein siebenjähriges Mädchen türkisch-holländischer Herkunft geschafft hat). Die Einzigartigkeit des Menschen ist somit als Prozess zu sehen. Stets verändern sich die Synapsen, und damit unser Denken und unsere Persönlichkeit.

James Olds, Professor für Neurowissenschaften am Krasnow Institute for Advanced Study der George Mason University (Washington), bezeichnet das menschliche Gehirn als »sehr formbar«: Es wandelt sich während unseres ganzen Lebens und »verändert dabei die Art, wie es funktioniert«.[12] Diese Wandlungen sind oft gravierend. Wenn wir sie beobachten, sind wir meist sehr verunsichert. Dies zeigte die eingangs zitierte Sorge des amerikanischen Autors Nicholas Carr, der an sich selbst das Phänomen entdeckte, ein Buch nicht mehr konzentriert zu Ende lesen zu können, seit er sich im Internet bewegt.

Lernen durch Erfahren

Die Erfahrungen, die die Menschen machen und die am Ende ihr Denken entscheidend beeinflussen, sind keine vorübergehenden Launen. Sie werden auf einer Art Festplatte gespeichert: Der sogenannte Hippocampus zählt zu den äußeren Schichten des Gehirns, zu den sensorischen Assoziationsgebieten. Dort werden Erinnerungen deponiert, und bei jeder neuen Erfahrung checkt unser menschliches Standardhirn zunächst einmal, ob wir über dieses Ereignis schon etwas wissen. Bandelow nennt in diesem Zusammenhang das Beispiel eines explodierenden Chinakrachers zu Silvester: Zunächst erschrickt jeder Mensch intuitiv bei jedem Feuerwerkskörper. In Sekundenbruchteilen vergleicht unser Gehirn jedoch das Geräusch mit unseren Vorerfahrungen. Und weil wir schon öfter erlebt haben, dass es zu Neujahr knallt, gibt es »Entwarnung« – der Mensch fürchtet nicht, dass ein militärischer Feind vor der Tür steht, sondern wundert sich lediglich über die Geldverschwendung des böllernden Nachbarn. Vermutlich werden im Hippocampus auch länger andauernde, etwa traumatische Erfahrungen (Krieg, Konzentrationslager) gespeichert. Untersuchungen an Soldaten haben ergeben, dass bei ihnen der Hippocampus aufgrund von lang anhaltendem Stress im Krieg regelgerecht geschrumpft ist, sie also tatsächlich »die Nerven verloren haben«, wie es in der Umgangssprache heißt.[13]

Der Hippocampus spielt auch eine wichtige Rolle beim sogenannten »Kontextlernen«: Experimente an Ratten haben gezeigt, dass die Tiere in Angst und Schrecken versetzt wurden, wenn sie in einen Käfig kamen, in dem man sie zuvor mit Elektroschock behandelt hatte – auch wenn der Strom gar nicht mehr eingeschaltet wurde. Das Gehirn der Tiere »greift auf ein genaues Abbild des Käfigs zurück, das mit allen Einzelheiten im Hinterkopf gespeichert ist«.[14] Das Gedächtnis ist der Ort, an dem alle schlechten wie auch alle positiven und neutralen Erfahrungen verarbeitet werden. Lernen, so könnte man sagen, ist nichts anderes, als der ständige Vergleich neuer Erfahrungen mit den alten, die wir im Laufe unseres Lebens gemacht haben. Je mehr wir neu erfahren, desto mehr können wir vergleichen, desto »kompetenter« werden wir.

Was du kannst, kann ich auch

Nicht nur unsere eigenen Erlebnisse bringen uns weiter: Der amerikanische Biochemiker und Publizist Howard Bloom beschreibt in seinem Buch *Global Brain* ein interessantes Experiment aus dem Tierreich: Ein Oktopus wurde in einen Glasbehälter gesteckt, man ließ einen Teddybären vor seiner Nase baumeln. Anschließend versetzte man ihm einen Elektroschock. Nachdem die Krake gemerkt hatte, wie schmerzhaft »der Teddybär« für sie war, ergriff sie jedes Mal die Flucht, sobald sie das Stofftier nur erblickte. So weit keine neue Erkenntnis gegenüber dem Rattenkäfig-Experiment. Nun aber wurde ein zweiter Glasbehälter in die Nähe des unglücklichen Oktopus gestellt. Darin befand sich ein Artgenosse, der Glück hatte: Er sollte nur zuschauen. Der Voyeur selbst wurde keinem Schock ausgesetzt. Schließlich gönnte man dem gepeinigten ersten Tier eine Pause und stellte ihn samt seinem Behälter in eine entlegene Ecke. Als der Stoffbär dem nun allein gebliebenen Voyeur vor die Nase gehalten wurde (ganz ohne Elektroschock!), katapultierte sich dieser in wilder Panik in die entlegenste Ecke seines Behälters. Bloom nimmt dieses Experiment als ein Bespiel für eine »Synapse des sozialen Lernens«. Lernen durch Nachahmung ist demnach neben dem kontextualen Lernen eines der wichtigsten Vehikel bei der Weiterentwicklung – sogar für Oktopusse. Bloom: »Der Nachahmungstrieb ist eine der entscheidendsten *Im*materialien, aus denen kollektive Gehirne bestehen.«[15]

Der Biochemiker ist in seiner faszinierenden Studie der Frage nachgegangen, wie das entstanden ist, was wir unter »sozialer Intelligenz« verstehen. Er hat nachgewiesen, dass der Mensch in dieser Disziplin keinesfalls die Krone der Schöpfung ist – schon vor Hunderten von Millionen Jahren haben Lebewesen bestimmte Formen der sozialen Intelligenz entwickelt. Immer geschah dies durch die Übertragung von Daten von einem Tier zum anderen. Etwa, wenn Hummer über ungeheure Entfernungen durchs Meer wandern, und zwar exakt einer hinter dem anderen – um sich so in bestimmten Regionen vor einer drohenden Vereisung zu schützen. Laut Bloom kann man hier (wie auch bei Bakterien und zahlreichen anderen Vorformen des Lebens) von »modernen Datennetzwerken« sprechen, in denen »eine nacheifernde Informationsaufnahme wie eine Synapse funktioniert, die es einer Information ermöglicht, die Kluft zwischen einem Lebewesen und einem anderen zu überspringen«.[16]

Dein Gedanke gehört mir

Für den Wissenschaftstheoretiker Klaus Mainzer vollzieht sich in unserer heutigen Gesellschaft ein einmaliger Prozess: Alle menschlichen Köpfe werden vernetzt, und dies geschieht – nach den Spielregeln des Gehirns! Die menschliche Spezies schickt sich an, sich dramatisch zu verbessern. Sie vollzieht, was andere Lebewesen in Millionen von Jahren entwickelt haben.[17] Eine soziale Intelligenz entsteht. Ganz ähnlich wie die Delfine haben nun auch die Menschen einen Plan.

Mainzer vergleicht die computergestützen Informationssysteme, wie sie heute das Zusammenleben der Menschen ordnen, mit den Prozessen, die im Gehirn eines jeden Menschen ablaufen. »In der Natur war die Entstehung von Kommunikationsnetzen mit der Evolution von Nervensystemen und Gehirnen verbunden. Nervenzellen spezialisieren sich, Nervensysteme ermöglichen Lernprozesse und Erinnerungsspeicher. Werkzeuge, Sprache und Kulturen entstehen, die unabhängig vom absterbenden Individuum weitergereicht werden. Damit hat die Evolution nach der DNA eine weitere Art der Reproduktion entwickelt.«[18]

Die moderne Hirnforschung ermöglicht uns, das menschliche Gehirn als ein komplexes System von Neuronen zu verstehen, »die sich durch neurochemische Wechselwirkung in Zellverbänden verschalten«.[19] Über den Computer lassen sich »flackernde Schaltmuster von Gehirnarealen, in denen Wahrnehmungen, Bewegungen, Emotionen, Gedanken und Bewusstsein korreliert sind«, feststellen.[20] Die Evolution hat die Voraussetzungen für ein »hochkomplexes Daten- und Kommunikationsnetz herausgebildet«.[21] Diese Systeme beziehen sich aufeinander aber nicht nur über das, was im Hirn eines jeden Einzelnen abläuft. Die Kommunikationssysteme bestimmen ebenso das Funktionieren der Organismen untereinander.

Blicken wir kurz auf diese soziale Intelligenz. Die Zoologie spricht in diesem Zusammenhang auch gern von der »Schwarmintelligenz« – also der Tatsache, dass Lebewesen kollektiv denken, und zwar so, dass es das Denken des Einzelnen beeinflusst. Die verschiedenen Spezies von Lebewesen – Delfine, Wale, Elefanten, Hummer, Oktopusse oder Ameisen – verfügen neben ihrem physisch begrenzten individuellen Organismus auch über einen »Superorganismus«. Erst dieser ist »zu kollektiven Leistungen fähig – vom Anlegen verzweigter Ameisenstraßen bis zur Konstruktion komplizierter Ameisennester und Termitenbauten«.[22] Es gibt zwar keinen Zentralcomputer, der alle Tiere steuert, wohl aber ein »chemisches Diffusionsfeld, über das die einzelnen Tiere kommunizieren«.[23]

Auf diese Weise funktioniert auch unser menschliches Superhirn: »Computergestützte Informations- und Kommunikationsnetze sind die Nervensysteme der Informations- und Mediengesellschaft. In der Evolution ist nicht der einzelne Organismus oder das einzelne Gehirn gefragt, sondern die gesamte Population mit ihren Informations- und Kommunikationsnetzen.«[24] In jeder Gattung, die sich eines solchen Systems bedient, existieren Sender und Empfänger, die zum Funktionieren des strukturierten Ganzen einen »gemeinsamen Zeichenvorrat« benötigen.[25] Wir wissen noch sehr wenig über die genaue Form dieser Datenübertragung. Der britische Zoologe Richard Dawkins hat dafür das Bild des »Mems«[26] entwickelt – als Ergänzung zum »Gen«. Das Gen ist jenes Modul, das die Erbanlagen enthält, die in langgestreckten Ketten mit dem berühmten Buchstabencode AGTC (für Adenin, Guanin, Thymin und Cytosin) zu Chromosomen zusammengeschweißt sind. In Dawkins' Denkmodell werden Meme durch Riechen, Sehen und Hören unabhängig von einer Trägersubstanz weitergegeben. Sie sind die Grundlage »eines neuartigen weltweiten Netzes«[27]. Das Mem-Konzept ist sehr umstritten, weil Kognitionswissenschaftler dagegen halten, dass ideele Denkschemata nur in Ausnahmefällen identisch von einem Mensch auf den anderen »übertragen« werden.[28]

Auch wenn wir die genauen Prozesse noch nicht kennen, können wir uns doch vorstellen, dass das Internet zum Träger eines globalen Superhirns wird, das im Prinzip nach den Regeln des menschlichen Gehirns oder vergleichbaren neuronalen Netzen funktioniert.[29] Es zeigt dieselben Elemente von Arbeitsteilung und Hierarchien wie das menschliche Hirn: Schnelligkeit, Vielfalt, ungeheure Rechenleistung, ständiges Lernen, auch ist es nachahmend und kontextual, beherrscht die soziale Interaktion und stellt ein kosmopolitisches Netz dar.

Täglich werden wir neue Menschen

Sowohl das individuelle menschliche Hirn als auch das Internet folgen also im Wesentlichen identischen Gesetzen. Während man einst versuchte, von Computern Rückschlüsse auf die Abläufe im menschlichen Gehirn zu gewinnen, wird heute der umgekehrte Weg eingeschlagen: Bionik und Neuroinformatik sind Wissenschaften, die sich zum Ziel gesetzt haben, Architektur und Abläufe des Gehirns auf den Computer zu übertragen. Der wichtigste Unterschied zwischen dem Gehirn und dem Computer ist, dass »Gehirne keine zentrale Recheneinheit aufweisen, keine Rechenregeln oder Algorithmen verkörpern«.[30] Daher steht das gute alte menschliche Hirn mittlerweile Pate bei der Erschaffung von künstlichen »neuronalen Netzen«. Solche Netze imitieren gewissermaßen die Funktionsweise des Gehirns: Sie können Informationen aufnehmen, verarbeiten, verändern und anschließend wieder weitergeben.[31] Der Mensch wird also nicht zum Computer, sondern die Maschinen sollen uns Menschen gleichen. Die Stärke unseres Gehirns: Es besteht nicht aus toten Elektroden. Lernprozesse, Selbstorganisation, Plastizität, die zeitliche Dynamik neuronaler Verarbeitungsprozesse – das alles kann die Blechkiste von uns lernen![32] Auch andere Formen des Lebens stehen bei der Weiterentwicklung des Internets Pate: Online-Sicherheitsstrukturen werden den Immunsystemen nachgebildet, die »über Millionen Jahre gelernt haben, genau jene Probleme zu lösen, denen sich die Computerindustrie heute im Bereich der Computerviren gegenübersieht«.[33]

Das menschliche Gehirn ist kein statisches Gebilde. Jeder von uns entwickelt es ständig weiter. Jede neue Lebenserfahrung wird in Tausenden von Synapsen evaluiert und beeinflusst das Denken, Entscheiden und Handeln beim nächsten Ereignis im Leben eines Menschen. Im Grunde sind wir jeden Morgen, wenn wir aufstehen, tatsächlich ein neuer Mensch. Und so geht es jeden Tag, jede Minute, jeden Augenblick.

Der Gedanke an eine kollektive soziale Intelligenz der Menschheit ist im Übrigen nicht erst mit dem Internet entstanden: Der französische Theologe und Naturwissenschaftler Pierre Teilhard de Chardin schuf im vergangenen Jahrhundert das Konzept von der »Noosphäre«, einem Raum, in dem die Menschheit gemeinsam denkt und fühlt.[34] Und Peter Russell, britischer Vordenker der Cyberkultur, sagte vor zwanzig Jahren die Entstehung eines menschlichen Super-Organismus vorher, ein *»global brain«*, mit dem die Menschen miteinander denken.[35]

Beim nachahmenden Lernen haben wir gesehen, dass wir uns nicht nur durch unsere eigenen Erfahrungen ändern, sondern auch durch die unserer Mitmenschen. Sie nisten sich gewissermaßen in unseren Köpfen ein, spielen wichtige Rollen, beeinflussen unsere Entscheidungen, auch wenn wir daran nicht einmal ansatzweise bewusst denken. So entsteht ein großer kollektiver Strom der Veränderung: Jeder Einzelne verändert sich, und wir mit ihm, andauernd, milliardenfach, in Sekundenschnelle, auf dem ganzen Globus. Zugleich verändern wir die anderen Menschen durch unser Denken.

Das Zusammenspiel von individuellem Denken (meiner persönlichen Informationsverarbeitung) und unserer sozialen Intelligenz (was wir als menschliche Spezies lernen, verarbeiten und anwenden) ist die Grundlage des neuen Superhirns. Je reibungsloser dieses Zusammenspiel funktioniert, umso besser werden sowohl individuelle Entscheidungen wie auch jene sein, die für die Menschheit als Ganzes interessant sind.

Das Superhirn ist kein Zentralcomputer, kein übermächtiger Bruder, kein globaler Bundesnachrichtendienst. Wir brauchen uns nicht vor ihm zu fürchten, im Gegenteil: Je mehr Menschen begreifen, dass hier etwas Großes entsteht und sie mit ihrem Wissen, ihren Lebenserfahrungen dazu beitragen – umso besser.

Der Prozess hat längst begonnen: Die Spezies Mensch entwickelt angesichts der fundamentalen Bedrohungen eine »kollektive Lernmaschine«[36]. Diese ist dem Kommunikations- und Informationssystem der Delfine verblüffend ähnlich. Im Wechselspiel von individuellem Leben und Internet, von Wahrnehmungsintegration durch Echolot, von Abtasten und Rückkoppelung schafft sie es, dass wir tatsächlich gemeinsam denken. Durch diesen Prozess ändern sich unsere Synapsen und damit alles: unser Erinnern, Fühlen, Entscheiden und Handeln.

Das Superhirn ist eine Kombination aus der völlig veränderten Denkleistung des Einzelnen (und erst recht der kommenden Generationen) und dem kollektiven Netzwerk. Es verbindet die transformierten Denkleistungen und Lebenserfahrungen aller anderen ständig mit dem Individuum. Mit Milliarden von Synapsen knüpfen wir das Band zu der Spezies in einem Ausmaß, wie dies früher nicht möglich war. Die Familie, das Dorf, die Nation – das waren alles begrenzte Kreise. Die Sprache, das Telefon, das Fernsehen – im Grunde nur die ersten Schritte auf dem Weg zur sozialen Intelligenz. Zwar staunt die Menschheit seit jeher, wie schnell sich doch alles ändert. Erst jetzt jedoch, angesichts der Entwicklung des Superhirns, besteht wirklich Anlass dazu. Mit dem Internet und dem World Wide Web vernetzen wir unsere Köpfe in einer historisch einmaligen Anstrengung.

Mit dem Staunen allein ist es allerdings nicht getan: Wir haben schon bei der Beschreibung der verschiedenen Werkzeuge des Internets (E-Mail, IM, Communities etc.) gesehen, dass wir uns aktiv beteiligen müssen, um zu verstehen, was das alles für uns bedeutet. Für unser Lernen ist die direkte Beteiligung lebensnotwendig. Wenn wir passiv verharren, werden wir ausgesondert, zerstört – so wie die Synapsen in unserem Gehirn wertlose und unproduktive Lebenserfahrungen auslöscht.

Einer der bekanntesten Hirnforscher Deutschlands, Wolf Singer, erzählt von einem interessanten Experiment, mit dem Wissenschaftler am MIT den dramatischen Unterschied einer aktiven von einer nichtaktiven Beteiligung für die Denkentwicklung des Einzelnen nachgewiesen haben: »Die Forscher setzten zwei Kätzchen in ein Karussell. Das eine hatte die Pfoten auf dem Boden und konnte durch sein Laufen das Karussell bewegen. Das andere saß in der Gondel und wurde passiv transportiert. Beide sahen natürlich genau das Gleiche, bloß zu verschiedenen Zeiten. Die spätere Bestimmung der kognitiven Leistungen der beiden Tiere zeigte jedoch, dass nur das aktive Tier gelernt hatte, das nur beobachtende war nahezu blind und hinsichtlich seiner visuell-motorischen Koordination schwer gestört. Nur zuschauen genügt also nicht. Selbermachen ist entscheidend, weil nur dann der interaktive Dialog mit der Umwelt einsetzen kann, der für die Optimierung von Entwicklungsprozessen unabdingbar ist.«[37]

Eine interessante Erfahrung in dieser Hinsicht ist das Fernsehen: Studien haben gezeigt, dass bereits nach dreißig Sekunden die linke Gehirnhälfte praktisch abgeschaltet wurde – das ist jene Hälfte, die für unsere kognitiven Aktivitäten wie etwa das Lösen von Problemen zuständig ist. Der Frontallappen des Gehirns, der für Planung, Organisation und soziale Kontrolle zuständig ist, wird beim Fernsehen ebenfalls nicht benutzt. Das Zusammenzählen von 2 + 2 ist daher bereits geistiger Hochleistungssport im Vergleich zur Aktivität des Gehirns beim Fernsehen.[38] Bei Kindern, deren Frontallappen bis zum zwanzigsten Lebensjahr entwickelt werden, richtet diese Untätigkeit des Hirns nachhaltigen Schaden an, wenn sie zu oft und zu lange erfolgt. Der Weltverband der Neurologen fordert daher, Kinder sollten »so viel als möglich mit anderen Kindern spielen, kommunizieren und interaktiv tätig werden«[39]. Dies gilt umso mehr in einer

Welt, in der offenbar alle dauernd mitmachen und denkend aktiv sind, angespornt von den stets neuen Möglichkeiten des Internets.

Kollektive Denkmaschinen gibt es, wie wir bei den Delfinen gesehen haben, auch bei anderen Lebewesen. Der Mensch ist diesbezüglich, jedenfalls weltgeschichtlich gesehen, erst am Anfang seiner Entwicklung. Bakterien gibt es seit Millionen von Jahren, und sie haben sich aufgrund ihrer sozialen Intelligenz so glänzend entwickelt, dass sie im Fall von verschiedenen Erkrankungen noch heute die bestausgebildeten Ärzteteams auf diesem Planeten austricksen. Wenn selbst die primitivsten Lebensformen in der Lage sind, ein Superhirn auszugestalten, dann kann kein Zweifel bestehen, dass die Menschen dies auch können. Die Bakterien haben einen »Vorsprung« von Millionen von Jahren. Die Menschheit muss sich also beeilen in der Perfektionierung des Superhirns, um sich gegen alle globalen Bedrohungen zu behaupten. Sie will ja am Ende als Spezies überleben.

Die Lernmaschine

Howard Bloom geht in seiner Geschichte des »globalen Gehirns« weit in die Anfänge des Lebens auf der Erde zurück.[40] Er untersucht prähistorische Mikroben, Fische und viele andere Arten. Am Ende seiner Darstellung zeigt er auf, wie sich durch Handel und Stadtentwicklung die Idee eines Superhirns auch bei den Menschen ihren Weg bahnt. Er arbeitet dazu gattungsübergreifende Gesetzmäßigkeiten heraus, die diesen Prozess jeweils prägen – unabhängig davon, ob es sich um Einzeller, Säugetiere oder gar um uns, die »Könige der Schöpfung«, handelt.

Die von Bloom gefundenen Bausteine sollen im Folgenden kurz dargelegt werden. Es wird darauf geachtet, welche davon in besonderer Weise auf das Internet als dem Trägermedium unseres Superhirns zutreffen.

Konformität

Damit es »ein« Superhirn gibt, durch das sich auch alle verstehen, muss Einheit geschaffen werden: Das Informations- und Kommunikationssystem funktioniert global nur, wenn sämtliche Menschen es wirklich bedienen und nutzen können. Bei allem Chaos, aller babylonischen Verwirrung, die am Anfang dieses kollektiven Projekts steht: Irgendwann verwandelt sich die bunte Vielfalt in ein gemeinsames Ganzes. Zu diesem Zweck wird Konformität hergestellt. Das mag zunächst überraschend klingen, ist aber unausweichlich, um »der sozialen Struktur Kohärenz, relative Dauer und die Fähigkeit, integrierte Projekte im großen Maßstab mit vielen Beteiligten auszuführen«[41], zu verleihen. Die Konformität führt zu einer kollektiven Wahrnehmung der Wirklichkeit, die sowohl die Entwicklung des Gehirns eines Kindes als auch die »Verarbeitung von sensorischen Daten«[42] beim Erwachsenen beeinflusst. Eine gemeinsame Weltanschauung ist die Voraussetzung von gemeinsamen Gedanken. Erst sie ermöglicht gemeinsame Entscheidungen und Handlungen.

Natürlich schütteln wir uns zunächst einmal bei der Konformitätsvorstellung und denken an die schäbigen grauen Anzüge der Politbüromitglieder um Erich Honecker oder die dicht geschlossenen uniformierten Reihen bei den Nürnberger Reichsparteitagen der Nationalsozialisten. Tatsächlich gibt es genügend Beispiele, die zeigen, dass es bei Tieren und Menschen eine Neigung gibt, die anderen in Reih und Glied zu zwingen. Dabei folgt die Gruppe stets jenen, die dem Team Erfolge bescheren. Die »Verlierer« werden zu Außenseitern. Einige der Kräfte, die unser Superhirn verknoten, sind »weit weniger liebevoll, als wir es uns vielleicht vorstellen«.[43] Um Mord und Totschlag nicht die Oberhand zu gewähren, haben die Menschen daher das Konzept einer »Gesellschaft« entwickelt – jene Ebene des Zusammenschlusses, auf der moralische Kriterien entwickelt und durchgesetzt werden können.

Denn ungeachtet des Missbrauchs besteht die Notwendigkeit zu Konformität, wenn sich die Menschen tatsächlich verständigen wollen. Und sie müssen es: Wir können angesichts der weltweiten Bedrohungen nicht in akademisch abgehobene Debatten abgleiten, ob es denn unausweichlich sei, dass der größere Teil der Menschheit verhungert oder von Umweltkatastrophen ausradiert wird, ob ein großer Teil des Planeten durch die Klimaveränderung zum unbewohnbaren Raum wird und sich die ums nackte Überleben kämpfenden Menschen in blutigen Schlachten um den verbleibenden Rest prügeln.

Wie wir gesehen haben, können bestimmte Katastrophen praktisch mit einem genauen Datum vorhergesagt werden. Es besteht die dringende Notwendigkeit, sich sowohl über die Prognosen als auch über die möglichen Konsequenzen zu verständigen. Ein Höchstmaß an Konformität ist unerlässlich, wenn wir verhindern wollen, dass die düsteren Prophezeiungen Wirklichkeit werden. Wir müssen Einigkeit herstellen in der zentralen Erkenntnis: Das Überleben der Menschheit ist wichtiger als die Interessen oder Profite einzelner Gruppen.

Das Internet wirkt als »Konformitätsverstärker«. Nichts macht diese Tatsache deutlicher als der Triumph der »Großen«: Google hat alle anderen Suchmaschinen in die Bedeutungslosigkeit geschickt, verschiedene Möglichkeiten hätten das effiziente Auffinden von Ergebnissen nur erschwert. Alle Nutzer haben sich den Spielregeln von Google unterworfen, weil dadurch jeder für sich den größten Wert daraus zieht. Auch der Menschheit als Ganzes ist damit am besten gedient. Die Netiquette ist nichts anderes als ein freundliches Wort für Konformitätsverstärkung. Und das gern kritisierte Sich-Schmücken mit Freunden in sozialen Netzwerken dient keinem anderen Zweck, als starke Bande zu schaffen, die die Konformität intensivieren.

Die Entwicklung des menschlichen Delfin-Codes zum gemeinsamen Kommunikations- und Informationssystem dient vor allem dem Zweck, die gemeinsame Ausrichtung der Spezies zu optimieren. So wie einst Sprache, Schrift und Buchdruck dies beabsichtigten, so soll mit dem neuen Echolot der Menschheit ebenfalls eine von allen benutzte, verstandene und daher zum Entscheiden und Handeln befähigende Plattform geschaffen werden. Und zwar aus dem Grund, weil dieses System besser geeignet ist als alle herkömmlichen Konformitätsverstärker. Es ist auch wichtig, um die alten Strukturen abzulösen, die bisher die Spielregeln der Konformität aufgestellt haben.

Das Lob der Vielfalt

Natürlich ist es nicht mit Konformität als »Gleichschaltung« getan. Jenes neue Verständnis von Konformität hat zugleich mit Wandelbarkeit zu tun. Die Spezies muss sich orientieren, ob sie den richtigen Weg eingeschlagen hat. Das gelingt nur, wenn jedes Superhirn – als Baustein – Querdenker aufweisen kann. Bloom nennt sie die »Diversitätsgeneratoren«.[44] Sie sind das natürliche und logische Gegengewicht zu jenen, die die Konformität voran- oder zu weit treiben.

Jedes Individuum vertritt eine spezielle Position in dem Ganzen. Damit die Gruppe nicht ins kollektive Unglück rennt, ist es wichtig, »dass sie zahlreiche Ausweichpositionen in Form von hinreichend unterschiedlichen Mitgliedern besitzt, um über Ansätze zu verfügen, die vielleicht heute nicht notwendig, aber morgen lebenswichtig sein können«.[45] Besonders anschaulich zeigt sich dieses Konzept beim Immunsystem, das eine Art Mikro-Superhirn ist. Jeder der Millionen Antikörper ist ein »eigener Mutmaßungsmechanismus über die Natur eines möglichen Eindringlings«.[46] Jede Gattung von Lebewesen braucht, um sich neuen Situationen anzupassen, die Neugierigen, die unkonventionelle Lösungen erkunden, ausprobieren, die sich in unbekannte Gebiete vorwagen, auf eigenes Risiko.

Sigmund Freud sprach in diesem Zusammenhang von einem »Narzissmus der kleinen Differenzen«.[47] Dieser entwickelt sich besonders vital, wenn erste Anzeichen auftauchen, dass die Lebensbedingungen nicht mehr lange so gemütlich sein werden, wie wir das bisher gewohnt waren. Immer wieder ist der Druck von Querdenkern zu spüren, wenn sich die Menschheit allzu behaglich in einem längst historisch gewordenen Konformitätsraum eingerichtet hat und dabei große Gefahren von außen übersieht oder nicht erkennt. Immer wieder gab es große Umwälzungen durch eine Erhöhung der Vielfalt. Regelrechte Diversifizierungsschübe fegten durch die Menschheit. Neuer Reichtum entstand durch Zeremonien, Kunst, neue Waffentechnologien oder handwerkliche Erfindungen.

Das immense Spektrum ist geradezu Markenzeichen des Internets. Die Open-Source-Programmierer (Hacker) waren die ersten Dissidenten im Konformitätssystem der Computerindustrie. Leute wie der Skype-Erfinder Niklas Zennström haben sich mit ihrer Idee, gratis zu telefonieren, gegen den durchaus erheblichen Konformitätsdruck der Telekommunikationsindustrie durchgesetzt (»Wir sind die Monopolisten, und ihr zahlt mal schön die Gebühren, die unsere Profite sichern!«). Die Blogger wiederum sind Querköpfe, die das unbekannte Terrain der freien Meinungsäußerung auf eigene Gefahr erkunden. Die vielen Unternehmer, die wir in diesem Buch kennengelernt haben, generieren Vielfalt durch ihre Innovationen und deren Erprobung im Markt.

Selbst die Dinge, die uns heute nutzlos (oder zumindest verspielt) erscheinen, haben ihre Berechtigung: Wir haben oben die Website twitter.com beschrieben, auf der man mit einem Maximum von 140 Zeichen berichten kann, was man gerade tut. Anfangs noch eine Spielerei, hat dieses Kommunikationswerkzeug bereits gezeigt, wie sehr es der Menschheit helfen kann: Beim verheerenden Erdbeben in China im Frühjahr 2008 waren es Twitter-Nutzer, die als Erste von der Katastrophe berichteten: kurz, schnell, aufgeregt.[48] 140 Zeichen zur Warnung vor dem Weltuntergang? Vielleicht wird es eines Tages eine Frage des Überlebens sein, rechtzeitig informiert zu werden. Wäre Twitter schon während des Tsunamis im Jahr 2004 richtig genutzt worden, hätten sich nicht nur die Tiere, sondern vermutlich Tausende von Menschen rechtzeitig in Sicherheit bringen können.

Der Delfin-Code mit seinem Prinzip der ständigen Rückkoppelung schafft die idealen Voraussetzungen dafür, dass die Botschaften der Individualisten versendet, gehört und eingeordnet werden können. Das Abtasten ist der Ausdruck für das beständige Ausloten neuer Räume, in die sich die Masse erst bewegen wird, wenn sie von den Querdenkern gefunden und für gut befunden wurden. Die permanente Rückkoppelung und intensive Wahrnehmungsintegration sorgen dafür, dass wir nicht irgendwelchen »Spinnern« dauerhaft auf den Leim gehen. Wir verachten sie jedoch nicht, sondern sind ihnen dankbar dafür, dass sie vermeintliche Ausgänge als Irrwege identifiziert haben.

Was nützt uns das?

Um festzustellen, ob eine Innovation ein Irrweg ist, braucht es natürlich mehr als die Erkenntnis des Einzelnen, »gescheitert« zu sein. Bloom hat festgestellt, dass alle Superhirne Systeme verwenden, die er »Nutzensortierer« nennt: »Diese gnadenlosen Bewertungsinstanzen sortieren diejenigen aus, die falsche Vermutungen in der biologischen, psychologischen und perzeptuellen Rumpelkammer personifizieren.«[49] Bloom meint, dass dem Menschen eine solche Eigenschaft des Abwägens zugleich individuell nützt als auch die Gesellschaft als Ganze voranbringt: »Ein Mensch, der gut mit den auf ihn zukommenden Anforderungen zurechtkommt, stabilisiert eine Population auf ihrem Weg durch eine stürmische See. Wer von seinen Kameraden geschätzt wird, nährt die emotionale Maschinerie einer Gruppe. Nutzensortierer ... verschieben sich von Angst zu Wagemut, von Trauer zum Glücklichsein, von Gehässigkeit zu Charme, vom schüchternen Schweigen zum langen Sprechen, von der Depression zum Hochgefühl, vom Schmerz zur Lust, von der Verwirrung zur Erkenntnis und von der Lustlosigkeit zur Lust.«[50]

Vereinfacht gesagt: Wir alle sind am Ende Opportunisten, die nur tun, was uns in irgendeiner Weise nutzt. Diese sympathische, weil realistische These ist die Grundlage aller wirtschaftlichen und gesellschaftlichen Systeme. Wenn es um das Überleben der Menschheit geht, muss dieser Nutzen im Vordergrund aller Veränderungen stehen. Irrwege können wir uns nicht leisten, da die Uhr tickt. Und dass die Entscheidungen nicht beim einzelnen Genius, sondern bei einer im vernünftigen Eigeninteresse handelnden Gemeinschaft am besten aufgehoben sind, hat der unbestreitbare Siegeszug der Demokratie gezeigt, die den Nutzen der möglichst vielen über den Nutzen einzelner Gruppen erhob.

Im Internet haben die Nutzensortierer viele Formen des Ausdrucks gefunden: Jeder kann bewerten, abstimmen, Listen erstellen, Rankings beeinflussen, Videos hoch- oder niederstimmen. Votings und Rankings sind nicht nur Tools, die besonders gut zum Internet passen, sie sind anthropologisch fundiert, indem sie den Spiel- mit dem Ordnungstrieb des Menschen versöhnen.[51] Und mit dieser kollektiven Ordnung wird auch bestimmt, was zweckdienlich ist. Ganze Systeme wie etwa die Nachrichtenaggregations-Website digg.com folgen ausschließlich dem Prinzip der Bewertung. Der Nutzen wird nicht mehr als Geheimwissen behandelt, sondern allen anderen mitgeteilt – nicht zuletzt in der wiederum sehr »opportunistischen« Erwartung, dass auch mir die Bewertung der anderen an einer bestimmten Stelle Gewinn bringen wird.

Im Delfin-Code der raschen Wahrnehmungsintegration spielt diese Komponente eine besondere Rolle, weil rasche Entscheidungen im neuen Kommunikations- und Informationssystem erforderlich sind. Die Abstimmung, die Liste, die Bewertung – sie alle dienen der schnellen Orientierung. Dies ist nichts anderes als Nutzensortierung, unerlässlich geworden angesichts der vielen globalen Veränderungen, die jeden irgendwann direkt betreffen können.

Alles geht an den Sieger!

Wer der Gemeinschaft nützliche Informationen bringt, wird dafür auch belohnt. Bloom hat an verschiedenen Gattungen von Lebewesen beobachtet, dass jenen, die »ein Kontrollvermögen über ihre aktuelle soziale und externe Umwelt aufweisen«, große Vorzüge von der Gemeinschaft eingeräumt werden, während »Individuen, deren Begabungen unwesentlich erscheinen«, abschätzig behandelt werden und am Ende in die Bedeutungslosigkeit getrieben werden.[52] Der Biochemiker nennt die,

die mehr Einfluss haben als andere, »Ressourcenschalter«.[53] Sie treiben die Entwicklung voran, treffen Entscheidungen, andere folgen ihnen. Fast 25 000 *followers* (Fans, Jünger, Abonnenten) hat der amerikanische Blogger Robert Scoble auf twitter.com – so viele Leute wollen wissen, was er gerade tut und denkt. Das ist mehr als so manche Auflage einer lokalen Ausgabe einer Tageszeitung.

Wenn es um das Überleben der Spezies geht, kann sich die Menschheit keine gravierenden Irrtümer leisten und muss daher auf falsche Zurückhaltung verzichten. Der Wettbewerb ist zu hart, und die einzelnen Gattungen nehmen keine Rücksichten auf andere, schwächere oder schlechter ausgerüstete Spezies. Charles Darwin hat in diesem Zusammenhang vom »Überleben der bestangepassten Individuen« *(survival of the fittest)* gesprochen. Er meint damit nicht plump den »Stärkeren«, sondern diejenigen, die sich am besten auf neue Lebensverhältnisse einstellen können. Er meinte auch nicht die größten Opportunisten, sondern »die unter wechselnden Umständen am besten zur Anpassung Befähigten«, wie der Biologe Jonas Salk schreibt.[54] Die Anpassung auf neue und bedrohliche Situationen ist ein Prozess von hoher Dynamik, in dem Stärke *und* Flexibilität entscheidend sind. Dies gilt sowohl innerhalb einer Spezies als auch für die Entwicklung des gesamten Lebens.

Die bestmöglichen Ergebnisse werden neben der Selektion durch die Adaption erzielt. Der Mensch ist in diesem Bereich besonders erfolgreich, weil er nützliche Eigenschaften »akkumulieren kann«.[55] Darwin erklärt, dass die Sprache den Menschen zum Sieger über den Affen gemacht hat, genauer gesagt: seine »Fähigkeit« zur Sprache! Durch den wiederholten und schließlich vererbten Gebrauch der Sprache sei die Kommunikation immer besser geworden, hätte den Menschen schließlich in die Lage versetzt, »halb kunstfertig, halb instinktiv« seine Gedanken auszudrücken. Damit hätte die Spezies den entscheidenden Vorsprung vor den Affen erwirkt.[56]

Manch einer der ersten Pioniere der Internetrevolution hat diesen Prozess der Auswahl schmerzhaft am eigenen Leib erfahren. Wenn man genau hinsieht: Vieles war in der Tat Blendwerk, Trickserei und sollte nur dem schnellen Profit dienen. Das Platzen der Internetblase ist daher viel weniger ein Zeichen der Schwäche des neuen Superhirns, sondern eindeutig ein Zeichen seiner Stärke. Was nicht taugte (oder nur vorgab, dem großen gemeinsamen Ziel zu dienen), wurde gnadenlos ausgemustert. Was jedoch überlebte, wurde stärker. Am Ende bestätigt diese These auch das englische Motto: »*The winner takes it all*« (»Der Sieger bekommt alles« – was unter anderem im amerikanischen und englischen Wahlrecht seinen Ausdruck findet). Die Großen und Erfolgreichen – Google, Amazon, eBay – haben alles richtig gemacht. Und deshalb wurden sie auch mit dem übermäßigen Lohn bedacht, von dem schon Jesus eine Vorahnung hatte, als er in Matthäus 25, 29 sagte: »Denn jedem, der hat, wird gegeben werden, wer aber nicht hat, dem wird auch genommen werden.«[57]

Für das neue Kommunikations- und Informationssystem der Menschen ist dieses Prinzip deswegen von Bedeutung, weil die vielen Menschen, die sich darauf verlassen, nicht in die Irre geschickt werden dürfen. Gerade weil das neue Superhirn so großen Einfluss im hoffentlich guten Sinn hat, darf es nicht scheitern. Es ist das wichtigste Instrument der Menschheit, um ihr Überleben zu sichern. Fehler im Echolotsystem wären verheerend. Die Gemeinschaft muss jenen folgen, die schon bewiesen haben, dass sie es richtig machen.

Der ständige Innovationsdruck

Die Etablierung des Internets als Trägermedium unseres neuen Superhirns läuft nicht ohne Konflikte ab. Jeder, der näher mit dem World Wide Web zu tun hat, weiß, wie gewaltig der ständige Druck zur Innovation ist. Auch darin entspricht unser neues Kommunikations- und Informationssystem jenen Erfahrungen, die andere Gattungen gemacht haben: Es gibt »Kämpfe innerhalb der Gruppe, die jedes kollektive Gebilde, jedes Gruppengehirn dazu zwingen, ständig frische Innovationen im Dienst des Überlebens auszubrüten«.[58] Was gestern noch avantgardistisch erschien, ist heute überholt.

Online-Dienste, die mit Millionen von Euro oder Dollar in den Markt gepresst wurden, sich aber nicht bewährt haben, verschwinden von heute auf morgen. Das Zusammenwirken von Angebot und Nachfrage spielt dabei eine wesentliche Rolle, weil die Wirtschaft das »ehrlichste« Mittel ist, um Innovationen herauszufiltern. Daher werden durch Handel und soziale Organisation jene begünstigt, »die mit zunehmend komplizierteren und feinsinnigeren Interaktionen zwischen Menschen umgehen können«.[59] »Bestraft« werden hingegen jene, »die nicht in der Lage waren, sich am Vernetzungsspiel zu beteiligen«.[60]

An dieser Stelle wird sich auch der Kampf der alten Eliten mit dem

Internet bemerkbar machen. Denn in der Geschichte der Menschheit waren stets die Politiker, Händler, Kriegshelden und Priester die größten »Virtuosen einer weitreichenden Vernetzung«.[61] Wenn ihre Werkzeuge nicht mehr funktionieren, ihre Messer nicht mehr schneiden, ihre traditionellen Seilschaften sie nicht mehr halten, haben diese Gruppen nur die Alternative, sich die Spielregeln des neuen Superhirns anzueignen – oder zu verschwinden.

Im Internet sind diese Auseinandersetzungen wohlbekannt. Die Gräben zwischen manchen Technologieunternehmen erscheinen regelrecht unüberbrückbar. (Man denke nur an den Kampf Microsoft gegen Yahoo!, als der Softwaregigant aus Seattle das Online-Portal im Frühjahr 2008 übernehmen wollte).

Im neuen Kommunikations- und Informationssystem werden sich diejenigen durchsetzen, die die neuen Spielregeln verstehen und akzeptieren. Wer den Echoraum dadurch verbessert, dass er nicht nur wirtschaftliche, politische oder persönliche Interessen verfolgt, sondern tatsächlich einen Beitrag zur Verbesserung der kollektiven sozialen Intelligenz leistet, wird seinen Platz finden. Wer nur an sich denkt, wird keine Perspektive haben.

Da es auf dem ökonomischen Sektor meist sehr schnell um die sehr handfeste Alternative von Sein oder Nichtsein geht, wollen wir uns als Nächstes folgender Frage zuwenden: Ist das Superhirn eigentlich nur eine idealistische Idee oder hat das Konzept auch einen Marktwert? Denn meist haben gesellschaftliche Entwürfe nur dann eine Bedeutung, wenn sie auch wirtschaftlich erfolgreich sind. (Wir haben das am Scheitern der eigentlich sympathischen Idee des Kommunismus gesehen.)

Für das ausgehende 20. Jahrhundert lässt sich eine dramatische Vorherrschaft der Ökonomie in allen gesellschaftlichen Bereichen feststellen. Was ökonomisch sinnvoll ist, überlebt. Die Akzeptanz der Elemente des neuen Kommunikations- und Informationssystems in der Welt von Geld, Arbeit und Handel ist entscheidend dafür, ob unser Superhirn wirklich ein Erfolg wird. Sie werden überrascht sein: Kaum ein anderer Bereich hat die Zeichen der Zeit so schnell erkannt wie die Wirtschaft selbst.

6 Die Wirtschaft denkt am schnellsten

»Eine virtuelle Innovationsagentur – von BMW?«
»Die besten antiquarischen Bücher gibt es im Internet – beim ZVAB!«
»Wie lange das gedauert hat, bis ich früher den Richtigen bei VW am Apparat hatte.«

Die große Beschleunigung

Das Wirtschaftsleben hat sich in den letzten Jahrzehnten enorm beschleunigt. Manchmal hat man das Gefühl: Je näher der Planet Richtung Abgrund rast, umso heftiger wird gekauft, verkauft, spekuliert, angepriesen, verworfen. Dies bedeutet nicht unbedingt, dass wir uns zu Tode konsumieren. Wie wir in der Geschichte sehen, ist lebhafter Handel auch immer ein Anzeichen für einen gesellschaftlichen Wandel. Indem Verbesserungen vorangetrieben werden, ist die Wirtschaft auch der Motor zivilisatorischer Schübe. Die Nutzensortierer und Ressourcenschalter sind rastlos unterwegs, auf der Suche nach neuen Wegen und neuen Räumen.

An den internationalen Finanzmärkten wird rund um die Uhr gearbeitet. Wenn in New York die Investmentbanker morgens ins Büro kommen, übernehmen sie gleichsam wie beim Staffellauf die Transaktionen ihrer europäischen Kollegen, die gerade die Taschen für den Nachhauseweg packen. In Asien sind diese wiederum frühmorgens, noch mit verschlafenen Augen, von den Börsianern beauftragt, das Beste aus den Vorgaben der Wall Street zu machen. Nicht anders sieht es bei Unternehmen aus, die immer stärker global operieren. Eine in siebzehn Ländern durchgeführte IDC-Studie (International Data Corporation) aus dem Frühjahr 2008 fand heraus, dass bereits 16 Prozent aller Arbeitnehmer dauerhaft vernetzt sind – also rund um die Uhr erreicht werden können.[1]

Der BlackBerry ist zum Echolotwerkzeug der Manager geworden: Sie könnten ihren Job gar nicht mehr anders erledigen als in der ständigen Rückkoppelung, wenigstens mit ihren Sekretariaten. Für viele ist die zwangsweise Vernetzung eine Qual, weil sie die Spielregeln der Netiquette nicht befolgen. Sie verwenden den BlackBerry nicht zur direkten Kommunikation mit anderen, sondern nur zur Erhöhung der Schlagzahl (auf) ihre am Ende oft überforderten Sekretärinnen. Und wenn sie dann unbeholfen doch mal selbst in die Tasten greifen und sich an die Außenwelt wenden, geht es oft schief: Er hätte Tage gebraucht, um einen Geschäftspartner nach einer misslungenen E-Mail, die schnell am Flughafen in den BlackBerry gehackt wurde, wieder zu beruhigen, klagte mir neulich ein amerikanischer Freund: »Eine E-Mail kann zur Waffe werden, auch wenn du es gar nicht willst.«

Unabhängig von unsachgemäßer Bedienung: Die neue Technologie hat die Wirkung der Finanzmärkte ungeheuerlich beschleunigt, und damit auch den Anteil der mit Geld verbundenen kriminellen Machenschaften vergrößert. Dubiose Praktiken können leichter als früher in der weltweiten Unübersichtlichkeit getarnt werden. Die stets steigende Komplexität erhöht die Bereitschaft zu höherem Risiko. Die Finanzkrise im Jahr 2007 – Folge eines Zusammenbruchs des amerikanischen Hypothekensystems – hat einen rechts- und moralfreien Raum offengelegt. Und gezeigt, wie real globale Bedrohungen für jeden sind. Die vergifteten Kinderspielsachen aus China schreckten alle auf, die meinten, man könne sich abschotten. Das Internet und die dadurch möglichen globalen Verflechtungen haben tatsächlich strafbare Aktivitäten begünstigt.

Vermutlich werden wir beim Gebrauch unseres Superhirns noch einige Fehler machen. So wie ein kleines Kind nicht weiß, dass eine heiße Herdplatte ziemlich schmerzhaft sein kann, so müssen auch wir erst lernen, die neuen Möglichkeiten richtig anzuwenden. Vor allem aber müssen wir jene Werkzeuge weiterentwickeln, die dabei helfen, unseren Delfin-Code als Waffe einzusetzen, um gegen Angriffe der eigenen Spezies gewappnet zu sein. Bei dem Desaster mit den amerikanischen Krediten hat unser traditionelles Informations- und Kommunikationssystem versagt (Wirtschaftsmedien und Finanzaufsichten haben geschlafen). Fazit: Wir müssen noch besser, schneller, universeller werden, noch zielgerichteter tasten, möglichst alle dunklen Ecken in unserem Echolotraum ausleuchten.

Das Internet ist schließlich genau dazu da. Schon heute ist beispielsweise der Einkauf über das World Wide Web zum Standard geworden, die Zahl der Menschen, die täglich zu den Online-Käufern stößt, steigt täglich. Der Konsument ist zum König geworden, weil er mit der delfinischen Spürnase faktisch alles findet, was er braucht. Preisvergleiche machen auf den ersten Blick klar, wo man ein Produkt am billigsten bekommen kann. Je mehr dies geschieht, desto größer wird der Druck auf die Unternehmen, schneller, billiger, besser und mehr zu produzieren. Der Kunde ist nicht mehr auf den legendären Staubsaugervertreter angewiesen, der ihm ein Produkt aufschwatzt. Er informiert sich bis ins letzte Detail, bevor er kauft. Er teilt diese Informationen mit anderen und beeinflusst wiederum deren Kaufentscheidung: »Der Kauf eines Fernsehgerätes, die Wahl eines Arztes, der Wechsel des Stromlieferanten – kein anderes Medium beeinflusst die Entscheidungen europäischer Konsumenten so stark wie das Internet«, schreibt Holger Schmidt in seinem *FAZ*-Blog.[2] Die Bücherrezensionen von Käufern auf Amazon sind bereits derart wichtig geworden, dass Autoren versuchen, ihre eigenen Werke anonym zu rezensieren. Interessanterweise hat dieser Missbrauch jedoch nicht dazu geführt, dass das ganze System zerstört wird. Die Herde macht jene ausfindig, die manipulieren wollen; das Echolot-System hat ein feines Sensorium für falsche Töne.

Die Käufer lassen der Ökonomie also im Prinzip keine Wahl: Sie erhöhen den Druck ständig und zwingen die Wirtschaft, sich den immer neuen Anforderungen immer neu zu stellen. Und siehe da: Sie hat in bemerkenswerter Schnelligkeit und in erstaunlicher Unaufgeregtheit Methoden entwickelt, wie sie Probleme nicht nur lösen, sondern sogar zu ihrem Vorteil umwandeln kann. Sie hat neue Prioritäten definiert, unbrauchbare Ideologien über Bord geworfen und Statussymbole geschliffen. Es ist nicht mehr wichtig, als Firmeninhaber selbst Fabrikgebäude zu besitzen. Entscheidend ist, dass schnell, kreativ und innovativ produziert wird – wo und von wem auch immer. Geografische Grenzen sind kein Hindernis mehr. Firmen schließen sich zusammen und betreiben Produktionsstätten gemeinsam.

Wie die Betreiber der Open-Source-Bewegung für den Softwarebereich, entdeckte die Wirtschaft, dass Kollaboration und Verteilung der globalen Last auf viele Schultern der Schlüssel zum Erfolg sind. Nicht die Lohnabhängigkeit des Arbeiters ist der beste Garant für Gewinn, sondern die Chance, über möglichst viele Ressourcen äußerst flexibel zu verfügen. Am effizientesten sind Menschen nicht, wenn sie nach der Stechuhr arbeiten müssen. Sie sind es, wenn sie ihre eigenen individuellen Stärken möglichst frei und unabhängig einbringen können, wenn sie echte Verantwortung übertragen bekommen. »*Small is beautiful*«, lautete in den Achtzigerjahren ein Slogan, eine Art Gegenentwurf zu dem herrschenden Modell, das allein Größe propagierte.[3] Seit einigen Jahren hat sich gezeigt, dass kleine und individuelle Produktionseinheiten, auch in Großunternehmen, einen besseren Nutzengewinn vorweisen als diktatorisch geführte Megastrukturen.

Wikinomics oder die neuen Regeln

Die amerikanischen Ökonomen Anthony D. Williams und Don Tapscott haben diesen Prozess in ihrem bemerkenswerten Buch *Wikinomics* anschaulich geschildert.[4] Nach ihren Beobachtungen sind es einige Prinzipien, die das Wirtschaftsleben fundamental verändern – und die direkt von jenen Grundsätzen abgeleitet werden können, die das Funktionieren des Superhirns bestimmen: Offenheit, Kollaboration, Outsourcing und die Beteiligung der Kunden am Erstellen der Produkte entsprechen jenen Rückkoppelungsprozessen, die wir schon bei den Delfinen kennengelernt haben. Die Resultate dieser Entwicklung sind neuartige, alternative Produktionsmethoden, die heute und in Zukunft bestimmen, wie die Wirtschaft funktioniert. Die grundlegende Offenheit hat sich im Übrigen schon oft in der Geschichte als großer Vorteil für die Wirtschaft erwiesen, wie der amerikanische Soziologe und Computerwissenschaftler John Henry Clippinger für den »sozialen Handel« im Florenz der Renaissance nachweist.[5]

Mit dem Internet ist dies natürlich in ganz anderem Maßstab möglich als zu früheren Zeiten. Die Produkte werden nicht mehr als Ganzes von einem Hersteller erzeugt, sondern in ihre kleinstmöglichen Einzelteile zerlegt und in losen Zusammenschlüssen von vielen verschiedenen Klein- und Kleinsteinheiten produziert. Ideen werden weltweit ausgetauscht, Verbesserungen und Innovationen kommen von überall her, unabhängig von Herkunft, Nationalität, Hautfarbe oder Klassenzugehörigkeit. Mehr als 175 000 Wissenschaftler aus 175 Ländern arbeiten in ihrer

Freizeit (gegen Bezahlung) über das Innovationsnetzwerk InnoCentive zusammen. Die Kunden, für die sie Lösungen erarbeiten, sind unter anderem Boeing, Dow Novartis und der Konsumgüterkonzern Procter & Gamble (P&G). P&G ist sogar noch einen Schritt weiter gegangen: Einst war die Firma für ihre extreme Verschlossenheit bekannt – bis eine interne Untersuchung in den späten Neunzigerjahren herausfand, dass man 1,5 Milliarden Dollar für Patente ausgab, jedoch nur zehn Prozent der Erfindungen auch nutzte. Ein radikaler Kurswechsel folgte: Damit wertvolle menschliche Geistesarbeit nicht einfach verschwand, öffnete P&G seine Patente. Jede andere Firma kann nun diese Patente lizenzieren und in dem Bereich ein Geschäft aufbauen, in dem P&G nicht tätig ist. Auch General Electric schwenkte nach Jahren der Arroganz auf diese nur durch das Internet mögliche Idee ein.

Und wie schon in der Science-Community gesehen, werden auch in der Wirtschaft Forschung und Entwicklung weltweit gemeinsam betrieben. Universitätswissenschaftler arbeiten grenzüberschreitend mit Firmen zusammen, das sogenannte »Lab« (Kurzform für »Laboratorium«) ist zum Pflichtelement jedes Unternehmens geworden. Dort geht es nicht um die geschlossene Forschungsgesellschaften, sondern um das Auskundschaften von Möglichkeiten, wie jeder einzelne Betrieb seinen Delfin-Code möglichst gut entwickeln kann. Man dockt an anderen an, tastet sich zeitgleich durch unbekanntes Terrain, schafft eine kollektive Wahrnehmungsintegration. Ökonomische Inseln? Ihre Zeit ist vorbei.

Natürlich gibt es unter jenen, die die Entwicklung des Superhirns vorantreiben, auch Kämpfe. Sie werden zum Teil erbittert und mit harten Bandagen geführt. Es geht ja um viel. Eine neue soziale Intelligenz soll entwickelt werden. Daher wird innerhalb der Gruppe der Reformer beständig um die besten Innovationen und deren Durchsetzung gewetteifert. Weil es dabei um viel Geld geht, sind diese Auseinandersetzungen nicht nur sportlicher Wettbewerb um die besten Lösungen für die Zukunft. Es geht auch um so profane Dinge wie erfolgreiche Investments oder gutes Geld für Gründer und Manager.

Die Kämpfe zwischen Microsoft, Facebook, Google und Yahoo!, die wir in den Jahren 2007 und 2008 beobachten konnten, spiegeln wider, was bei der Entwicklung des neuen Superhirns vonstattengehen wird. Bemerkenswert ist, dass sich das Unternehmen Google ein Motto gegeben hat, das geradezu wie ein kategorischer Imperativ klingt: *»Don't do evil!«*, »Tue nichts Böses!«. Die Tatsache, dass diese Selbstverpflichtung immer eingefordert werden kann[6], ist ein Wert an sich und macht klar, dass die Gründer wissen: Wir haben eine höhere moralische Verpflichtung als normale Unternehmen. Auch wenn ein solcher Imperativ nicht mit Sanktionen verbunden ist, bindet er die Mitarbeiter doch ideell. Etwas bleibt hängen von dem hohen Anspruch – und sei es nur das schlechte Gewissen, wenn man ihm einmal nicht gerecht wurde.

Wir werden uns später noch ausführlich mit der Frage der Moral im neuen Superhirn beschäftigen. Fassen wir hier zusammen, was sich für die Wirtschaft ändert: Arbeit wird von überall für überall gemacht. Der Ort, an dem etwas produziert wird, spielt überhaupt keine Rolle mehr. Das Internet ermöglicht die perfekte Produktionssteuerung und Kundenbetreuung. Das hat auch Folgen für traditionelle Wirtschaftszweige: In der chinesischen Stadt Chongqin steht ein Werk, in dem Motorräder gebaut werden. Für die Chinesen? Mitnichten: 700 000 Motorräder für eine Kundschaft aus 112 Ländern verlassen jährlich die Fertigungsstraßen.

Das World Wide Web hat als schnelle und universale Technologie die Wertesysteme und Handlungsweisen der Menschen mehr verändert als jede andere Innovation zuvor. Die Welt läuft kaum noch so, wie wir es über Hunderte von Jahren gewohnt waren. Hierarchien und Machtapparate sind nicht mehr entscheidend für das beste Produkt und die beste Produktion, sondern das Zusammenwirken möglichst vieler. Geistiges Eigentum wird nicht mehr hinter intellektuellen Betonwänden versteckt, sondern geteilt und gemeinsam gemehrt. Dadurch ändern sich nicht nur Abläufe, sondern auch unser Denken. Und selbst dort, wo man es nicht erwartet, begegnen wir dem neuen Geist der Kollaboration.

Automobilzulieferer als Motoren der Erneuerung

Nicht nur Internetfirmen, auch »Mainstream«-Branchen benutzen das Superhirn bereits nach Kräften. Im 21. Jahrhundert erkannte der Automobilkonzern BMW als einer der Ersten den unschätzbaren Wert des weltweiten Netzes für die Produktgestaltung: Zwar werden die wichtigsten Elemente immer noch von Ingenieuren entworfen. Bevor sie endgültig umgesetzt werden, versammelt man aber zuerst potenzielle Käufer.

Bei speziellen Produkten wie etwa einem Navigationssystem sollen diese ihr eigenes Design vorschlagen. Dazu betreibt das Unternehmen auf seiner Website eine hochprofessionelle »Virtuelle Innovations-Agentur« (VIA). Fachleute werden eingeladen, eine »aussagefähige technische Beschreibung Ihres außergewöhnlichen Vorschlags« einzureichen.[7] Diese Form der Beteiligung ist etwas völlig anderes, als die oft zu Recht getadelte Ausnutzung von freiwilliger, unbezahlter Mitarbeit, wie sie im Internet von manchen Unternehmen vor allem im Medienbereich zur Kostensenkung praktiziert wird. Bei der BMW Group werden professionelle Ressourcen genutzt, die der Konzern ohne das Internet nie gefunden hätte.

Williams und Tapscott zur Internetphilosophie der Bayerischen Motoren Werke: »BMW schätzt, dass etwa 90 Prozent der zukünftigen Innovationen aus den Bereichen Elektronik und Software kommen werden. Es verwundert daher wenig, dass sich das Unternehmen als Automarke sieht, in die ein ganzes Set von Design und Software eingebettet ist.«[8] Die beiden Autoren zitieren für ihren Erklärungsansatz BMW-Entwicklungschef Burkhard Goeschel: »Es wäre fatal, diese Gebiete nicht als Kernkompetenz von BMW zu betrachten.«[9] Deswegen wird BMW jedoch nicht mehr Programmierer beschäftigen, im Gegenteil. Der Autohersteller konzentriert sich auf das Konzept und das Design: »Alles im Wageninneren wird outgesourct und durch die eine oder andere Form der Kollaboration hergestellt.«[10]

Die Automobilindustrie ist einer der wichtigsten Bereiche des deutschen Wirtschaftslebens mit Millionen von beschäftigten Arbeitnehmern.[11] Sie sei einer der »Globalisierungsgewinner«, stellt das Wissenschaftliche Zentrum für Sozialforschung im Jahr 2007 fest.[12] Dieser Erfolg hat auch die Zulieferer zu einem radikalen Wandel gezwungen. Jeder Auftrag wird weltweit ausgeschrieben. Jede Firma kann sich über das Internet bewerben, egal, ob sie in Indien, Polen oder Brasilien sitzt. Die Autohersteller haben längst ein ausgeklügeltes System entwickelt, wie sie die Qualität sicherstellen können und wie reine »Preistreiber«, die jedoch minderwertige Ware liefern, am Ende keine Chance haben, einen Auftrag zu erhalten.

Für die kleinen und mittleren Zulieferbetriebe ist es daher von größter Bedeutung, sich auf die geänderten Rahmenbedingungen einzustellen. Die Klagen der Mittelständler aus Deutschland beispielsweise waren anfangs laut und vernehmlich. In der Tat haben sie als Erste zu spüren bekommen, dass durch das neue Kommunikations- und Informationssystem Anpassung und Flexibilität zu den höchsten Tugenden geworden sind. Keine Nische ist mehr geschützt, erworbene Verdienste sind vergänglich, die Leistungen müssen täglich neu unter Beweis gestellt werden.

Interessanterweise sehen die Arbeitnehmer den Zusammenhang zwischen der neuen Technologie und ihrer Realität noch nicht in dem Maße, in dem er tatsächlich schon vorhanden ist. In einer Studie von Capgemini Consulting unter vierundvierzig Unternehmen der Automobilzuliefererindustrie gaben im Jahr 2006 drei Viertel der Befragten an, dass die Internationalisierung gravierende Veränderungen für das Unternehmen gebracht hätten, wobei nur 20 Prozent der Mitarbeiter IT-Innovationen als Ursache für den Wandel nennen. Und trotz aller Möglichkeiten verlaufen die Absprachen weiterhin ziemlich herkömmlich: »In Einkauf und Logistik beispielsweise halten immer noch 67 Prozent der Befragten das Telefon für das wichtigste Kommunikationsinstrument für die Abstimmung mit Partnern.«[13] Allerdings ist den meisten bewusst, dass die Branche vor einschneidenden Transformationen steht: 88 Prozent gingen davon aus, dass in den kommenden Jahren die technologische Integration aller Arbeitsabläufe die höchste Priorität habe.[14]

Keiner kann sich mehr auf erworbenen Verdiensten ausruhen. Im Grunde steht jedes Unternehmen im Wettbewerb mit allen anderen auf der Welt. Stefan Brüninghaus, Gesellschafter und Abteilungsleiter für die Großserienfertigung der 1889 gegründeten Firma Brüninghaus und Drissner, einem Press-, Stanz- und Ziehwerk im nordrhein-westfälischen Hilden, beschreibt, wie stark vor allem der Preisdruck ist: »Du wirst heute zugebombt mit Anfragen über das Internet. Ich habe den Verdacht, dass es ausschließlich nur noch darum geht, einen günstigen Preis zu bekommen. Qualität ist nicht gefragt.«[15]

Brüninghaus schildert, wie dramatisch sich die Arbeitsabläufe in der Automobilzuliefererindustrie geändert haben. Früher fertigte man einen Prototypen jenes Teils an, das man produzieren lassen wollte, und fuhr damit die möglichen Lieferanten in der Umgebung ab, um das beste Angebot einzuholen. Heute wird ein solcher Auftrag von Brüninghaus als 3D-Abbildung im Netz ausgeschrieben oder per E-Mail an Hunderte von möglichen Lieferanten geschickt.

Die Konkurrenz sei durch das Internet größer geworden, sagt Brüninghaus weiter. Er sieht aber auch die Chancen für das seit vier Generationen bestehende Familienunternehmen: Alle Beteiligten hätten einen direkten Zugriff auf Logistik, Produktion, Materiallieferung oder Verpackung: »Früher rief man bei VW in Wolfsburg an und musste erst einmal ewig verbunden werden, bis man den Richtigen am Apparat hatte.« Zudem komme man mit Auftraggebern in Kontakt, die man sonst nie im Leben getroffen hätte.

Um Firmen bei diesem komplizierten Umstellungsprozess zu helfen, gibt es Labore des Superhirns, die das neue Informations- und Kommunikationssystem nutzen, um anderen mit ihrem Echolotsystem, ihrem siebten Sinn, aus der Sackgasse zu helfen. Etwa die Firma SupplyOn AG, einer der weltweit führenden Anbieter von Internetservices für die Automobil- und Fertigungsindustrie. Das Unternehmen wurde im Jahr 2000 gegründet und bietet via Netz Lösungen für eine effiziente Gestaltung von Geschäftsprozessen im Einkauf und Vertrieb sowie in der Logistik, in der Produktentwicklung und im Qualitätsmanagement. Auftraggeber können über SupplyOn ihre Lieferanten »managen«, sie können deren Lieferleistung im Auge behalten, Aufträge ausschreiben und erteilen, Reklamationen und die Qualitätssicherung abwickeln. Das Besondere an SupplyOn ist, dass es als einziges System alle Prozesse im Verhältnis zwischen Kunde und Lieferant standardisiert abbildet und auf einer Plattform vereint.

Früher gab es den »8D-Report«, einen Standardprozess für Reklamationen, der in acht Schritten erfolgte – und zwar auf Papier. Man kann sich vorstellen, was bei diesem Verfahren alles danebenging. Cornelia Staib, Pressesprecherin von SupplyOn: »Oft wurden Dokumente hin und her geschickt, der aktuelle Stand war nie transparent, und nicht jeder hatte Zugriff auf alle Daten.«[16] Automatisch wird nun durch SupplyOn daran erinnert, wann eine Deadline überschritten ist. Und was noch offen ist, zeigt eine ToDo-Liste an, der Prozess wird bis zum Ende durchstrukturiert, nichts gerät in Vergessenheit.

Die Verfahren, die SupplyOn abbildet, wurden gemeinsam mit den Automobilfirmen aufgesetzt. Doch sie können genauso auf jedes andere Unternehmen der fertigenden Industrie angewendet werden, auf jeden Betrieb, der mit vielen Zulieferern arbeitet.

Der österreichische Ökonom Joseph Schumpeter hat schon zu Beginn des vergangenen Jahrhunderts aufgezeigt, wie wichtig es sein kann, bestimmte eingefahrene Wege zu verlassen und sich einer radikalen Erneuerung zu verschreiben. Schumpeter hat in diesem Zusammenhang von einer Kraft der »kreativen Zerstörung« gesprochen und gezeigt, dass kein Unternehmen damit rechnen kann, ewig zu bestehen, sei es noch so angesehen oder erfolgreich.[17] Das Superhirn als Raum für das neue Informations- und Kommunikationssystem der Menschheit bietet besondere Möglichkeiten für die sogenannten Entrepreneure, für jene Leute, die auf eigenes Risiko Unternehmen gründen, in unbekannte Bereiche vorstoßen, neue Kontinente entdecken.

Auf diese Weise können völlig neue Geschäfte aufgebaut werden – selbst in Segmenten, in denen man das gar nicht erwarten würde. Antiquarische Bücher zum Beispiel: »Mich faszinierten sofort die vielen Möglichkeiten, die sich durch eine weltweite Vernetzung auftaten«, sagt Bernd Heinisch, der mit dem ZVAB (Zentrales Verzeichnis Antiquarischer Bücher) einen äußerst erfolgreichen Internetmarktplatz für antiquarische Bücher etablierte.[18] Auf diese Weise ist es möglich geworden, Werke zu finden, die es in einem klassischen Buchhandel schon längst nicht mehr gibt. Wir erinnern uns an die Bibliothekare als Schrittmacher bei der Entwicklung des Superhirns. Nun können wir also auch noch die Antiquare hinzuzählen – eine in der Tat phänomenale Entwicklung.

Handeln, um zu bewegen

Dass der Kreativität im Netz keine Grenzen gesetzt sind, liegt vor allem an den Konsumenten. Sie diktieren das Tempo. Sie wollen alles, finden alles, kaufen alles. Der Online-Handel boomt: Im Jahr 2006 haben fast vierunddreißig Millionen Deutsche Bücher, Eintrittskarten, CDs oder Modeartikel über das Internet eingekauft, Flugreisen und Hotelaufenthalte gebucht. Jeder fünfte Deutsche hat so den globalen Kreislauf beschleunigt, indem er Geld in die große Antriebsmaschine Internet gepumpt hat. eBay, die Tauschbörse, ist in keinem anderen Land außer den USA erfolgreicher als in Deutschland. Ein Fünftel der gesamten online verbrachten Zeit tummeln sich die Deutschen auf eBay[19], das damit im virtuellen Bereich die Erfolge der Flohmärkte fortsetzt.

Doch wer garantiert uns, dass dieses neue Kommunikations- und Informationssystem tatsächlich zum Wohl der Menschheit eingesetzt wird und nicht zur deren Manipulation oder Vernichtung? Was, wenn dieses Superhirn ein Monster ist, das uns auf unvorstellbare Weise in die Irre führt? Wenn wir uns unseren eigenen Megakiller heranzüchten, die ultimativ böse Maschine? Haben wir uns mit dem Internet einen neuen Golem gebaut, jenes jüdische Fabelwesen, bei dem die Worte Wahrheit und Tod in erschreckender Weise ineinander übergehen? Sind wir die Zauberlehrlinge, die von ihren eigenen Schöpfungen überrannt werden? Was, wenn das World Wide Web »eher der Schlund eines Barracuda denn ein Metaintellekt« ist?[20] Geben wir mit diesem Netz, in dem jeder seine Signale aussenden kann, nicht gerade der unberechenbaren »Masse« die Macht über unser Leben – und damit die Macht über das Wohl und Wehe der Menschheit?

7 Vernunft und Ethik einer Gesellschaft mit Superhirn

»Die Masse schätzte den Ochsen auf 1197 Pfund. Tatsächlich wog er 1198 Pfund.«
»Mit den Füßen abgestimmt.«
»Intellipedia (betrieben von der CIA)«
»Wir müssen mit dem Feuer spielen!«
»Sex – und Russen, Chinesen, Amerikaner und Spanier machen mit.«

Es geht ums Ganze: Tod oder Leben?

Sämtliches Leben ist zwischen zwei Pole eingespannt: Kampf und Harmonie, Abgrenzung und Einheit, Innen und Außen, Yin und Yang. Der Einzelne will besser sein als die anderen und sucht zugleich deren Solidarität. Wir überlisten einander und spüren doch das unsichtbare Band, durch das wir aneinander gekettet sind. Wir morden, um zu überleben. Wir sorgen für unsere Kinder, um zu überleben. Selbst unsere individuellen Gehirnhälften bilden diese Spannung ab. Mit der linken denken wir logisch, mit der rechten musizieren wir. Wie der Einzelne, so ist auch die Gattung von diesen beiden Polen geprägt. Um eine globale Balance zu finden müssen wir uns fragen: Wie sind Vernunft und Ethik in einer Gesellschaft mit einem Superhirn beschaffen? Wie werden die Interessen des Einzelnen mit denen der Gemeinschaft abgeglichen? Sind Kampf und Harmonie unüberwindbare Antagonismen oder zwei Seiten ein und derselben Medaille?

Seit unvordenklichen Zeiten entwickeln Lebewesen Formen der sozialen Intelligenz. Das menschliche Superhirn ist im Grunde nichts Neues, es ist »eine Phase der unaufhörlichen Evolution vernetzter Intelligenz«[1]. Sie ist, so schreibt Howard Bloom, kein Produkt des ausgehenden 20. Jahrhunderts, sondern »ein fünfzehn Milliarden altes Erbe der Natur«.[2]

Was können wir von diesem Naturerbe lernen? Wozu verwenden die verschiedenen Lebewesen ihre soziale Intelligenz? Dient ihnen ihr Superhirn zur Verbesserung der Gattung? Oder schalten die Individuen es vornehmlich ein, wenn sie sich größere Vorteile innerhalb der Gemeinschaft verschaffen wollen? Was wird durch die Vernetzung gestärkt: der Egoismus oder das Wohlergehen der Gattung?

Die Delfine, deren Echolotsystem in diesem Buch als »Vorbild« für die Entwicklung des menschlichen Superhirns verwendet wird, entwickelten ihr Kommunikations- und Informationssystem nicht, um sich gegenseitig zu vernichten. Es wurde nie dazu benutzt, Selektionskriege innerhalb der Spezies besser zu orchestrieren – unabhängig von der Überlegenheit einzelner Tiere. Stattdessen ist es eine vernetzte Form des Denken und Handelns, bei dem das Wohl des Einzelnen fast untrennbar mit dem der Gemeinschaft verbunden ist.

Die Evolution der Delfine ist ein eindrucksvolles Beispiel für die Möglichkeiten einer Gattung, dem Prinzip der Harmonie den Vorzug vor dem Kriegerischen zu geben.[3] Der griechische Philosoph Plutarch bezeichnete die Delfine als die einzigen Lebewesen, die »Freundschaft ohne Berechnung« praktizierten.[4] Er nahm sie als Ideal für die Philosophen, von denen die Menschheit genau dies erwarte – auf dass sich die Philosophen von den gewöhnlichen Menschen unterscheiden, die in ihrem Kampf ums Überleben wenig Rücksicht auf andere zu nehmen pflegen.

So sehr der Kampf die Entwicklung allen Lebens geprägt hat, so wichtig ist auch die Interaktion der Lebewesen untereinander gewesen. Wir haben bei Darwin gesehen, dass es bei dem »Überleben der bestangepassten Individuen« nicht um das platte Recht des Stärkeren geht, sondern um die Fähigkeit, sich auf neue Gegebenheiten besser einzustellen. Je mehr wir über die Geschichte des Lebens wissen, desto mehr können wir an dem von verschiedenen Evolutionstheoretikern vertretenen Konzept der »individuellen Selektion« als zentralem Ordnungsprinzip zweifeln: Sie behaupten, dass jedes tierische und menschliche Verhalten das Ergebnis der genetischen Habgier ist.[5] In diesem Konzept gilt: »Selbst die offensichtlichste aufopfernde Tat ist das Ergebnis einer verborgenen Kosten-Nutzen-Rechnung.«[6] Demnach erlauben unsere Gene keine andere Motivation als den blanken Egoismus, der sich höchstens hin und wieder eine soziale Maske aufsetzt, um am Ende aber noch effizienter dem Interesse des Einzelnen zu dienen.

Anders wird dies von Wissenschaftlern gesehen, die den Gedanken der »Gruppenselektion« für plausibler halten. Ihnen zufolge gibt es im Tierreich nämlich genügend Beispiele, in denen das Individuum sehr wohl bereit ist, im Interesse des Überlebens der gesamten Gruppe auf die Durchsetzung egoistischer Vorteile zu verzichten. Lange Zeit war es nämlich für die Forscher ein Rätsel, dass beispielsweise die Arbeitsbienen ihre Reproduktionsansprüche geopfert hätten, um ihrer Königin zu dienen – ein unerklärliches Phänomen, wenn Egoismus die einzige Regel ist. Als nun nachgewiesen wurde, dass die Arbeitsbienen dieselben Gene wie ihre Königin besitzen, schien wieder alles ins egoistische Konzept zu passen: Die einzelne Arbeitsbiene ignoriert eben nur »scheinbar« ihre eigenen Bedürfnisse. Im Grund ist es ein- und dasselbe Gen, das nach Vollkommenheit strebt. Das Gen hält sozusagen alle an der Leine und bestimmt, was für dieses gut ist. Da muss sich dann schon mal eine Biene für den höheren Zweck opfern. Wenige Jahrzehnte später wurde jedoch entdeckt, dass es sehr wohl erhebliche genetischen Unterschiede zwischen den einzelnen Tieren gab. Die Individuen tun Gutes, obwohl sie sich von ihren Artgenossen unterscheiden. Die genetischen Fernsteuerung ist nicht die einzige Triebfeder des Lebens.

Des Rätsels Lösung: Die Zugehörigkeit zur Gemeinschaft erhöht bei Gruppentieren wie den Menschen die Überlebenschance des Einzelnen. Die Präsenz der anderen in unserem Kopf (und unsere in deren) verbessert sowohl die Lebensgrundlagen des Individuums wie auch der Spezies. Die romantische Illusion von einem Denker, der wie auf einem Caspar-David-Friedrich-Gemälde vor den Nebelschwaden auf einem Berg in der Morgendämmerung steht und nach Jahren der Einsamkeit endlich erkennt, was die Welt im Innersten zusammenhält, ist Mumpitz. Es wird diese Erkenntnis nie geben, und am wenigsten dann, wenn sich ein »Genie« im Kämmerlein einsperrt und auf den Geistesblitz wartet. Der Mensch ist viel weniger vertikal, als horizontal begabt. Er braucht, um zu überleben, keinen Meister oder gar Führer. Er braucht stattdessen alle anderen, oder aber möglichst viele von ihnen.

Wie zahlreiche Experimente an Tieren bewiesen haben, führt die Isolation des Individuums zu »Depressionen, einer Schwächung des Immunsystems und zur Unfähigkeit, Fluchtwege zu sehen oder zu benutzen«.[7] Untersuchungen an depressiven Menschen haben gezeigt, wie sehr unser eigenes Verhalten auf die Außenwelt wirkt, und wie sehr diese wiederum dann auf unser Verhalten reagiert – möglicherweise zu unserem Schaden. Kranke, die sich unzugänglich, unwirsch und abwehrend zeigten, wurden von Ärzten und Verwandten gemieden. Die Folge: Gerade jene, die die meiste Hilfe brauchten, wurden vernachlässigt. Dagegen waren jene Patienten, die eine große Anzahl von Freunden und Verwandten hatten, stets freundlich und heiter. Die Ärzte kamen gern zu ihnen und schenkten ihnen mehr Aufmerksamkeit. Ihre Behandlung war intensiver und am Ende erfolgreicher. Die »freundlichen« Patienten bekamen Hilfe und waren weniger selbstmordgefährdet als die abweisenden.

Das bedeutet: Wenn wir aus unseren sozialen Verbindungen herausgelöst werden, wird es gefährlich. Die Isolation nützt niemandem. Unser soziales Netz hält uns am sichersten. Selbstzerstörung ist demnach weniger eine Frage einer freien Entscheidung, sondern eine Folge von Mechanismen, deren Aktivierung nicht das Individuum beschließt, sondern die Umwelt mit ihm gemeinsam. Der amerikanische Evolutionsbiologe David Sloane Wilson, der die Perspektive der Gruppenselektion unterstützt, hat dieses Phänomen im Rahmen einer Forschungsarbeit zu folgender Schlussfolgerung verdichtet: »Eine Gruppe löst Probleme normalerweise besser als die einzelnen in ihr lebenden Individuen.«[8]

Mit der Entwicklung eines neuen Informations- und Kommunikationssystems bietet sich die Chance, unsere Problemlösungskapazität dramatisch zu verbessern. Wir sind in der Lage, das Schicksal des Einzelnen mit dem der Menschheit zu verknüpfen. Wir informieren jedes Individuum wie es uns informiert. Dies geschieht in einem abtastenden, sich ständig austauschenden Prozess. Jeder beteiligt sich an der Lösung der Probleme und wird zugleich über eine Gesamtlösung benachrichtigt. Diese erfolgt nicht als »Donnerschlag«, sondern in ständiger Anpassung an die Gegebenheiten. Wir gehen wie die Delfine vor. Und weil die Wahrnehmungsintegration immer schneller und effizienter wird, lernen wir, dass das Wohlergehen des anderen unser eigenes steigert. Aber es funktioniert auch umgekehrt: Der Schaden, den der andere erleidet, ist zugleich unser eigener.

Die Verdichtung der Wahrnehmung ist nichts anderes als die Weiterentwicklung jenes Kommunikations- und Informationssystems, das mit der menschlichen Sprache geschaffen wurde. Erst durch sie kann sich, so der Soziologe Jürgen Habermas, das menschliche Bewusstsein aus dem Alleinsein befreien. Erst durch Sprache erkennen wir den anderen, anerkennen und verstehen wir ihn. Habermas spricht in diesem Zusammenhang von der »kommunikativen Rationalität«.[9]

Niklas Luhmann, der Begründer der soziologischen Systemtheorie, hat den Gegenentwurf dazu vorgelegt. Er glaubt, dass der Impuls von der Gruppe als der übergeordneten Einheit ausgeht. Die Gesellschaft sei ein System, das aus Kommunikation besteht. Und wie alle sozialen Systeme konstituiert sie sich ausschließlich aus Kommunikation, es gibt überhaupt keine andere Weise der Verständigung.[10]

Wir können uns an dieser Stelle aus dem philosophischen Grundsatzstreit heraushalten und getrost sagen: »Beide haben recht.« Wir sprechen, also sind wir. Wir hören zu, also werden wir. Wie bei der Synapsenbildung beschrieben, wird die individuelle Intelligenz durch die soziale Intelligenz befördert. Zugleich entsteht die soziale Intelligenz nur, indem möglichst jeder mit seiner individuellen Intelligenz zu ihr beiträgt. Was war zuerst da? Die Henne oder das Ei?

Das ist für die Frage, ob unser neues Superhirn eher ein Killer oder ein Retter ist, ziemlich unerheblich. Uns interessiert der Blick nach vorn: Welche Möglichkeit ist wahrscheinlicher? Siegt das Böse oder das Gute? Der südamerikanische Volksstamm der Yanomami zum Beispiel ehrt am meisten jene in ihrer Gesellschaft, die sich als grimmige Mörder hervorgetan haben. Wer mehr Feinde abgeschlachtet hat, bekommt die schönsten und meisten Frauen – und damit eine Menge Kinder. Die Weicheier werden geächtet. Bei den Inuit (Eskimos) gilt das genaue Gegenteil: Jede Aggression ist verpönt, selbst Wutausbrüche werden für nicht gesellschaftsfähig erklärt. Wer zu leicht die Fassung verliert, hat Schwierigkeiten, überhaupt eine Frau zu finden. Mord ist kein Thema in dieser Gesellschaft.

Es ist also offenbar eine Frage der Erziehung, der Kultur, des gesellschaftlichen und geografischen Umfelds, ob das Pendel am Ende in Richtung Krieg oder Frieden, Gewalt oder Liebe, Freundschaft oder Hass ausschlägt. Entschieden wird dies am Ende aber nicht von religiösen Führen, Intellektuellen oder politischen Gremien, sondern von der Menschheit als Ganzes.

Die vernünftige Masse und die dummen Experten

In seinem Buch *Die Weisheit der Vielen* erzählt der amerikanische Wirtschaftsjournalist James Surowiecki die Geschichte eines bemerkenswerten Experiments, welches der britische Gelehrte und Naturforscher Francis Galton im Jahr 1906 im englischen Plymouth durchführte.[11] Galton war ein anerkannter Statistiker und zugleich ein gefürchteter Menschenverächter. Er war der Meinung, dass die Führung des Staatswesens immer nur in den Händen einiger weniger liegen sollte, weil die Masse minderwertig sei – eine sehr britische Hochnäsigkeit also. An einem Morgen in Plymouth wollte Galton wieder einmal statistische Daten sammeln, um zu beweisen, wie dumm die Masse sei. Sein Ziel war die jährliche Vieh- und Geflügelschau, zu der sich so ziemlich alle Bewohner von Plymouth versammelten.

Einer der Höhepunkte der Ausstellung war eine Wette: Das Gewicht eines besonders imposanten Ochsen musste erraten werden. Dazu kaufte jeder, der an dem Ratespiel teilnehmen wollte, einen Wettschein, schrieb seine Schätzung auf diesen und gab den Zettel ab. Viele Bauern und Fleischer, die über besondere Kenntnisse hinsichtlich eines Ochsen verfügten, beteiligten sich an diesem Spiel. Galton beobachtete die Versammlung dennoch argwöhnisch. »Der durchschnittliche Teilnehmer«, so schrieb er später in der Zeitschrift *Nature*, »war ungefähr ähnlich qualifiziert für eine fachkundige Schätzung des Gewichts des Ochsen wie es der durchschnittliche Wähler ist, wenn er über Dinge entscheidet, von denen er keine Ahnung hat.«[12]

Um diese Behauptung zu beweisen, entschloss sich Galton zu einem spontanen Experiment: Er borgte sich die Stimmzettel und ging die Schätzungen mit verschiedenen statistischen Modellen durch, bei dem von dem durchschnittlichen Schätzer auf die Gruppe der Wettenden geschlossen werden konnte. Das Ziel war, gewissermaßen die »kollektive Weisheit« der Einwohner von Plymouth darzustellen. Und ganz anders als von Galton erwartet, trug das Kollektiv gegenüber dem Individuum einen berauschenden Sieg davon: Das Gewicht des Ochsen wurde beim Durchschnittsschätzer mit 1197 Pfund angegeben. Tatsächlich wog das Tier 1198 Pfund.

Die normalen Menschen können also, wenn sie als Gruppe etwas beschließen, bemerkenswerte kollektive Denkleistungen vollbringen. Sie können aber, selbst als Gruppe, gemeinsam verheerende Fehler machen. Als im Februar 2003 die amerikanische Raumfähre »Columbia« beim Wiedereintritt in die Erdatmosphäre verglühte, ging ein Drama zu Ende, das die Grenzen der Leistungsfähigkeit von Gruppen mit der Wucht einer griechischen Tragödie aufzeigte. Die Katastrophe hatte ihren Lauf bereits wenige Minuten nach dem Start genommen. Da erkannten die Techniker, dass die Isolierung eines Außentanks abgerissen war, wodurch der linke Tragflügel einen Schaden davongetragen hatte. Als sie den Vorfall »nach oben« meldeten, sagte die Leiterin der Expedition: Dies könne keinen Einfluss auf den Flug haben, weil nicht viel dagegen zu machen sei. Von diesem Moment an zog sich die fatalistische Voreingenommenheit der Chefin durch alle Entscheidungsebenen.

Die Untersuchungsprotokolle, die nach dem Absturz veröffentlicht wurden, zeigen: Die Auffassung, man müsse etwas tun, setzte sich trotz besseren Wissens Einzelner in der Gruppe nicht durch. Durch jede der Sitzungen zog sich die »unsichtbare Hand« der allerersten Annahme, dass man eben nichts unternehmen könne. Und fast zwangsläufig führte dieser Ungeist zu weiteren Pannen: Zusätzliche Satellitenfotos wurden beispielsweise nicht gemacht, die das Leben der Astronauten vielleicht hätten retten können.

Immer wieder versuchten untergeordnete technische Experten, auf die Dramatik der Lage hinzuweisen. Ihre Einwände wurden nicht berücksichtigt. Eine hoch spezialisierte Gruppe war an der Unfähigkeit gescheitert, aus ihrem gesammelten Wissen die richtigen Schlüsse zu ziehen. Dabei hatte man es in diesem Fall nicht mit irgendwelchen Ignoranten zu tun: Die NASA rekrutiert ihr Personal von den Eliteuniversitäten Amerikas. Sie erhält von der Regierung ausreichend Geld, sich die besten Leute des Landes leisten zu können. Dass ein derart gut qualifiziertes Team zu einem solch falschen Kollektivurteil kommen konnte, zeigt, dass Gruppen, wenn sie der in den traditionellen Eliten üblichen Hackordnung folgen, erhebliche Fehler machen können.

Nun werden Sie fragen: Und in solchen Situationen soll unser Superhirn helfen? Ist nicht genau ein solcher Vorfall der beste Beweis dafür, dass zu viele Köche den Brei verderben? Und was wird das bloß für eine Suppe, wenn erst Millionen von Menschen ihren Senf dazugeben wollen?

Groupthink – die vielen Köche

Über die Eignung von Gruppen zur Entscheidungsfindung liegen umfangreiche soziologische Untersuchungen vor. In den Siebzigerjahren erschien die Idee des »Groupthink«, eine bestechende und logische Alternative zu den damals gerade bekämpften »eindimensionalen Herrschaftsstrukturen« (Herbert Marcuse). Dahinter verbarg sich der mit gesundem Menschenverstand leicht nachvollziehbare Gedanke, dass eine Gruppe, die vorurteilslos das Für und Wider abwiegt, die objektiv und ohne Ansehen der handelnden Personen diskutiert, zwangsläufig zu einem besseren Ergebnis kommen muss als der einsame einzelne Entscheider.

Viele Studien über ähnlich schreckliche Beispiele wie jenes von der NASA haben gezeigt, dass dies nicht stimmt. In Gruppen existieren oder entstehen nämlich informelle Hierarchien, die einen objektiven Entscheidungsprozess nicht fördern. Cass R. Sunstein, Rechtsprofessor aus Chicago, zeigt in seinem brillanten Buch *Infotopia* anhand von mehreren wissenschaftlich durchgeführten Experimenten, wie Gruppen manipulierbar sind oder sich selbst manipulieren.[13] Wie sich in jeder Gruppe Sprecher und Führungspersonen herausbilden. Wie unterschiedlich die Ergebnisse von Beratungen sind, wenn die Mitglieder einer Gruppe wissen, was die anderen denken (oder wenn sie es nicht wissen). Sozialer Druck innerhalb der Gruppe verhindert, dass die Leute sagen, was ihnen im Kopf herumgeht. Oft schließen sich Gruppen, halten sie sich für noch so liberal, den Meinungen der Leithammel an. Sunstein: »Das Resultat davon ist, dass Gruppen dazu neigen, kognitive Irrtümer zu propagieren und sogar noch zu erweitern.«[14] Solche Fehlentscheidungen entstehen nicht aus Böswilligkeit oder Korruption. Sie treten sogar dann ein, wenn sich eine Gruppe in ihrem Entscheidungsprozess über Regeln wie Ehrlichkeit, Gleichheit und Respekt einig ist. Aus den falschen Beschlüssen entstehen oftmals sogenannte »Informationskaskaden«: Die in einer Gruppe zur allgemeinen Meinung gewordenen Irrtümer werden Allgemeingut, verbreiten sich in der Gesellschaft und sind auch mit aller Macht nicht mehr zu revidieren.[15]

Cass R. Sunstein analysierte in diesem Zusammenhang die aufgeregte Welt der Blogs, die wir schon weiter oben beschrieben haben. Er erzählte mir, dass er die Probleme des Groupthink bei Blogs in neuer Gestalt beobachtet habe: »Blogs haben dasselbe Problem wie alle Gruppendiskussionen. Sie verbreiten Irrtümer. Sie erzeugen Informationskaskaden. Immer wieder findet man Polarisierung, meist kommen nur Gleichgesinnte zusammen. Kaum einmal verlinkt ein republikanischer Blog auf den eines Demokraten. Und wenn, dann treiben sie es auf die Spitze, mit ganz schön viel Feuereifer!« In diesem Zusammenhang erzählte mir der Rechtswissenschaftler von einem akademischen Kollegen, der in einem Blog wissentlich eine Unwahrheit verbreitete und schließlich zu seiner Rechtfertigung sagte: »Ach komm, das ist ja nur ein Blog ...«

Blogs sind ungerecht und zuspitzend. Aber das ist auch ihr Wert. Sie sind sozusagen eine Art Vorhof in unserem Superhirn, der bestimmte Gedanken anstößt, und sei es durch entschiedenen Widerspruch. Innerhalb der gleichgesinnten Blogger wirken aber offenbar Konformitätsverstärker, die unter anderem verhindern wollen, dass sich etwa politische Gegner miteinander beschäftigen. Die Kämpfe zwischen linken und rechten Gruppen sind sehr typisch für das Entstehen des neuen Informations- und Kommunikationssystems. Nutzensortierer und Ressourcenschalter sind aktiv und versuchen das System zu optimieren.

Für moralische Entscheidungen dienen die Blogs und ähnliche, auf Provokation und Überzeichnung bedachte Echoräume des Internets vor allem dadurch, dass sie die extremen Standpunkte und Positionen abstecken. Mit ihnen tastest sich die Gesellschaft an Lösungen heran, formuliert Fragestellungen, antizipiert utopische Lösungen.

Beim tatsächlichen Entscheidungsprozess hilft das Internet jedoch in seiner Gesamtheit. Dies ist der Punkt, der bildungsbürgerlichen Meinungseliten am meisten schmerzt. Denn die Frage, ob wir die richtigen oder die falschen Beschlüsse treffen, hängt letztlich trotz aller Negativerfahrungen davon ab, ob wir möglichst viele Leute an einer Entscheidungsfindung beteiligen. Kein Rat der Weisen, keine französische Akademie der Auserwählten, keine vom Bundespräsidenten berufene Kommission wird die besten Entscheidungen treffen, sondern die jeweils größtmögliche Gruppe. Hätte die NASA die Möglichkeit gehabt, alle relevanten Raumfahrtexperten, Techniker und Wissenschaftler an dem Entscheidungsprozess zu beteiligen – die Wahrscheinlichkeit der Rettung der Besatzung von der »Columbia« wäre mit jedem Einzelnen von ihnen gestiegen.

Da läuft es Ihnen kalt den Rücken runter? Sie erinnern sich an Elias Canettis Werk *Masse und Macht*, in dem behauptet wird, dass der

Mensch kein soziales Wesen ist. Empört rufen Sie: »Das hatten wir schon mal in der Geschichte, und wir wissen, wohin das führte!«

Sie haben recht – und doch unrecht. Denn alle Beispiele, die wir aus der Geschichte kennen, gehen nicht von einer völlig gleichberechtigten, universalen und im Prinzip unendlich großen Gruppe von Entscheidungsmitwirkenden aus. Lassen wir einmal alle lokal bedingten Zusammenhänge weg, sämtliche Hierarchien und durch Manipulation erwirkten Resultate. Versuchen wir einzig auf rein logisch-mathematischen Ebene folgende Frage zu beantworten: Ist es vernünftig, dass wir ein Superhirn bekommen, bei dem alle mitreden und mitentscheiden können? Wenn wir das für einen Augenblick tun, werden wir zwei Dinge entdecken, die so unbestechlich sind wie die Relativitätstheorie oder das Prinzip der Schwerkraft: Man kann mittels einer Wahrscheinlichkeitsberechnung feststellen, wie die »Weisheit der Massen« wirkt. Und man kann durch die Auslobung einer echten Belohnung beziehungsweise von objektive Attributen (Preis, Reputation etc.), die Richtigen dafür gewinnen, sich in die Entscheidungsfindung einzumischen.

Weisheit kann berechnet werden

Wie schon im Fall des von Normalbürgern erfolgreich geschätzten Prachtochsen geht es hierbei nicht um Magie. Mathematik ist das Stichwort. Unser menschenverachtender Freund aus Plymouth, Francis Galton, hat sich nicht von seinen eigenen Vorurteilen über die Dummheit der Massen ins Bockshorn jagen lassen. Er kam zu seinem Ergebnis, weil er seine Berechnungen mithilfe von statistischen Modellen anstellte.

Das Gesetz, welches die Voreingenommenheit des Forschers widerlegte, ist das »Condorcet-Jury-Theorem«, benannt nach dem französischen Mathematiker Marie Jean Antoine Nicolas Caritat, Marquis de Condorcet. Es ist in gewisser Weise der erste Schlüssel zum Verständnis für die grundsätzliche Nützlichkeit des Superhirns. Marquis de Condorcet fand im Jahr 1785 die Formel für eine Wahrscheinlichkeitsberechnung. Sie besagt, vereinfacht ausgedrückt: Die Wahrscheinlichkeit einer richtigen Entscheidung geht gegen hundert Prozent, je mehr Menschen an dieser Entscheidung mitwirken. Diese Formel gilt unter zwei wesentlichen Voraussetzungen: Die Entscheidungen müssen sich auf Ereignisse beziehen, die irgendwann auch einmal eintreten werden (oder nicht). Und: Die Mehrheit der Beteiligten muss eher recht haben als unrecht. Das heißt auch: Wenn die Mehrheit der Beteiligten irrt, steigt die Wahrscheinlichkeit einer falschen Entscheidung mit jedem einzelnen Befragten gegen 100 Prozent. Dieses Theorem ist ein sehr probates Denkmodell, mit dem wir verstehen können, dass die Masse nicht automatisch dumm und die Mitwirkung von möglichst vielen unter Umständen von entscheidender Bedeutung sein kann.

Im Detail betrachtet: Je mehr Leute mitwirken, die von einer Sache etwas verstehen, desto richtiger wird die Entscheidung. Vor der Entwicklung unseres Superhirns war eine derartige Erkenntnis global gesehen fast wertlos: Es gab so gravierende technische und praktische Beschränkungen, dass wir niemals alle Menschen an einer Entscheidung hätten beteiligen sollen. Die Menschen wussten nicht voneinander, und selbst wenn, sie wären nicht schnell genug am Ort der Entscheidung gewesen.

Mit dem Internet sind die Leute nicht nur perfekt vernetzt: Durch die ständige Rückkoppelung zwischen den Einzelnen und der Gruppe weiß jeder, was der andere denkt oder weiß. In Communities sind die Menschen bereits so dauerhaft miteinander im Kontakt, dass Fachleute und Experten leicht zu mobilisieren sind – selbst, wenn sie nicht zu einem hierarchischen Apparat gehören. Im Fall der NASA könnte man also heute unschwer all jene Leute herausfiltern, die etwas vom Thema verstehen und die auch jederzeit zur Lösung eines Problems beitragen können. Da das Internet keine zahlenmäßige Beschränkung hat, kann Condorcet auf diesem Weg wirklich umgesetzt werden: Wir können theoretisch unendlich viele kenntnisreiche Leute mobilisieren und damit, auch wieder theoretisch gedacht, jedes Problem mit einer steigenden Wahrscheinlichkeit lösen. Strukturelle Hindernisse gibt es – im Prinzip – nicht mehr: Der Mitarbeiter der Welthungerhilfe in Haiti ist genauso wertvoll wie der Umweltaktivist in China. Der normale Straßenpolizist in Bombay kann genauso entscheidend beitragen wie der Fluglotse in Atlanta. Sie alle sind wichtiger als jene, die berufsmäßig Beschlüsse fassen – Regierungen, Organisationen, Behörden. Die Zahl der Fakten ist für sie oft so überwältigend, dass sie auf diese oft gleich verzichten.

Der zweite Aspekt, damit Condorcet funktioniert: Ein Ereignis, zu dem eine Aussage getroffen wird, muss auch tatsächlich eintreten. Reine Meinungsäußerungen (»Gibt es Gott?«) sind auf diesem Weg nicht zu lösen. Am erfolgreichsten hat sich das Condorcet-Theorem in einer uns alle betreffenden Disziplin bewährt: der Wettervorhersage. Mittlerweile arbeiten bei der Erstellung von Wetterprognosen so viele Experten zusammen, dass die Vorhersagen von Jahr zu Jahr immer präziser wurden. Wer in den USA etwa von der Ostküste an die Westküste fliegt (oder umgekehrt), kann sich mit großer Wahrscheinlichkeit auf die TV-Wetterdienste verlassen und weiß, welche Kleidung in seinem Reisegepäck sein sollte.

Mehrfach haben wir gesehen, dass wir das Superhirn vor allem deswegen instinktiv errichten, weil wir die Katastrophe – das Aussterben der Menschheit – verhindern wollen. Die Zukunft der Menschheit liegt in unseren Händen. Es gibt genaue Daten, wann die Gletscher schmelzen werden. Wir wissen, wie lange die Ölvorräte reichen. Wir haben errechnet, wie viel Sonnenergie wir wann brauchen werden. Wir können genau vorhersagen, ob in diesem oder jenem Land eine Hungersnot eintreten wird.

Der Weltuntergang hat längst seinen symbolischen Wert verloren. Viele Fakten sprechen eine klare Sprache, das Ticken der Uhr ist nicht zu überhören. Wobei es weder um religiöse Glaubensfragen geht (gibt es ein Leben nach dem Tod?) noch um politische Grundsatzüberzeugungen (es gibt kein Leben nach dem Mandat). Es handelt sich hierbei allein um jene Tatsachen, bei denen wir ein vitales Interesse daran haben, ob sie ausbleiben oder eintreten.

Damit sind die wesentlichsten Voraussetzungen erfüllt, um der Logik von Condorcet zu entsprechen. Erste Ansätze haben wir schon gesehen: Klimaforschung, Gentechnik, Astronomie und Medizin feiern ihre kollaborativen Erfolge auf der Basis dieser Formel, weil immer mehr Leute, die etwas von einer Sache verstehen, zusammenarbeiten.

Im Frühjahr 2008 haben die amerikanischen Psychologen Edward Vul und Harold Pashler entdeckt, dass der kollaborative Ansatz, wie er Condorcet zugrunde liegt, auch in jedem einzelnen Menschen stattfindet: Für eine Studie haben sie knapp fünfhundert Leute gefragt, wie viel Prozent aller Flughäfen in den USA liegen. Sie erlaubten den Teilnehmern der Studie, mehrmals zu raten. Es stellte sich heraus: Die Ergebnisse werden besser, wenn man den Durchschnitt der Rateergebnisse bildet. Und je länger der Abstand zwischen den Versuchen war, desto besser wurden die Ergebnisse.[16] Das individuelle Gehirn funktioniert genauso wie die intelligente Masse bei unserer Ochsen-Schätzung. Nach dem

Modell des »kreativen Denkens« – eine Hypothese wird aufgestellt; ständig wird die Wirklichkeit mit dieser Hypothese verglichen – ruht unser Denken nicht, sondern ist unablässig in Bewegung. Es gibt also nicht nur die Weisheit der Massen, sondern auch die »Masse in uns«, wie der *Economist* das Ergebnis der Forscher bezeichnete.[17]

Perspektivisch kann gesagt werden: Je mehr Vielfalt im neuen Kommunikations- und Informationssystem, umso größer wird die Wahrscheinlichkeit, dass die Menschheit die richtigen Entscheidungen trifft und sich am eigenen Schopf aus dem Sumpf zieht. Je tiefer das menschliche Echolotsystem in die äußersten Winkel der Erde dringt und von dort Informationen erhält, desto früher werden die richtigen Schlüsse gezogen, die richtigen Entscheidungen getroffen.

Wichtig ist jedoch: Wir müssen dafür sorgen, dass die richtigen Leute die richtigen Hinweise geben, um nicht von Informationskaskaden überrollt zu werden.

Alles hat seinen Preis

Es gibt bestimmte Lockmittel, die richtigen Leute zur Mitwirkung an einer Entscheidung zu bewegen. Zwar ist es schön, wenn Menschen aus reiner Sympathie helfen, noch wirkungsvoller ist es jedoch, wenn wir diejenigen, die von einer Sache etwas verstehen, real für ihr Mitmachen belohnen. Damit kann sichergestellt werden, dass diejenigen, die an einem Entscheidungsprozess mitwirken, auch wirklich die Richtigen sind – also jene, die Sachkenntnis haben. Zugleich werden die, die entweder keine Ahnung haben oder nur Hasardeure sind, von einem solchen Prozess ferngehalten. Sobald der Einzelne nämlich vor der Alternative steht, Geld zu verspielen oder zu verdienen, wird er seriös. Der österreichische Ökonom Friedrich August von Hayek hat gezeigt, dass das Modell des Preises für ein Produkt ideal ist, um die richtigen gemeinschaftliche Entscheidungen zu treffen.

In der Tat funktioniert die Marktwirtschaft auf sehr kollektivistischen Grundlagen: Viele Leute erwerben ein Produkt, wenn der Preis stimmt. Wenn dies nicht der Fall ist, kann der Kauf selbst mit der trickreichsten Werbung nicht erzwungen werden. Das beste Beispiel ist das iPhone von Apple: Das Telefon, im Sommer 2007 auf den amerikanischen Markt gebracht, erlangte wegen seiner innovativen Benutzerführung und des eleganten Designs sofort Kultstatus. Allein, es war zu teuer. Schon nach wenigen Wochen reduzierte Apple den Preis deutlich und gewährte den Erstkäufern die Rückerstattung dessen, was sie »zu viel« gezahlt hatten. Die Käufer hatten »mit den Füßen« abgestimmt. Bei aller Bewunderung für das coole Gerät: Der Preis musste seine Richtigkeit haben. Internationale Börsen funktionieren nach demselben Prinzip: Millionen Anleger, die Aktien eines Unternehmens kaufen, bestimmen letztlich den Wert, obwohl sie von der Firma mitunter nicht mehr kennen als den Namen.

Das Platzen der New-Economy-Blase führte jedoch vor Augen, wie fehleranfällig auch ein an den Preis gekoppeltes System sein kann. Selbst die Börsen unterliegen Moden und Abneigungen, die irrational sind und daher aufgrund von Informationskaskaden in die Irre führen können.

Eine weitere Form, um mit Geld die richtigen Leute zur Mitwirkung an einer Entscheidung zu beteiligen, sind sogenannte Prognosemärkte. In solchen dem Aktienmarkt vergleichbaren Börsen werden Ereignisse vorhergesagt. In der Regel ist die Mitwirkung an derartigen Märkten mit realen wirtschaftlichen Vorteilen wie Siegerprämien oder Geldwetten verbunden. Dadurch wird sichergestellt, dass nicht Vandalen aus Langeweile die Voraussagen verfälschen, sondern nur Leute mitmachen, deren Wissen so wertvoll ist, dass die Teilnehmer einen wirtschaftlichen Gewinn erwarten können.

Große Softwarefirmen wie Google oder Microsoft unterhalten Märkte in dieser Form, um ihre internen Entscheidungen besser steuern zu können: Wenn Programmierer, die eine Software erstellen, darauf wetten, dass diese nicht rechtzeitig fertig wird, wissen sie in der Regel am besten, dass es auch tatsächlich so eintreffen wird. Das Unternehmen »belohnt« die Prognose, auch wenn eine Verspätung an sich unerfreulich ist. Aber es ist deutlich billiger, rechtzeitig zu wissen, dass ein bestimmtes Produkt nicht termingerecht fertig wird, als eine teure Einführungskampagne zu starten und am Ende alle Marketingmaßnahmen stoppen oder verschieben zu müssen. So wird die »Ehrlichkeit« der Mitarbeiter vergütet. Die Prognosemärkte ermöglichen den Mitarbeitern zudem, der Konzernleitung die Wahrheit zu sagen, ohne in persönliche Schulddiskussionen verstrickt zu werden.

Die Universität Karlsruhe unterhält beispielsweise einen politischen

Prognosemarkt.[18] Dort kann man gegen Spielgeld vor einer Wahl »Aktien« von politischen Parteien kaufen. Am Wahlabend stehen dann jene als Sieger fest, die das Ergebnis am genauesten vorhergesagt haben. Politische Prognosemärkte haben in vielen Ländern schon exzellente Ergebnisse gebracht und sind neben der traditionellen Umfragetechnik eine echte Innovation, die das Internet hervorgebracht hat.

Ein anderer Weg, die Richtigen zu beteiligen, ist Ehre und Anerkennung – das ist eine Art ideeller Preis. Wobei zu beachten ist, dass zur Erstellung von Reputationssystemen verschiedene Modelle getestet werden. Oft fallen einem die »Experten« zuerst ein, wenn die »Richtigen« gesucht werden. Aber auch deren Erkenntnisse können in die Irre führen, wenn nämlich diese Experten selbst voreingenommen sind (wie beim NASA-Beispiel) oder nur die Meinung des Arbeitgebers wiedergeben, der sie bezahlt: Richard Lindzen, Klimaforscher am Massachusetts Institute of Technology (MIT) sagte mir, dass viele seiner Kollegen wider besseres Wissen den Klimawandel dramatisierten, um die begehrten Forschungsgelder zu erhalten. Zugleich preist er das Internet, weil es die Möglichkeit einräumt, auch abweichende Meinungen zu publizieren.

Ein bereits sehr weit verbreitetes Modell der Kollaboration, das im Prinzip einzig auf der Anerkennung durch die anderen beruht, wurde bei der Open-Source-Bewegung deutlich. Viele Unternehmen, gesellschaftliche Einrichtungen und Institutionen bündeln das Wissen ihrer Gemeinschaften in sogenannten »Wikis«. Wikipedia beschreibt ein Wiki als »Sammlung von Intranet- oder Internetseiten (also eine Website), die von den Benutzern nicht nur gelesen, sondern auch in Echtzeit online geändert werden kann. Wikis ermöglichen es, dass verschiedene Menschen gemeinschaftlich an Texten arbeiten (Autorengemeinschaft).«[19]

Wikis und Open-Source-Modell bieten den Anreiz, ein möglichst gutes Produkt zu erzielen oder eine möglichst umfassende Erkenntnis zu erlangen. Man erschafft etwas Neues und kann an einflussreicher Stelle mitwirken. Denn bei diesem Vorgehen geht es darum, das Wissen und die Kreativität von vielen auf eine Weise zu bündeln, die nur durch die Revolution des Internets möglich geworden ist.

Der Erfolg einer Einrichtung wie Wikipedia war nicht vorauszusehen. Die Technologie hätte auch von vielen dazu missbraucht werden können, um Konfusion, Zerstörung und Desinformation in die Welt zu setzen. Erstaunlicherweise ist dies nicht geschehen. Die meisten Mitwirkenden wollen nämlich einen positiven Beitrag leisten, sie handeln in gutem Glauben und mit guten Vorsätzen. Möglicherweise führte die Kombination aus einem tradierten Begriff – »Enzyklopädie« – mit der neuen Technologie diese Entwicklung herbei: Jeder kann sich nämlich unter einer Enzyklopädie etwas vorstellen. Sie soll wahrheitsgemäß, neutral und möglichst für die Ewigkeit geschrieben sein.

Das Prinzip der Wikis wurde mittlerweile auch von zahlreichen anderen Institutionen übernommen. So unterhält der amerikanische Geheimdienst CIA einen eigenen Wiki, der sich »Intellipedia« nennt. Dort kann jeder Mitarbeiter sein Wissen einbringen. Nach der Einführung dieses Informationsnetzwerks hätten sich die Erkenntnisse der CIA dramatisch verbessert, wie mir Cass Sunstein erzählte.

Condorcet und Hayek können uns eine zentrale Angst vor dem neuen Superhirn nehmen: Wir werden durch das Internet nicht dümmer. Die Vernunft siegt dank des überragenden Kommunikations- und Informationssystems. Das mathematische Modell gibt uns die Gewissheit, dass mehr auch mehr ist. Es gibt uns hinreichend Aufschluss über die Frage, ob Entscheidungen, wenn sie von vielen getroffen werden, falsch sind oder richtig, ob die Masse also in einer bestimmten Frage dumm oder intelligent ist.

Ob die Masse jedoch gut oder böse ist, können wir nicht mit mathematischen Formeln ergründen. Wir brauchen angesichts der ungeheuren Möglichkeiten, kollaborativ zu arbeiten und kollektiv zu entscheiden, auch ein gemeinsames Verständnis von dem, was sittlich gut ist. Gerade weil die Hebelwirkung so groß und die Tragweite unserer Entscheidungen so weitreichend ist, müssen wir uns auf die Suche nach einem moralischen Konsens begeben. Wir müssen nach einer globalen Ethik streben, die dem Guten tatsächlich zum Durchbruch verhilft.

Der Codex hinter dem Code

Vor vielen Jahren hat der Schweizer Theologe Hans Küng das »Projekt Weltethos« ausgerufen.[20] Küng war während und nach dem Zweiten Vatikanischen Konzil (dieses endete im Dezember 1965) einer der brillantesten katholischen Denker. Er fiel wegen seiner völlig neuen Sichtweisen beim Papst in Ungnade, verlor seine Lehrbefugnis und begann daraufhin, sich mit den anderen Religionen der Welt zu beschäftigen. Er fragte sich: Wie können wir in einer durch Medien, Migration und globalen Handel kleiner gewordenen Welt in Frieden miteinander leben, wenn so viele Glaubensrichtungen nebeneinander bestehen? Zumal jede Religion den Anspruch erhebt, die einzig gültige zu sein. Jede von ihnen ein anderes moralisches Konzept verfolgt. Kann das überhaupt funktionieren? Um der Zerstörung der Welt entgegenzutreten, entwickelte Küng eine alternative These. Seiner Meinung nach müsse es einen ethischen Minimalkonsens geben, der über die Grenzen der einzelnen Religionen hinausreicht, um sicherzustellen, dass sich die Menschheit nicht zerfleischt.

Selbst Internetpioniere wie Florian Rötzer, der das Onlinemagazin *Telepolis* gegründet hat und mit diesem so eine Art deutsches Zentralorgan des Internets betreibt, wies darauf hin, dass das neue Kommunikations- und Informationssystem enorme Gefahren in sich birgt: »Die Geschichte des globalen Gehirns ist zwar auch eine Geschichte von Erfolgen und Innovationen, aber auch eine des damit verbundenen ›Bösen‹. Denn kooperierende Individuen können nicht nur größere Taten als der Einzelne oder die kleinen Verbände vollbringen, sondern auch viel größeres Unheil anrichten.«[21]

Wir stehen also vor der Herausforderung, unsere moralischen Wertvorstellungen synchronisieren zu müssen. Wir müssen Regeln finden, die verhindern, dass Manipulationen geschehen, die am Ende zu unvorstellbarer Unterdrückung führen, zu einer Art der virtuellen Weltherrschaft. Wir müssen ferner Kriterien finden, wie wir den Fortschritt so »organisieren« oder ordnen, dass er den Einzelnen genauso nützt wie der Gattung Mensch. Ein großes Projekt: Wird es das Weltethos geben? Das kollektive moralische Netz hinter jeder einzelnen Denkaktivität im Superhirn? Den moralischen Codex hinter dem Delfin-Code?

Welche Moral gilt?

Die Vernetzung aller menschlichen Köpfe zu einem Superhirn erfordert neue moralische Kategorien. Die Autorität alter Institutionen ist geschwunden. Es gibt keine »moralischen Instanzen« mehr, die in Sonntagsreden den konfusen Alltag zurechtrücken können. Der Philosoph Peter Sloterdijk stellt fest, dass die gigantischen »Vernetzungsrevolutionen … die Koexistenz der Menschen … auf neue Grundlagen gestellt« haben.[22] Wir können nicht mehr so einfach sagen, was gut und was böse ist. Paradoxerweise sind wir nicht überfordert, weil wir weniger wissen als unsere Vorfahren, sondern weil wir mehr wissen: In gewisser Weise war Unkenntnis auch ein Schutz, weil viele Gesellschaften neben den »Tabus« Räume der Übereinstimmung schufen. Priester wurden bestellt, um diese zu definieren und zu überwachen. Es entstand eine moralische Stabilität, in der bestimmte Regeln nicht hinterfragt wurden.

Das fanden vor allem jene gut, die in solchen Systemen zu den Priestern oder sonstigen Auserwählten gehörten. Aber die Menschen lassen sich nicht auf Dauer unterdrücken und bevormunden. Die Entwicklung der Zivilgesellschaft, wie wir sie heute kennen, ist eine ständige Wiederholung der im Grunde immer gleichen Kettenreaktion: neues Wissen – Widerstand gegen Bevormundung – Revolution (oder Evolution) – Veränderung.

Der Mensch will immer weiter. Schon Adam und Eva konnten das Paradies nicht genießen. Nichts faszinierte sie so sehr wie die einzig verbotene Frucht – eigentlich unverständlich. Doch dahinter steht eine Ahnung: Je mehr wir wissen, desto mehr können wir tun. Je freier wir etwas beschließen, desto mehr brauchen wir aber auch moralische Kriterien, nach denen wir unsere Entscheidungen richten.

Unser moralisches Denken und Handeln erfolgt auf zwei Ebenen: Einmal aus dem Paradies vertrieben, müssen wir selbst über jeden Baum richten. Auf der individuellen Ebene übernehmen wir selbst Verantwortung (ich fälle einen Baum in meinem Garten, weil er mich stört). Auf der zweiten Ebene geht es um den unabänderlichen Hintergrund für alles, was wir tun (der Wald, die Natur – sie sind die Grundlagen unseres Lebens, und wenn wir sie zerstören, ist das Spiel zu Ende). Unsere Moral beginnt dort, wo Dinge nicht mehr zufällig geschehen (der Sturm knickt meinen Baum), sondern wo wir aus freier Entscheidung handeln. Je mehr wir wissen (Befall des Baumes durch Schädlinge), desto leichter werden wir entscheiden. Je mehr Kontext wir kennen (der Baum wird, einmal krank, irgendwann aufs Haus kippen), desto klarer wird die moralische Abwägung. Überlieferte Moralvorstellungen (jeder Baum ist »heilig« und daher unantastbar) werden relativiert, wenn wir mit mehr

Wissen besser Beschlüsse fassen können. Je mehr ich über die Konsequenzen meines Handelns weiß (wenn ich den Baum fälle, scheint die pralle Sonne auf die Sandkiste der Nachbarskinder), desto komplexer wird meine Entscheidung.

Praktisch jeder wissenschaftliche Fortschritt und erst recht jede Erweiterung unseres Kommunikations- und Informationssystems beeinflusst die bestehenden Wertesysteme. Die Möglichkeit der Atombombe hat die gesamte Planung und Durchführung moderner Kriege verändert. Alle wurden gezwungenermaßen »moralischer«, weil sie wussten: Der Einsatz der Atombombe ist die finale Eskalation. Also müssen Konflikte militärisch anders ausgetragen werden. Euthanasie wurde bis vor Kurzem unstrittig als Verbrechen betrachtet. Seitdem die moderne Medizin in der Lage ist, das Leben von Patienten immer weiter zu verlängern, gibt es auf einmal eine Debatte über die Vorteile der Sterbehilfe. Durch diese Entwicklungen sind unsere tradierten Wertvorstellungen ins Wanken geraten. Denn je mehr Informationen wir haben und über diese auch kommunizieren, desto mehr Verunsicherung entsteht in moralischer Hinsicht. Wir freuen uns, dass wir mehr wissen. Es bereitet uns aber Probleme, dass unsere moralische Einordnung diesen Erkenntnissen stets hinterherhinkt. Und da wir in einer Phase leben, in der sich wie bei unserem Superhirn alles gleichzeitig, schnell und grundlegend ändert, werden die »zeitraubenden Selbstverständigungsprozesse der Gesellschaft über ihre moralischen Ziele immer wieder überrollt«.[23]

Was uns besonders zu schaffen macht: Wir können keine »Zwischenergebnisse« vorlegen, zeitlich befristete Kompromisse funktionieren nicht. Wir können nicht sagen: »Lasst uns den ersten (moralischen) Schritt vor dem zweiten machen!« Denn es werden, wie Habermas sagte, Fakten geschaffen, deren Macht umso größer sein wird, je kurzfristiger wir uns moralisch orientiert haben.[24]

Es fällt uns angesichts der atemberaubenden Geschwindigkeit der Transformation und ihrer globalen Bedeutung schwer, uns an einer »Naturgeschichte der Gelassenheit« zu orientieren, wie der Philosoph Peter Sloterdijk vorschlägt.[25] Viel eher beklagen wir den »Verlust der Einfachheit«.[26] Denn nichts weniger ist verlangt, als simultan und überall auf der Welt, in sämtlichen Kulturen, zu den komplexen Weiterentwicklungen unseres Kommunikations- und Informationssystems auch unser globales Wertesystem zu verändern.

Wir haben gesehen, dass die Verbesserung der aktuellen Situation nicht bloß eine Denkmöglichkeit, sondern geradezu eine geschichtliche Notwendigkeit ist. Wir rennen in den Untergang, wenn wir nicht auch unsere Moral erneuern! Sloterdijk prophezeit, »dass die nächsten langen Zeitspannen für die Menschheit Perioden der gattungspolitischen Entscheidung sein werden«.[27] Liegt es daher nicht nahe, alles zu unternehmen, damit jeder von uns besser wird? Aber ist das überhaupt möglich? Müssen wir nicht annehmen, dass der Mensch von Natur aus abgrundtief schlecht und böse ist und dass ihm seit jeher alles zuzutrauen ist? Sind nicht die vielen grauenhaften Verbrechen der Menschheitsgeschichte Anlass zu tiefstem Pessimismus – sowohl in Bezug auf die Natur des Menschen als auch hinsichtlich seiner Fähigkeit, aus der Geschichte und all den Leiden etwas zu lernen?

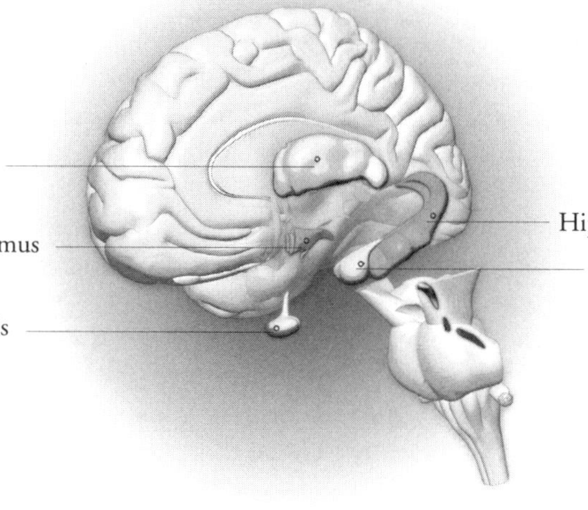

In der Amygdala oder im frontalen Stirnlappen findet sich ein »Schalter«, der darüber entscheidet, ob wir jemandem freundlich oder feindlich begegnen.

Wenden wir uns bei dieser kritischen Frage noch einmal der Gehirnforschung zu. Bestimmte Nervenzellen im Gehirn (die sogenannten Spiegelneuronen) helfen den Menschen, das haben Wissenschaftler herausgefunden, sich auf andere Menschen einzustellen und ihre »Gefühle und vielleicht sogar ihre Gedanken nachzuvollziehen«.[28] Und bei Untersuchungen über Aktivität im Lustzentrum des Gehirns, der Amygdala, konnte sogar festgestellt werden, dass es den Menschen offenbar Freude bereitet, wenn sie anderen etwas Gutes tun.

Der amerikanische Neurobiologe Donald Pfaff hat festgestellt, dass es entweder in der Amygdala oder im frontalen Stirnlappen so etwas wie einen Schalter geben muss, der zwei Möglichkeiten anvisiert: Entweder betrachte ich einen anderen Menschen so, als wäre er identisch mit mir (dann bin ich zu ihm freundlich), oder ich sehe ihn als von mir verschieden an (dann bin ich aggressiv).[29] In den Anfangszeiten des Menschen diente dieser »Schalter« vor allem zum Finden des richtigen Partners, der Fortpflanzung und der Aufzucht des Nachwuchses. Im Laufe der Evolution haben die zuständigen Botenstoffe (also jene chemischen Substanzen, über die die Kommunikationsprozesse im Gehirn ablaufen) das Spektrum der »freundlichen« Motivationen auf andere Bereiche ausgedehnt – Hilfsbereitschaft, Selbstlosigkeit, Unterstützung von anderen.[30] Selbst in Situationen, wo es gar nicht nötig wäre, sind wir zuvorkommend (der freundliche Gruß an einen vorbeilaufenden Jogger).[31]

Natürlich gibt es immer wieder entscheidende Fehlfunktionen. Aber die Forschung geht angesichts einer so langen und erfolgreichen Menschheitsgeschichte davon aus, dass wir aufgrund der chemischen Prozesse in unserem Gehirn überwiegend dahin tendieren, »freundlich« zu sein. Wenn wir an die Bedeutung der Synapsen denken – also jener Verbindungsstränge zwischen den Neuronen, die für unsere Lebenserfahrung zuständig sind –, dann können wir davon ausgehen: Je öfter wir die Erfahrung machen, dass uns unser soziales Verhalten auch individuell Vorteile bringt, umso stärker wird unsere soziale Verantwortung. (Vermutlich kann man es auch umdrehen und auf diese Weise erklären, was mit einer »Pechsträhne« oder einem »Pechvogel« gemeint ist!)

Der Philosoph Richard David Precht kommt zu dem Schluss: »Das Primatengehirn stellt Möglichkeiten bereit, sich in andere hineinzuversetzen, und es kennt (neurochemische) Belohungen für ›gute‹ Taten … Moralisches Handeln ist entstanden, weil es sich oft für den Einzelnen und seine Gruppe lohnt.«[32] Folglich können wir durchaus die Prognose wagen: Je mehr wir voneinander wissen, je stärker wir miteinander kommunizieren, je besser wir uns darüber informieren, was uns wohltut und was uns schadet, umso mehr weben wir ein Netz, das uns als Menschen auch Kriterien von Gut und Böse an die Hand gibt. Wir weben dieses Netz mit unseren Synapsen für uns selbst und für die anderen, die mit uns kommunizieren. Je mehr Lebenserfahrung – was war gut, was war böse? – wir in unserem Gehirn speichern, umso sicherer wird unser Urteil. Je mehr wir die Wertvorstellungen der anderen durch Interaktion teilen (denken Sie an das Beispiel von den Kätzchen im Karussell: Eines ist aktiv und lernt viel, das andere verhält sich passiv und verdummt), umso mehr werden wir in unserem Gehirn Daten darüber speichern, was fair, korrekt, kollegial, partnerschaftlich usw. ist.

Unsere moralische Disposition wird sich derart ändern, dass die grundlegende Veranlagung des Menschen zum Gutsein weiterentwickelt wird. Weil wir die meisten unserer Entscheidungen im neuen Kommunikations- und Informationssystem autonom und frei treffen, wird sich unser moralisches Repertoire verbessern und verfeinern. Die biologischen Voraussetzungen dazu haben wir. Werden wir aber in dieser unübersichtlichen großen Welt, in der alle miteinander kommunizieren, auch zu einem gemeinsamen Verständnis finden über die Werte, nach denen wir uns moralisch entscheiden? Kann es die Kultur geben, die das Weltethos möglich macht?

Zwei Psychologen der Universität Harvard, Joshua Greene und Marc Hauser, führten ein interessantes Experiment durch. Sie entwickelten einen »moralischen Intelligenztest«, bei dem die Befragten in verschiedenen Situationen zu entscheiden hatten: Wem würden Sie in einer kritischen Situation helfen? Eines der Szenarien: In einem brennenden Haus sind fünf Kinder eingeschlossen. Sie sind nur durch das Einschlagen eines riesigen Fensters zu retten. An diesem hält sich von außen ein Mann fest, der durch das Einschlagen der Glasscheibe sicher in den Tod stürzen würde. Was würde die Testperson tun? Die Kinder retten und den Tod des Mannes in Kauf nehmen? Ein anderes Szenario: Wieder brennt ein Haus, wieder geht es um das Leben von fünf Kindern. Sie können nur gerettet werden, indem die Testperson einen Mann, der gerade aus dem brennenden Haus fliehen will, gegen das Fenster stößt – was für ihn den sicheren Tod bedeutet. Was würden Sie tun? Einen Mord begehen für fünf Kinder? Oder die fünf Kinder sterben lassen, weil Sie niemanden aktiv töten wollen? Einige hunderttausend Menschen absolvierten diesen Test im Internet, sie kamen aus den unterschiedlichsten Kulturen, Nationen und Religionen. Das Interessante an dem Ergebnis: Es war eindeutig, egal, woher die Teilnehmer kamen. Mit klarer Mehrheit trafen sie eine Entscheidung zugunsten der Rettung mehrerer Menschenleben, beharrten nicht auf dem individuellen Recht auf Leben für den Einzelnen.[33] Unabhängig von Hautfarbe, Alter oder Geschlecht folgten die Menschen demselben moralischen Instinkt. Nur ein Bruchteil war bereit gewesen, eine feine Grenze zu überschreiten und beim zweiten Szenario den Mann aktiv zu töten, indem sie ihn gegen die Glasscheibe stießen.

Dieses Ergebnis ist ein Indiz dafür, dass es ein im Menschen tief verwurzeltes Empfinden für moralische Entscheidungen gibt. Precht spricht in diesem Zusammenhang von einer »Tiefengrammatik«, einem »Moralinstinkt«,[34] der, ähnlich wie die von dem amerikanischen Linguisten Noam Chomsky entwickelte Idee einer »Universalgrammatik« als gemeinsamer Vorstufe des Sprechens, in allen Menschen von Geburt an enthalten ist. Unabhängig davon, ob sie einmal wirklich sprechen (und vor allem welche Sprache) oder moralisch handeln werden.

Im Hinblick auf unsere Synapsen bedeutet das: Alles, was wir moralisch erfahren und praktizieren, wird in unserem Superhirn auch menschheitsgeschichtlich gespeichert. Die Summe all dieser Lebenserfahrungen ist auch deshalb besonders nachhaltig, weil wir sie durch aktives Kommunizieren und Informieren erwerben und nicht allein durch passives Beobachten oder die Verordnung durch eine Obrigkeit.

Durch das kollektive Gedächtnis werden moralische Entscheidungen zu dem, was der Philosoph Immanuel Kant mit dem »Apriori« zu fassen versuchte – zu einem Grundsatz, der allgemeine Gültigkeit hat und nicht von praktischen Entscheidungen beeinflusst wird. In diesem Sinn zeigt sich Kant als verblüffend moderner Philosoph. Ohne moderne Hirnforschung und Internet war er der Auffassung, dass allein die Fähigkeit des Menschen, gut zu sein, bereits ein moralisches System offenbart, dem man nicht entkommen kann. Mit seinem Konzept der »Urteilskraft« schlägt er die Brücke vom Einzelnen zum allgemeinen moralischen Gesetz: Er verlangt die »durch Erfahrung geschärfte Urteilskraft«[35], also »ein Bewusstsein für Übergänge und Vermittlungen zwischen dem Apriori und der Erfahrung«[36]. Und Kants Schlussfolgerung für das praktische moralische Entscheiden klingt in der Tat wie Googles Motto *»Don't do evil!«:* »Handle nur nach derjenigen Maxime, durch die du zugleich wollen kannst, dass sie ein allgemeines Gesetz werde.«[37]

Mit diesem kategorischen Imperativ ist es möglich, Gutes zu tun. So ist die Weisheit zu verstehen, wir sollten den Nächsten lieben »wie uns selbst«, wie es alle Weltreligionen auf diese oder jene Weise verkünden. Die Hirnforschung hat gezeigt, dass Gutes zu tun, mit einer gewissen Lust verbunden ist. (Das wurde bei Kant eher mit dem Begriff »Pflicht« verknüpft.) Das Apriori beim Wirken der Wikipedianer beispielsweise ist die Qualität der Enzyklopädie. Die Erfahrungen der Einzelnen werden belohnt, weil sie in der Hierarchie aufsteigen können. Das Apriori, bei der Wikipedia in eine Art »moralischer Bedienungsanleitung«[38] gefasst, schafft einen Raum, in dem bei jedem Eintrag der kategorische Imperativ fast schulmäßig befolgt werden kann (und auch in der überwiegenden Zahl der Fälle von Menschen aus allen Ländern und Kulturen befolgt wird).

Gott spielen? Ja!

Wir werden durch die Explosion von Wissen, Information und Kommunikation sekündlich vor neue Tatsachen gestellt. Philosophen, Religionsführer oder Politiker können uns nicht schnell genug einen moralischen Überbau dafür schaffen. Also ist es für die moralische Qualität unserer Beschlüsse notwendig, so viel wie möglich darüber zu wissen, wem diese nützen oder schaden. Im Idealfall würde das so aussehen: Mit jeder Tatsachenentscheidung ist auch eine moralische Rückkoppelung verbunden. Wie beim Instant Messaging können wir dann unser Gegenüber aktiv fragen: »Ist dir das recht? Nutzt es dir? Schadet es dir? Der kategorische Imperativ wird auf diese Weise zum festen Bestandteil jeder Kommunikation – in Form einer Rückkoppelung. Dadurch wäre die größtmögliche Sicherheit gegeben, dass eine von mir ausgeführte Handlung demjenigen, mit dem ich es zu tun habe, nicht schaden wird (oder er mir Entsprechendes rechtzeitig sagen wird!). Vielleicht werden wir schon bald den Tag erleben, wo solche Frage- und Antwortspiele automatisch ablaufen – ein moralisches Echolotsystem wird installiert.

Weil dieses System allen zur Verfügung steht, wird es gleichzeitig einen totalen Pluralismus und einen vollständigen Respekt vor der Haltung der anderen geben. Im Internet, einem kollaborativen Raum, interessiert mich unmittelbar, welchen Nutzen/Schaden mein Handeln bei anderen bringt/anrichtet. Ob ich Buddhist bin oder Christ, ist dabei völlig unerheblich. Aber ich als Einzelner bin verantwortlich für mein Tun.

Wenn ich dem anderen durch mein Handeln schade, bin ich nicht nur eine Gefahr im kollektiven Denkprozess, sondern auch für einen konkreten anderen Menschen. Mein Handeln muss zu einem objektiven Gebot werden können, damit das System funktioniert. Weil dies für alle gilt, verweist das neue moralische Universum auch hier noch einmal auf Kant. Der Philosoph Volker Gerhardt schreibt dazu: »Das einzige ›Faktum‹, das er [Kant] gelten lässt, ist der Anspruch auf Freiheit, Gleichheit und Selbständigkeit des Einzelnen. Dessen Selbstbestimmung ist der Ursprung und das Ziel der Moralität eines Wesens, das sich selbst als vernünftig begreift. Kant nennt ein solches Wesen ›Person‹.«[39]

Das ist der vielleicht grundlegendste Paradigmenwechsel, den das neue menschliche Superhirn in unseren Gesellschaften auslöst. Weil unendlich viele »Personen« unendlich viel Einzelwissen aggregieren, weil wir alle zahllose simultan ablaufende Kommunikations- und Informationsprozesse zu bewältigen haben, haben wir gar keine andere Chance, als die höchste Wertschätzung für den Einzelnen. Es gibt das »große Ganze« nicht mehr, und schon gar nicht das »Absolute«, hinter dem wir uns verstecken und das uns gleichzeitig bergen kann.

Wir überlegen: Wenn wir in der Lage sind, kollaborativ ein Virus wie den SARS-Erreger zu entdecken, könnten wir dann nicht noch ein wenig tiefer ins Reagenzglas blicken? Wir schaudern: Ist die Gentechnik vielleicht die herrlichste (verbotene) Frucht vom Baum der (Internet-)Erkenntnis? Will nicht jeder Mann stark und geistreich sein? Jede Frau schön und intelligent? Alle Menschen kerngesund und verlässlich gut? Ewig jung? Niemand böse? Ist der »Übermensch« nicht endlich zum Greifen nahe? Unsere Augen beginnen zu blitzen: Sind wir, dank des modernen Kommunikations- und Informationssystems nicht als Menschen allwissend, allmächtig, allgegenwärtig geworden? Sind wir also – endlich! – Gott?

»Gott spielen heißt, tatsächlich mit dem Feuer zu spielen«, schreibt der amerikanische Rechtsphilosoph Ronald Dworkin.[40] Und er lädt uns ein, diesbezüglich weiterzumachen: »Genau das haben wir Sterbliche immer getan – seit Prometheus, dem Schutzheiligen der gefährlichen Entdeckungen. Wir spielen mit dem Feuer und akzeptieren die Folgen, denn die Alternative wäre unverantwortliche Feigheit vor dem Unbekannten.«[41] Wir müssen aber auch schon deshalb mit dem Feuer spielen, weil wir lernen müssen zu unterscheiden: Wann wärmt uns das Feuer und wann könnte daraus eine gefährliche Bombe werden? Wenn wir diese Definitionen für die Gesellschaft unterlassen, dann werden wir Raum schaffen für falsche Wertesysteme (von Sekten, Verführern, Extremisten etc.), die sich ungebremst den Weg bahnen können.

Wir müssen also »Gott spielen«. Nicht mit erhobenem Zeigefinger, sondern tatsächlich im Sinne eines Spiels. Dahinter steht das Konzept des *homo ludens*, jenes heiteren Menschen, der seine Fähigkeiten im Spiel entwickelt. Und wie wir aus der Gehirnforschung wissen, gibt es nicht nur die intellektuelle Moral, sondern auch eine intuitive Variante. Moral ist nicht nur eine Frage des rationalen Abwägens, sondern auch der Empfindung. Bei diesem »Spiel« kann jeder mitmachen: Der religiöse Mensch kann »Gott spielen«, ja, es ist geradezu seine Aufgabe – glaubt er doch, dass er nach dem Ebenbild Gottes geschaffen ist. Der Atheist kann das genauso machen: Glaubt er doch, dass der Mensch Gott erschaffen hat und nicht umgekehrt. Der Agnostiker orientiert sich ohnehin nach dem Nützlichen, dem sittlich Guten.

Jeder *homo ludens* ist ein »Experte des Alltags«[42]. Diese müssen am Ende die moralischen Kriterien für jene Wirklichkeit entwickeln, die sie durch das neue Kommunikations- und Informationssystem selbst geschaffen haben. Dazu sind sie auch geeignet: »Die Hochtechnologie hat den Menschen zum Artisten der Improvisation gemacht, der nicht auf eindeutige Gebrauchsanweisungen zurückgreifen kann, sondern mit Einfallsreichtum, Spürsinn und Erfindungsgabe die Apparate und Maschinen bändigen muss, die er zur Steigerung seiner Lebensqualität konstruiert hat.«[43]

Diese Maschinen müssen wir nicht in »die Tonne treten«, wie es Bernd Rabehl in der weiter oben erwähnten 68er-Diskussionsrunde forderte, weil sie des Teufels sind. Wir müssen und können aus den Erfolgen wie aus den Fehlern »eine gesteigerte praktische Intelligenz, ein kreatives Potenzial«[44] entwickeln, das auch unsere Moral voranbringen wird. Indem wir diese Aufgabe nicht an höhere Instanzen (Ethikkommissionen, Regierungen, EU-Behörden etc.) delegieren, sondern sie genau bei dem Einzelnen belassen, der die Entwicklung durch seine Denkdynamik auch vorantreibt, stellen wir sicher, dass wir moralisch Schritt halten können mit der Erschaffung der Fakten (Habermas). Wie wir gesehen haben, ist der Einzelne (und in der Summe die Masse) gar nicht so dumm beim Finden dieser Fakten. Gefragt ist weniger die gelehrte Spitzfindigkeit, vielmehr die »praktische Klugheit«[45] bei der Gestaltung einer neuen Moral für den Delfin-Code.

Dieser Code kann uns auch helfen, unsere neue Moral facettenreicher zu formulieren als dies bisher möglich war. Vielleicht wird der kommende globale Codex ja auf YouTube getanzt. Oft haben wir moralische Regeln missachtet, weil wir die komplizierte Sprache nicht mehr verstanden haben: das unverständliche Expertendeutsch von Philosophieprofessoren, die unzugängliche Fachsprache politischer Ethikkommissionen, die unendlichen Satzgewinde der höchsten Richter. Gerade die elitäre Überhöhung der Vermittlung von Ethik könnte die Ursache für ihre Abwesenheit im Alltag sein. Schon Plato hatte in seinem berühmten Weber-Gleichnis beschrieben, dass die Wahrheit am besten zu finden ist, wenn möglichst viele an der Suche beteiligt werden, wenn Harmonie und Kampf eingewoben werden in jenes Geflecht, welches am Ende die »Freien und Knechte … unter diesem Geflechte zusammenhält«.[46] Wer kann das besser als das Internet? Was wäre besser geeignet als moralische Struktur für unser Superhirn? Spricht nicht vieles dafür, dass wir mit dieser Möglichkeit das Ideal der Philosophen erfüllen? Ganz zu schweigen vom Willen Gottes.

Die Verwebung der beiden widerstrebenden Kräfte – des Kriegerischen mit dem Besonnenen, des Verändernden mit dem Bewahrenden – ist von jeher eine Sehnsucht allen Lebens, wie Howard Bloom schreibt: »Sogar die Funken vom Feuerball des Urknalls erglühten in einem Bedürfnis nach Gemeinsamkeit.«[47] Gino Yu, unser Professor aus Hongkong, schlägt die Brücke schließlich zu unserem menschlichen Gehirn: »Eine Seite unseres Gehirns ist dafür da, dass wir skrupellos morden können, um zu überleben. Die andere Seite ist für die unendliche Mutterliebe zuständig, die wir ebenfalls brauchen, um zu überleben.«[48]

Wir sind heute dem Urknall (jenem Moment der Entstehung des Universums) vermutlich näher als den idyllischen Pastoraldialogen der griechischen Philosophen. Wir spazieren nicht friedlich im milden Abendlicht der untergehenden Athener Sonne zwischen wunderbaren ionischen Tempeln. Eher befinden wir uns im Auge des Ur-Taifuns: Die Wahrheitsfindung hat erst begonnen. Mit derselben Unruhe, mit der wir unser Kommunikations- und Informationssystem entwickeln, arbeiten wir unablässig an einem tragenden Wertenetz, das uns auch erklären hilft, was wir an neuem Wissen aggregieren. Viele Harmoniesüchtige (die Erben der deutschen Romantik) wollen den Streit nicht hören, das Stimmengewirr, sehnen sich, obwohl sie nichts glauben wollen, die Kathedrale zurück, weil ihnen der Basar zu fremdländisch und unübersichtlich ist.

Die Wahrheit wird heute jedoch nicht von der Kanzel verkündet, sie ist auch nicht im Gesetzbuch nachzulesen. Sie entsteht im Prozess, in der Kommunikation der Menschen untereinander, ist fließend geworden. Daher ist die Zuspitzung, die von vielen als so störend empfunden wird, geradezu notwendig. Schlägt man zum Beispiel in den Blogs ungestüm aufeinander ein, dann ist es gut so: Je klarer und extremer eine Position zu einem bestimmten Aspekt vertreten wird, umso besser. Dann kann deutlich und entschieden dagegengehalten werden.

So entsteht im Bereich der Moral ebenfalls jene schnelle Wahrnehmungsintegration, die wir von unseren Delfinen abgekupfert haben. Wir erkennen Fakten blitzschnell und »lernen«, sie ebenso blitzschnell zu bewerten. Am Ende wird, so die Vorstellung, die Herde recht haben, weil viele Einzelne zur Wahrheitsfindung beigetragen haben. Eine dynamische Moral wird an die Stelle der in Stein gemeißelten Ge- und Verbote treten.

Es geht dabei nicht um eine unendliche Beliebigkeit. Es geht um die Entwicklung genau jenes so genial abstakten Apriori, von dem Kant gesprochen hat. Aus diesem heraus wird sich der Einzelfall ableiten.

Entscheidend ist bei diesem Prozess der Wahrheitsfindung, dass die Grundregeln und deren Modifikationen von allen gekannt werden. Unser rasches Informationssystem macht dies möglich. Anstatt Gesetze, die nicht einmal die Experten verstehen, werden wir fließende Beschlüsse haben, die deswegen fair sind, weil Gesetzgeber und Gesetzempfänger dieselben sind. Wir werden in der Lage sein, in verschiedenen Kulturen unterschiedlich zu urteilen, dabei aber das Gefühl haben, dass dies fair und gerecht zugeht. Der Weg dorthin erfolgt über keine gepflegte UN-Versammlung, sondern er ist ein schillerndes, buntes und hektisches Schieben und Drängen, bei dem sich am Ende jene durchsetzen werden, die das beste Argument haben. Die erwähnte Notwendigkeit einer Entwicklung von Reputations- und Identitätssystemen gewinnt im Zusammenhang von Ethik und Moral noch einmal grundlegend an Bedeutung.

Dass sich gerade in Deutschland viele, die wichtig wären für die Entwicklung unseres Superhirns, dieser »modernen Diskursethik«[49] hartnäckig und störrisch verschließen, ist nicht nur ärgerlich, sondern auch zu bedauern. Denn es geht bei der Entwicklung eines neuen, dynamischen Moralcodex nicht um »Weichenstellungen« wie bei einer Märklin-Eisenbahn. Solch ein Prozess ist kein exquisites Symposium, nur zugänglich für geladene Gäste und vorbereitete Reden. Es geht um einen gewaltigen, dauerhaften und universalen Kultur- und Zivilisationsprozess, bei dem uns die Besten, wenn sie aus Angst vor dem Internet die Scheuklappen zu weit vor die Augen ziehen, fehlen werden.

Kulturgut Moral

Dieser gewaltige zivilisatorische Schub kommt nicht über uns wie ein warmer Regen: Wir alle müssen lernen, unablässig, immer weiter. Wir können gar nicht anders. Die Veränderung des menschlichen Denkens, die Wirksamkeit des Superhirns stellt sich nicht ein, weil ein genialer Oberwissenschaftler auf den legendären Knopf drückt und damit unser Denkvermögen gewissermaßen automatisch ins Unendliche erweitert. Wie gesagt, die menschlichen Gene haben sich seit den Neandertalern kaum verändert. Unser Leben (und also auch unsere Moral) unterscheidet sich jedoch grundlegend von dem unserer Vorfahren. Wir haben bei der Funktionsweise des menschlichen Gehirns gesehen, dass sich vor allem im Lauf der Zeit unsere Synapsen wandeln, dass also die Summe unserer Erfahrungen den meisten Einfluss darauf hat, was am Ende unsere Persönlichkeit ausmacht.

Moral als das »Set von Normen ist etwas Kulturelles: etwas, was gelernt und begründet werden muss«.[50] Damit sind starre Dogmen, bequeme Ideologien und Rechthaberei ohne Chance. Wichtig ist stattdessen ein ständiges Lernen, getragen von dem Respekt für andere Anschauungen. Das bedeutet eine große Anstrengung, und ist sehr mühsam: Da wird buchstabiert, gestammelt, geirrt.

Und genauso ist es mit unserer digitalen Moral: Das neue normative System müssen wir uns selbst erarbeiten. Es wird sich dauernd ändern. Wir brauchen aber keine Angst zu haben: Unser Echolotsystem, jene revolutionäre Kommunikations- und Informationsmethode, wird uns beim Erwägen, Urteilen und Entscheiden helfen.

Mensch und Maschine werden eins

Wir werden uns daran gewöhnen müssen, dass all dies kein mythischer, geheimnisumwitterter Prozess ist. Wer beispielsweise jemals in einem gentechnischen Labor gewesen ist, weiß, dass dort vor allem hart gearbeitet wird. Man findet an diesem Ort keine durchgeknallten weißhaarigen Spinner, denen der Sinn nach nichts anderem steht als einer Kreuzung von Schwarzenegger und Einstein. Was einen dort eher überrascht, ist die Nüchternheit, mit der an den gravierenden Veränderungen gearbeitet wird. Man hat den Eindruck: Alle wissen, worum es geht. Für Übermenschfantasien ist da kein Raum. Denn die richtige Verbindung von Mensch und Maschine zählt zu den Dingen, ohne die das Superhirn nicht funktionieren würde. In der Prothesenmedizin werden längst lernfähige neuronale Netz-Encoder verwendet, die Bewegungssteuerungssignale in Nervenimpulse übersetzen und so bestimmte Bewegungsmuster erzeugen. Spezialisierte Computer können mit sonst von der Außenwelt abgeschlossenen Schwerstbehinderten kommunizieren, weil die Maschinen in der Beobachtung von stärker und schwächer durchbluteten Gesichtspartien selbst unterschiedliche Emotionen wie Ärger, Überraschung oder Kummer erkennen können. Es ist nur natürlich, dass solche Geräte in Medizin und Psychiatrie zum Einsatz kommen.

Viele Gehirnforscher erwarten, dass man eines Tages durch die technische Weiterentwicklung sogar in der Lage sein wird, so komplizierte Vorgänge wie das menschliche Bewusstsein abzubilden. Simple Vorformen davon existieren schon seit einigen Jahren. Und wie ähnlich die Technologie dem Menschen bereits geworden ist, zeigt das Beispiel von Computerviren: Sie verbreiten sich über das Internet nach exakt denselben Regeln wie reale Viren, bis hin zur Mutation, wenn sie bekämpft werden.

»Wird also der Mensch zur Maschine oder die Maschine zum Menschen?«, fragte im Jahr 2000 der besorgte Reporter des Wirtschaftsmagazins *brand eins* den Mathematiker und Internetunternehmer Eberhard Schöneburg, der seit über zehn Jahren im Bereich der Entwicklung von schlauen, intelligenten Robotern *(smart bots)* tätig ist. Schöneburgs Antwort: »Beides wird geschehen. Erste Ansätze beobachten wir bereits heute: Implantate im Gehirn, in der Retina, im Ohr, um Behinderten zu helfen. In rund zehn Jahren werden Organe komplett biologisch-synthetisch hergestellt und in den Körper eingepflanzt. Man beginnt gerade, elektronische Leiterbahnen mit Nervenzellen zu verbinden. Umgekehrt werden Maschinen mit immer mehr biologischen Features ausgestattet. Schließlich werden wir es schwer haben, zu identifizieren, wo der Mensch aufhört und die Maschine anfängt ... Es ist ein ganz natürlicher Vorgang. Wir sind heute in der Lage, unser eigenes Erbgut zu modifizieren. Somit ist dies auch unsere Aufgabe – aus der Sicht unserer Gene. Unsere Überlebensstrategie ist jetzt nicht mehr dem Zufall überlassen, wie in der klassischen Evolution. Sondern wir können unseren eigenen Genpool definieren und beeinflussen damit quasi die nächste Stufe der Evolution.«[51]

Schöneburg hält es für konsequent, dass die Erkenntnisse, die über das Internet möglich werden, auch praktisch genutzt werden. Er selbst sieht sich nicht als einer der »Ingenieure, die Götter sein wollen«, wie vom fragenden Reporter befürchtet: »Mit einer Ebenbürtigkeit mit Gott hat das nichts zu tun. Warum nehmen wir es denn widerspruchslos hin, wie wir geboren werden? Warum sollte ich nicht eingreifen, wenn ich absehen kann, dass ein neugeborenes Kind behindert sein wird? Warum sollte ich mich dem Schicksal fügen? ... Und wenn wir diesen Schritt machen, wenn wir in unsere Geschichte aktiv eingreifen, warum sollte ich nicht auch das Gehirn verändern? Ich kann nichts Schlechtes daran finden, wenn ich eine technische Möglichkeit besitze, biologische Defekte zu verhindern, dies auch zu tun, oder daran zu arbeiten, dass meine Persönlichkeit meinen biologischen Tod überlebt.«[52]

Solche Gedanken gelten in Deutschland immer noch als hochgradig häretisch, ja gefährlich. Die bestehenden Ängste vor einer den Menschen verschlingenden Technik sind in der deutschen Geschichte begründet (siehe dazu den Exkurs: »Technologie in der deutschen Geschichte«, S. 230ff.).

Die Diskussion um die Gentechnik ist ein Beispiel dafür, wie die Elite eines ganzes Landes die Herausbildung einer neuen moralischen Ordnung verhindert, weil sie in Mustern von gestern denkt (nicht zuletzt, und das sei zur Ehrenrettung aller Skeptiker gesagt: mit einigem moralischen Recht im Hinblick auf die Züchtungs- und Ausrottungsstragtegien der Nationalsozialisten).

Gentechnik – mit der alten Moral in die Sackgasse

Das historisch verständliche Dilemma behindert jedoch mitunter die Falschen. Volker Gerhardt erklärt den Grund für die fast durchgehend ablehnende Haltung der Deutschen gegenüber der Gentechnik: »Die Verkehrung der biopolitischen Debatte in der Bundesrepublik Deutschland besteht darin, dass man nur den Gegnern der Biomedizin moralische Motive zugesteht.«[53] Der Philosophieprofessor wehrt sich gegen »Versatzstücke einer Naturphilosophie«, mit denen hierzulande immer wieder eine zwar völlig willkürliche, aber vielleicht gerade deswegen sehr wirksame unüberbrückbare Grenze zwischen Mensch und Natur (und Maschine) gezogen wird.[54]

Die merkwürdigste moralische Konstellation macht Gerhardt (und mit ihm viele andere Kritiker der deutschen ablehnenden Haltung gegenüber dem Thema Gentechnik) im Gesetzesbereich aus: »Das im Jahr 1975 gefällte und 1993 bestätigte Abtreibungsurteil des Verfassungsgerichts verlangt von der Schwangeren, dass sie ihr eigenes Leben zur Disposition stellt, sobald sie auch nur über eine mögliche Abtreibung nachdenkt.«[55] Zugleich stellt das Gericht diesen als Verstoß gegen ein Grundrecht qualifizierten Tatbestand außer Strafe, nicht einmal eine symbolische Strafhandlung ist vorgesehen. Eine wirklich groteske Situation, die vor allem zeigt: Die herkömmlichen Kriterien, Moral in eine rechtliche Form zu gießen, sind gescheitert. Eine solche Rechtsprechung schafft kein Wertesystem, sondern kann allenfalls als kunstvoller Kompromiss zur Befriedung eines gesellschaftlichen Konflikts gesehen werden. Aber dieses Urteil hat noch mehr bewirkt: Es wurde zur Vorlage des 1990 verabschiedeten Embryonenschutzgesetzes, das bis heute »den Einstieg in die medizinische Forschung« verhindert.[56]

Damit wird die Würde der Menschheit als Gattung (die seit den Zeiten der Scholastik Teil des Begriffs »Menschenwürde« ist) auf dem Altar eines überzogenen (und damit falschen) Verständnisses von der Würde des Einzelnen geopfert. Am Ende wird dies auf Kosten des Einzelnen geschehen. Die Hoffnungen der Wissenschaftler verheißen nämlich nicht weniger als »den Ersatz zerstörter Hirnzellen bei Parkinson- und Alzheimerkranken, Therapie der multiplen Sklerose, Heilung von Querschnittslähmungen, Erneuerung zerstörter Herzmuskelzellen nach schweren Infarkten, Erneuerung der Knochenzellen in Fällen von Osteoporose, und in ferner Zukunft vielleicht die Herstellung vollständig transplantabler Organe«.[57]

Nachdem Forschung in dieser Richtung in anderen Ländern erlaubt ist, könnte sich der deutsche Patient mit der Aussicht trösten, möglicherweise eine Therapie mit eigenen Stammzellen im Ausland durchzuführen – und Deutschland könnte irgendwann den Import entsprechender Medikamente erlauben. Was aber, so fragt Gerhardt, »wenn wir uns morgen – infolge verfehlter Forschungspolitik – den Import der neuen Arzneien gar nicht mehr leisten können?«[58] Man kann sich »mühelos vorstellen, dass genetische Eingriffe zu einem Vorrecht der Reichen werden«.[59]

Bei der Gentechnik, einer der spektakulärsten und komplexesten Wissenschaften, können wir erkennen, wie notwendig die gleichzeitige Entwicklung von neuen Methoden und einer modernen Moral ist. Der deutsche Versuch, einen ethisch sinnvollen Rahmen für die technologischen Methoden zu entwickeln, ist mit traditionellen Mitteln gescheitert. Der Grund liegt in einer hierzulande weit verbreiteten Krankheit: in allem und jedem zuerst die Gefahren zu sehen. Das gilt besonders für die technischen Bereiche. Die wirksame Bekämpfung von echten Gefahren wird jedoch nur gelingen, wenn wir Teil des kollaborativen Moralcodex werden, der unserer durch das neuen Kommunikations- und Informationssystem so dramatisch verbesserten Fähigkeit zur Veränderung der Welt auch tatsächlich entspricht.

Reale Bedrohungen für die Menschheit

Im Fall des Missbrauchs des Superhirns drohen erhebliche Gefahren. Wir befinden uns in einer Zeit des Übergangs. Die Menschen sind genauso zu verheerenden Verbrechen wie zu den großartigsten Leistungen imstande. Alle Systeme, die ihnen zur Verfügung stehen, können zum Guten wie zum Bösen verwendet werden. Dies gilt auch für unser neues Kommunikations- und Informationssystem, mit dem wir, den Delfinen ähnlich, schnell, präzise, gemeinschaftlich, kollaborativ, universal und dauerhaft Prozesse reflektieren, Entscheidungen treffen und Handlungen durchführen können. Dadurch verändern sich die synaptischen Verbindungen, mit denen jeder Einzelne die gemachten Lebenserfahrungen in sein individuelles Denken integriert.

Weil es um nichts weniger als das Überleben geht, müssen wir uns mit höchster Wachsamkeit fragen: Wer könnte ein Interesse daran haben, dass die Menschheit diese Errungenschaft gegen sich selbst richtet? Wer könnte Lust verspüren, sie in ihrer Gesamtheit zu kidnappen und die Erde wie seinerzeit die Flugzeuge am 11. September 2001 in den großen finalen Knall zu treiben? Es gibt mit Sicherheit Versprechungen, vergleichbar mit der, dass auf den Täter eine bestimmte Anzahl von Jungfrauen im Paradies wartet. Und schließlich: Wer könnte einen Nutzen darin sehen, die ganze Menschheit zu verführen, in einen süßen Schlaf zu singen und damit abzukassieren?

Der 11. September – die dunkle Vorahnung, was möglich ist

Das Internet ist eine neue Waffe in den Händen des Terrorismus. Die Kombination ist deshalb gefährlich, weil das World Wide Web strukturell den Einzelnen begünstigt. Jeder kann im Netz ausschwärmen, Neues ausprobieren, das Informations- und Kommunikationssystem zum Werkzeug für seine jeweiligen Zwecke verwenden. Also auch der Terrorist.

Setzen wir für einen Moment unsere Fantasie ein und überlegen, was passieren kann: Terroristen hacken sich in die Flugleitsysteme ein und bringen dadurch zeitgleich Hunderte von Flugzeugen zum Absturz. Terroristen verschaffen sich virtuell Zugang zu den Leitzentralen von Atomreaktoren und verursachen mit gezielten »Störfällen« eine katastrophale Verseuchung ganzer Kontinente. Terroristen gelingt es, mittels elektronischem Datenklau, Zugänge zu den Bankkonten von Millionen von Menschen zu bekommen. Sie räumen die Konten über das Internet ab und lösen mit dieser Aktion einen verheerenden Bürgerkrieg aus.

Denkbar ist das alles, machbar auch. Und vermutlichen fallen Ihnen bei einigem angestrengten Nachdenken noch etliche andere Horrorbilder ein. Wir müssen auf der Hut sein: Wir sind für einen derartigen »Kollateralschaden« in der Phase der Entwicklung des Superhirns besonders anfällig, weil sich vieles noch im Stadium von Versuch und Irrtum befindet.

Der 11. September 2001 kam nicht ohne Vorbereitung. Die Terroristen haben als (durchaus perverse) Nutzensortierer von den damals noch rudimentären Möglichkeiten des neuen globalen Kommunikations- und

Informationssystems brutal Gebrauch gemacht. Unter den Vorzeichen des Bösen testeten die Menschen, was eigentlich passiert, wenn man das Superhirn zum Supermord missbraucht.

Überraschend kam das Ereignis im Nachhinein gesehen nicht – und doch hat kein Mensch damit gerechnet: Ich erinnere mich, dass wir bei der *Netzeitung* – ich war damals ihr Chefredakteur – bereits im Sommer 2001 mehrere Artikel veröffentlichten, in denen es um mögliche Terrorangriffe auf die USA ging. Ich sehe noch eine Schlagzeile eines Artikels vor mir, die ich – es muss im Juli gewesen sein – mit verblüfftem Erstaunen las: »Bin Laden plant Terrorattacke auf die USA.« Ich dachte zuerst, der Redakteur hätte seine Grammatik verlernt, bis ich verstand, dass Bin Laden jemand war, den man sich merken musste. Ich habe das Ganze dennoch nicht für möglich gehalten, eher für so eine Art Geheimdienstspinnerei. Am 11. September dann, um 15 Uhr MEZ, starrte ich ungläubig auf die Flugzeuge, die ins New Yorker World Trade Center rasten. Es dauerte eine Weile, bis ich erfasste, dass es sich hierbei nicht um eine Schlamperei der Flugsicherung handelte, sondern um einen geplanten »Angriff«. Ich hatte Verständnis für den hilflosen George W. Bush, der da in irgendeiner Provinzschule minutenlang in einer Ecke kauerte, nachdem ihm ein Berater das Schreckliche in die Ohren geflüstert hatte.

Nach dem schauerlichen Weckruf begann das Superhirn jedoch auf Hochtouren zu arbeiten. Die Menschen stürmten die damals noch neuen Nachrichtenseiten im Internet. Wir Redakteure waren auf einmal gezwungen, den Lesern Zusammenhänge zu erklären, die uns völlig neu waren. Afghanistan war mit einem Schlag wichtiger als das englische Königshaus, Geschichten über die Taliban wurden intensiver verschlungen als der neueste Klatsch über die deutschen Prominenten. Man konnte das Superhirn geradezu arbeiten »sehen«: Die Leute wollten mehr, die Journalisten brachten mehr. Es war wie ein gewaltiger Sturm der Aufklärung, angefacht von dem Bedürfnis der Herde, die sich erstmals wirklich kollektiv bedroht fühlte. »Das Internet hat den Durchbruch zum Massenmedium erreicht«, sagte Mathias Müller von Blumencron, der damalige Chefredakteur von *Spiegel online*, dem mit Abstand reichweitenstärksten Nachrichtenportal Deutschlands, wenige Tage nach dem Terroranschlag.[60]

Jeder Tote aus den entführten Maschinen und im World Trade Center ist auch deswegen ein Held, weil das Geschehen der Spezies vor

Augen geführt hat, was geschieht, wenn wir den falschen Nutzensortierern folgen. Welche Folgen es hätte, wenn unsere Konformitätsverstärker jenen untertan gemacht würden, die unsere Auslöschung wollen. Wenn unsere Ressourcenschalter auf »Ethik raus!« gestellt wären. Wenn das Böse gewinnt, und das Gute verliert. Bei aller Tragik: Der perfide Angriff kam zu einem Zeitpunkt, in dem es noch möglich war, die Menschheit wachzurütteln. Alles ist denkbar geworden, und daher kann und muss sich die Menschheit darauf vorbereiten, auch das absurdeste Verbrechen in ihre Präventionsüberlegungen einzubeziehen.

Kampf ums Überleben

Terroristen sind auch weiterhin als potenzielle Feinde des Superhirns nicht zu unterschätzen. Nicht nur, weil sie das Internet zur Organisation von Terroraktionen verwenden. »Ohne Internet geht im Terrorismus heute gar nichts mehr«, sagt Bert Weingarten von der Firma Pan Amp.[61] Es sei der »sicherste Kommunikationsweg« für Terroristen, weil Telefone mittlerweile fast lückenlos abgehört werden könnten.[62] Aber auch die Fahnder sind immer besser geworden: So sind die ersten sogenannten Konvertitenportale, auf denen zu Gewalt aufgerufen wurde, in Deutschland, Dänemark und Kanada im Internet entdeckt worden. Weingarten erzählt, dass seine Firma den Behörden einen Hinweis auf eine deutsche Konvertitin gab, die in einem Forum einen Selbstmordanschlag angekündigt hatte. In einem anderen Fall entdeckte das Unternehmen einen Server in Düsseldorf, auf dem Originalinhalte von al-Qaida in türkischer Sprache abzurufen waren. Anfang 2007 konnte Pan Amp die Verbreitung eines Drohvideos der al-Qaida gegen Deutschland und Österreich (»Die Stimme des Kalifats«) auf einen Server in Erfurt zurückführen. Auf Dauer ist zu erwarten, dass die Transparenz, die das Internet schafft, den Terroristen das Leben eher schwerer als leichter macht.

Die größte Gefahr durch die Terroristen besteht in der (unter Umständen auch nur teilweisen) Zerstörung des Internets durch einen langfristig vorbereiteten, weltweiten und konzertierten Hacker-Angriff. Damit verbunden wäre die Vernichtung der globalen Denkfähigkeit. Stellen Sie sich vor: All Ihre Daten im Netz wären verschwunden, Ihre Mail-Programme gelöscht, Sie hätten wochenlang keinen Zugang mehr zum World Wide Web. Schon heute – und wir sind noch lange nicht auf dem Höhepunkt unserer Vernetzung angekommen – würden wir bereits komplett die Orientierung verlieren.

Diese Schreckensvision mag momentan noch schwer ausführbar erscheinen. Sie muss jedoch ins Kalkül gezogen werden, weil die menschliche Fantasie unbegrenzt ist – auch und gerade wenn es um Gewalt geht. Solche Täter werden nicht aus dem Umfeld von al-Qaida kommen. Die *New York Times* berichtete im Frühsommer 2008, welche Schwierigkeiten Osama bin Ladens Leute hätten, mit der neuen Web-2.0-Technik zurechtzukommen (also der prinzipiellen Offenheit für alle und der Möglichkeit der Partizipation von allen).[63] Sie verstehen die zentralen Grundregeln des Superhirns nicht. Aber es werden neue, intelligentere Aggressoren auf den Plan treten. Wir müssen diese terroristische Gefahr für das Internet wie einen potenziellen Tumor betrachten: Er kann das ganze Superhirn außer Kraft setzen, und damit die Menschheit ins Mittelalter zurückstoßen. Was dies für die Lösung der globalen Probleme bedeutet, kann sich vermutlich jeder selbst ausmalen.

Terrorismus – wer kennt den Feind?

Das Scheitern der amerikanischen Regierung, die nicht in der Lage war, den 11. September zu verhindern, muss die Spezies in dem Grundansatz bestärken: So wie bisher kann es nicht weitergehen. Wir können unser Schicksal nicht in die Hände der Geheimdienste oder Regierungen legen. Die Kontrolle von Fingerabdrücken, die Weitergabe von persönlichen Daten und die Beschnüffelung von im Handgepäck mitgeführten Parfüms sind Ersatzhandlungen, nicht mehr. Der Kampf ums Überleben ist zu wichtig geworden, als dass wir ihn den Regierungen oder Behörden überlassen könnten. Als viele Einzelne sind wir stark, und nicht als Vasallen einer Gesellschaft, in der andere für uns entscheiden.

Die wirkliche Herausforderung für unser Echolotsystem besteht darin, dass es so viele Einzelne wie möglich in die Lage versetzt, heraufdämmernde Gefahren nicht bloß zu erahnen, zu ertasten und zu erspüren. Es geht darum, zunächst einmal einen Konsens zu entwickeln, was eine Gefahr ist. Dies ist sehr wichtig, weil die größten Bedrohungen durch jene entstehen, die gar kein Interesse haben, sich an einer gemeinsamen Ethik zu beteiligen – wie zum Beispiel Terroristen. Sie beharren darauf, ihre eigenen »Werte« gegen jene der ganzen Menschheit zu setzen: Für den rationalen Menschen ist eine Autobombe eine Gefahr, für den Fundamentalisten dagegen die ersehnte Verheißung.

Es ist entscheidend, eine Bedrohung zu erkennen und möglichst rasch alle anderen zu informieren. Noch besser wäre es, wenn Gefahren antizipiert, also vorweggenommen werden können. Das große Ziel muss daher sein, dass alle an dem neuen Kommunikations- und Informationssystem teilhaben.[64]

Die rasche Wahrnehmungsintegration, die das neue Superhirn gewährt, macht eine blitzschnelle Abwägung und die gemeinsame Abwehr der Bedrohung möglich. Keine neue Un-Kultur der Verdächtigung oder Denunziation kann dies gewährleisten. Nur der milliardenfache Druck derer, die das Überleben anstreben, gegen jene, die vor dem Selbstmordanschlag im realen wie im digitalen Raum nicht zurückschrecken.

Deshalb ist es entscheidend, dass das Superhirn von jenen weiterentwickelt wird, die die Menschheit nicht zerstören, sondern retten wollen. Die Gefahr, dass die gegen das Überleben eingestellten Nutzensortierer voranschreiten, ist real. Auch deshalb, weil die Welt, in der wir und die potenziellen Terroristen leben, immer noch unendlich viel Ungerechtigkeit hervorbringt. Das soziale Elend ist der beste Nährboden für den Terror. Ebenso der religiöse Fundamentalismus, der ein ganz anderes »Apriori« – also andere absolute Werte – anerkennt, als der Rest der Welt. Aber der Grund für das Entstehen des Superhirns besteht im kollektiven Überlebenswillen der Menschheit. Die Spezies will sich nicht ausrotten. Der Drang zum kollektiven Überleben ist größer als jede partielle Todessehnsucht.

Dennoch erleben wir einen Wettlauf mit der Zeit. Der 11. September wurde von der zivilisierten Welt vielleicht auch deshalb »verschlafen«, weil damals alle mit dem New-Economy-Crash beschäftigt waren. Das Internet war »out«, weil viele Geldwerte vernichtet und große Hoffnungen enttäuscht wurden. Viele hätten gern das Rad der Geschichte zurückgedreht. Allein: Der Weckruf des Terrors hat alle aufgerüttelt. Heute wissen wir: Ein zweites Mal dürfen wir uns nicht überrumpeln lassen.

Die Größe und Komplexität des neuen Kommunikations- und Informationssystems macht es zu einem mächtigen Werkzeug für die Menschen. Weil wir unsere Köpfe vernetzt haben, sind wir in der Lage, Trends und Tendenzen schneller und besser zu erkennen, zu beurteilen und zu beeinflussen. Dieses Wissen ist unser größter Trumpf im Kampf gegen die großen, realen Gefahren. Nichts ist wichtiger, als das Internet in den Händen der Vernünftigen. Denn diese müssen in der Lage sein, zu verhindern, dass das Superhirn die Befehle von destruktiven Kräften ausführt.

Politische Repression ist immer möglich

Erhebliche Verkümmerungen des Superhirns können eintreten, wenn Regierungen glauben, sie müssten die Denkfreiheit einschränken. Und das haben Regierungen immer gern gemacht. Selbst Internetgiganten wie Google[65] müssen mit den Behörden kooperieren und im Verdachtsfall Daten »herausrücken« – ein echtes Problem für alle Beteiligten am Superhirn. Während einer Diskussion auf der Ars Electronica in Linz, jenem verbindenden Festival von Technologie, Kunst und Gesellschaft, wies der österreichische Journalist Erich Moechel auf ein großes Konfliktfeld hin, das in Deutschland bereits in der Debatte um den staatlichen Zugriff auf private Computer durch die Behörden zur Verbrechensbekämpfung reale Gestalt angenommen hätte.[66] Neben der Auswertung von Überwachungskameras gewinne die Kontrolle des virtuellen »Datenkörpers« der Internet- oder Handy-User immer größere Bedeutung. Diese hinterlassen unablässig ihre digitalen Spuren. Moechel glaubt, dass »sämtliche strategischen Punkte der kommunikationstechnischen Zivilgesellschaft« unter staatliche Kontrolle geraten könnten.[67] Er wies darauf hin, dass diese Möglichkeit für die Behörden keine Zukunftsvision sei. Schon heute sitzen Vertreter von Geheimdiensten in Kommissionen, die die digitalen Standards bestimmen. »Wer die Interfaces kontrolliert, kontrolliert die Datensätze im Netz«, sagte Moechel.[68]

Ein weiterer Teilnehmer der Diskussionsrunde, Harvard-Professor Viktor Mayer-Schönberger, der zahlreiche Unternehmen und Institutionen in digitalen Fragen berät, vertrat die Auffassung, dass ein Staat geradezu dankbar wäre, wenn ihm die Gesellschaft freiwillig beim Sammeln der Informationen zur Hand gehe. Eine Regierung könne sich eine derartige Datenbank finanziell und organisatorisch nicht leisten, und sei selbstverständlich gewillt, im Bedarfsfalle auf alle zur Verfügung stehenden Daten zuzugreifen.[69]

Mayer-Schönberger konkretisierte seine Sorge mit zwei folgenreichen Beispielen »historischer Datensammelwut«. Zum einen hätten die Nazis in Holland die umfassenden Melderegister eines modernen Sozialstaats benutzt, um besonders viele Juden deportieren zu können. Zum anderen wäre der Apparat der Staatssicherheit in der DDR noch effizienter gewesen, wäre die Archivierung mithilfe moderner Computer erfolgt. Mayer-Schönberger sprach in diesem Zusammenhang davon, dass die jeweiligen politischen Verhältnisse entscheidend für den Umgang mit digitalisierten Daten seien: »Was immer auch an ›Zweckbindungen‹ und ›Löschungsnormen‹ für Informationssammlungen von staatlicher Seite festgelegt wird, kann jederzeit unterlaufen werden – derzeit etwa durch die ›Rhetorik der islamistischen Bedrohung‹«.[70]

Mauerspechte durchlöchern die Zensur

Wie eine solche Rhetorik zur Praxis wird, zeigt das Beispiel der chinesischen Internetzensur. Mit dem »Golden Shield« – einer massiven Firewall – wird alles von China ferngehalten, was den Machthabern nicht passt. Sie ist im virtuellen Raum ein ähnliches technisches »Meisterwerk« wie die reale Mauer – und kaum zu überwinden. Aber unser Superhirn macht auch vor einer solchen Herausforderung nicht halt. Zwei Schweizer Künstler haben die Mauer geknackt. Christoph Wachters und Mathias Juds Projekt »Picidae« ist ein künstlerisch-philosophisches Experiment (*Picidae* ist der lateinische Ausdruck für »Spechte«; mit dem Wort wird Bezug genommen auf die »Mauerspechte« der Berliner Mauer). Als Stipendiaten der Werkleitz Gesellschaft in Halle an der Saale arbeiteten sie an einem Konzept, das sich mit den Auswirkungen von Mauerfall und Wende auseinandersetzte, insbesondere in den Köpfen der Menschen.[71] Im Anschluss an dieses Projekt entwickelten die Künstler, inspiriert von der deutschen Nachwendewirklichkeit, eine neue Idee: »Zone interdite«, verbotene Zone. Wiederum ging es um Wahrnehmungsgrenzen: Die Schweizer nahmen sich dafür die verschiedenen Militärbasen vor, für die es überall auf der Welt ein Darstellungsverbot gibt. Diese Orte sind blinde Flecken auf der Landkarte. Auf einer Internetseite[72] sammelten sie Material zu diesen Basen, verlinkten es miteinander, bereiteten es auf, wollten so die verbotenen Orte sichtbar machen. Das Projekt kann heute noch besucht werden und gibt einen spannenden Einblick in Dinge, die wir eigentlich nicht wissen sollten – wenn es nach den Wünschen des Militärs ginge.[73]

Bei der Entwicklung von »Zone interdite« stießen sie zwangsläufig auf die chinesische Zensur – die Militärbasen in China waren besonders gut abgeschirmt, es gab keinen Weg, sie »virtuell« zu finden. Die Chinesen haben ihr altes Denken derart erfolgreich auf die neue Welt übertragen, dass sie selbst die großen Maschinen des neuen Superhirns, Google und Yahoo!, in die Knie zwangen. Die beiden Internetunternehmen unterwarfen sich den Regeln der Chinesen – und handelten sich dabei heftige Kritik aus der Internet-Community ein: Die Gemeinschaft spürte, dass der Versuch der Chinesen, das Internet zu zensieren, nicht hingenommen werden darf.

Wachter und Jud verbanden für Picidae verschiedene Server – Maschinen, auf denen Daten gelagert sind, die dann über das Internet abrufbar sind. Sie wollten damit den chinesischen Internet-Usern all jene Websites zugänglich machen, die ihnen die staatliche Zensur vorenthielt. Das Ganze basiert auf einem zweistufigen, offenen, wachsenden und chaotischen Netzwerk. Ein chinesischer User, dessen Zugang zu bestimmten Websites durch einen Filter zensiert ist, kann einen pici-Server anwählen. Diese pici-Server »überlisten« die chinesischen Zensoren auf eine geradezu philosophische Weise. Vom Inhalt einer zensierten Seite wird ein »Bild« gemacht, eine Art Screenshot (ein statisches Foto einer Website). Weil die chinesischen Roboter jedoch nur den Text (also bestimmte Worte, die auf dem Index stehen) zensieren können, geht ein ins Internet gestelltes Foto (oder ein künstlich erzeugtes Bild) an ihnen vorüber. Sie sind gewissermaßen blind für die fotografierte Welt. Mit anderen Worten: Die meisten Filteranlagen »lesen« den Text einer Seite und schlagen eben nur bei bestimmten Begriffen Alarm. Und weil durch Picidae kein Text, sondern ein Bild an den User übermittelt wird, das von den Filteranlagen nicht erkannt werden kann, passieren diese Screenshots problemlos die Zensur. Picidae funktioniert nach dem Open-Source-Prinzip, ist somit offen für alle, um weiter bearbeitet zu werden. Im Prinzip kann die Gemeinschaft auf diesem Weg die perfekte Gegenwelt zu dem aufbauen, was die Chinesen zulassen wollen.

Von Berlin aus, der Stadt der Teilung und der Mauerspechte, reisten Jud und Wachter nach China, ans »Ende des Internets«.[74] Drei Wochen lang testeten sie in Peking und Shanghai die Stärke des »Golden Shields« in verschiedenen Internetcafés – unter nicht ganz ungefährlichen Bedingungen: Alle Besucher mussten sich an diesen Orten einer strengen Ausweiskontrolle und Registrierung unterziehen, die Räume waren mit Überwachungskameras ausgestattet. Über den Picidae-Server konnten die beiden Schweizer Internetseiten aufrufen und Suchanfragen starten, die normalerweise von der chinesischen Firewall geblockt werden: Etwa nach *Tiananmen massacre* oder *democracy* auf einer nicht zensierten Version von Google sowie einer Auswahl von BBC-Homepages. Umso größer war die Begeisterung der Künstler, als sie sahen, dass es funktionierte. Mathias Jud berichtet: »Es war unglaublich, als wir die ersten Websites sahen. Für die Menschen in einem Land mit Zensur ist das Netz ja kein Informationsmedium. Man stellt sich auf einmal sehr grundsätzliche Fragen: Wie würde ich auf diese Seiten reagieren, wenn ich ein Chinese wäre?«[75]

Wachter und Jud hatten mit Picidae ein wirkungsvolles Mittel gegen Denkverbote wie die Zensur entwickelt. Gleichzeitig wollen sie mit ihrem Projekt die Herde, die das Superhirn verwendet, auch warnen: Das Internet wird gern als unendlich großer Raum gesehen, in dem die Freiheit grenzenlos ist und in dem jede Seite nur einen Klick entfernt ist. Tatsächlich jedoch ist das Internet technologisch durch Firewalls, Suchmaschinen, Provider, Vorkonfigurierungen eingeschränkt. Wachter geht davon aus, dass »durch ausgeklügelte Filtersysteme Herrschaftsstrukturen auch im Internet durchsetzbar sind«.[76] Der wirkungsvollste Schutz gegen solche Systeme ist der mündige, aufgeklärte Einzelne, wie Wachter es beschreibt. Und dieser müsse sich ständig weiterentwickeln, weil auch die Systeme der Kontrolle und Manipulation immer komplexer und schwerer zu durchschauen sind.[77]

Im Sommer 2006 wurde die chinesische Firewall nochmals nachgerüstet, da immer wieder daran gearbeitet wird, sie auszuhebeln. Jene, die das Netz politisch hijacken wollen, stehen denen gegenüber, die das Ziel haben, die Freiheit des Einzelnen zu verteidigen. Für den digitalen Mauerspecht Wachter geht es bei diesem Widerstreit um die Durchsetzung des »demokratischen Moments«.[78] Auf diese Weise werden ethische Maßstäbe formuliert, es wird um sie gekämpft, gerungen.

Als das thailändische Militär im Jahr 2005 gegen die Regierung putschte, wurden sofort alle traditionellen Medien des Landes zum Schweigen gebracht. Keine Berichte in Radio oder Fernsehen, nichts in der gedruckten Presse. Und doch gingen Bilder von diesem Aufstand um die Welt: Eine Bloggerin hatte die aufrollenden Panzer von ihrem Fenster aus beobachtet und sich in Sekundenschnelle in die einzige »Korrespondentin« des Landes verwandelt. Unter ihrem Internetnamen »gnarlykitty« verkündete sie in riesengroßen Buchstaben: »Militärputsch!!!« – und begann mit einer Art Live-Berichterstattung über die Ereignisse. Die herkömmliche Zensur hatte gegenüber einer Technologie, die von einer wachen Bürgerin blitzschnell genutzt wurde, das Nachsehen.[79]

Der Moloch Kommerz

In allen bisher geschilderten Bedrohungsszenarien waren sofort die echten Gefahren zu erkennen. Anders ist es bei der Kommerzialisierung. Vor Kommerz fürchten wir uns nicht, er ist Teil unseres Lebens geworden. Wir denken bei diesem Wort schlimmstenfalls an die lästige Fernsehwerbung. Aber eine Gefahr? Wir sehen sie nicht. Und genau deshalb ist die vollkommene Kommerzialisierung des Superhirns vielleicht eine der größten Bedrohungen. Es besteht nämlich Grund zur Sorge, dass wir durch eine kommerzielle Gehirnwäsche gehen. Die Wirtschaft kann, von Moral und sozialer Bindung abgekoppelt, ein fressendes Ungeheuer sein, unendlich maßlos, vor allem, wenn es um den persönlichen Vorteil geht. Die Krise an den Finanzmärkten 2008 hat uns dies eben erst vor Augen geführt.

Das Dilemma, das von der Wirtschaft ausgeht, besteht nicht darin, dass Google oder sonst ein Unternehmen unsere Daten missbraucht und wir mit Produkten überschwemmt werden, die wir nicht wollen. Es besteht auch nicht darin, dass sich das Internet prima als Betrugsmedium eignet. Im Juli 2005 wurden beispielsweise vierzig Millionen MasterCards und Visa Accounts gestohlen, weil ein Dienstleister sein Netzwerk nicht ausreichend geschützt hatte. Die Hacker waren dadurch in der Lage, in den Besitz der entsprechenden Daten zu kommen.[80] Und in Großbritannien ergaunerte ein Dreizehnjähriger ein Vermögen, indem er einen Online-Versand gründete und Fernseher, Autos und Unterwäsche in alle Welt verkaufte, die in Wirklichkeit gar nicht existierten. Er ließ sich mit einer Luxuslimousine herumfahren und bestellte den Champagner kistenweise nach Hause. Sein Vorbild war der Betrüger und Hochstapler Frank William Abagnale Junior, dessen Lebensgeschichte in dem Film *Catch Me If You Can* nachgezeichnet wurde – Abagnale wurde von Leonardo DiCaprio dargestellt.[81] Aber das alles sind ärgerliche, vielleicht sogar pittoreske Kinderkrankheiten. Es sind unangenehme Vorkommnisse – jedoch ohne Auswirkungen auf unser Superhirn.

Die eigentliche Bedrohung für das neue Kommunikations- und Informationssystem der Menschheit ist darin zu sehen, dass viele wichtige Denkfunktionen nicht ausgebildet werden, weil sie keinen direkten wirtschaftlichen Nutzen bringen und unser Superhirn daher zu einem Superbauch degeneriert. Wenn die Wirtschaft alles in den Griff bekommt, was heute im Internet gedeiht, werden wir bald an wichtigen Stellen Steppen vorfinden.

Wir müssen in dieser Hinsicht sehr achtsam sein: Die Geschichte der Wirtschaft ist auch eine der Manipulation. Der Neffe von Sigmund Freud, Edward Bernays, hat zu Beginn des 20. Jahrhunderts die Branche der Public Relations erfunden. Zu einer Zeit, als Frauen noch nicht öffentlich rauchen durften, wurde er beauftragt, diese »Zielgruppe« zu erschließen. Bei einer Parade in New York schickte er eine Anzahl hübscher junger Frauen auf die Straße. Als sie sich verabredungsgemäß gleichzeitig eine Zigarette anzündeten, geschah dies mit dem Slogan: »Eine Fackel der Freiheit.« Das gesundheitsschädliche Rauchen nahm als getarnte Emanzipationsbewegung seinen Siegeszug bei den Frauen. Bernays, von dem sich auch Joseph Goebbels Inspirationen holte, sprach davon, dass es in der Wirtschaft vor allem darum gehe, »die Zustimmung technisch herbeizuführen« *(engineering of consent)*.[82]

Für das Internet hätte eine solche Entwicklung fatale Konsequenzen. Freiwillige Initiativen und gemeinnützige Vereine wie auch uneingeschränkte Nutzung würden dadurch beeinträchtigt werden. Man würde nur noch fördern, was Geld bringt. Der direkte Zugriff der Industrie auf das individuelle Hirn, wie ihn unser Superhirn-Komplex theoretisch ermöglicht, wäre schädlich für die Spezies.

Die Verengung des World Wide Web auf das rein Gewinnträchtige brächte zwar vielen Unternehmen gewaltigen Profit über Jahre. Sie würde die Menschheit aber davon abhalten, bedingungslos für ihr eigenes Überleben zu sorgen – auch wenn niemand dabei verdient. Die Folge wäre eine weitere Spaltung der Gesellschaft, die am Ende die Armen in den kommenden Fluten ertrinken lässt, während sich die Reichen mit dem Privatjet in die sicheren Regionen retten (etwa Kanada) und dort ihre eigene Arche Noah bauen (diesmal Design by Ferrari).

Wo spielt die Musik?

Die Dominanz des Kommerzes ist keine schöne Vorstellung. Aber wir können diese Gefahr bannen. Es gibt Beispiele dafür, wie verhindert wurde, dass der Kommerz die Kreativität ins Abseits drängt. Nehmen wir die Musikindustrie. An der Entwicklung in dieser Branche sehen wir, wie die neuen Nutzensortierer die alten Konformitätsverstärker ausgeschaltet haben: Lange Jahre hatte man in dieser Branche gigantische Gewinne damit gemacht, dass Geld für die Vervielfältigung von Popsongs und klassischen Werken eingenommen wurde. Die Musiker sahen von den Erlösen höchstens einen Bruchteil.

Ihr Schaffen ist jedoch gerade im Internet von größtem Wert für die Menschen: Die überwältigende Mehrzahl aller Videos auf YouTube sind Musikvideos, entweder von Profis oder von Laienmusikern produziert. Vor allem haben viele junge Leute in der Musik ihre neue Sprache gefunden, in der sie etwas über ihr Denken, Fühlen und Leben mitteilen. Musik, so hat es den Anschein, ist zu wichtig geworden, um sie der Musikindustrie zu überlassen. Zwischenhändler wie Plattenfirmen werden als Manipulatoren betrachtet, als Bremser, als Hindernis für die freie Entfaltung.

Wie ist das gekommen? Statt darauf zu warten, was die Marketingabteilungen der großen Musikkonzerne für die Internetnutzer an Segnungen vorgesehen hatten, begannen die Leute die für sie passenden Songs downzuloaden. Über sogenannte Peer-to-Peer-Plattformen (Nutzer tauschen untereinander Daten aus) setzte rasch ein anarchistischer Tauschhandel ein. Und mit der Praxis änderte sich auch grundlegend das Rechtsempfinden. Zwar wurde der erste Nutzensortierer dieses Systems, die Tauschbörse Napster, zur Aufgabe gezwungen. Andere Klagen der Musikindustrie gegen ähnliche Online-Dienste blieben jedoch erfolglos.

Es bildete sich bei den Internet-Usern sehr schnell ein Konsens heraus, der die kommerzielle Ausrichtung der Musikindustrie auf den Kopf stellte. Der Trick der Konzerne hatte bislang darin bestanden, dass eine CD einen Hit und zwanzig eher durchschnittliche Songs enthielt. Der Käufer wurde jedoch gezwungen, für alle Lieder zu zahlen, obwohl er nur den einen Hit hören wollte. Das World Wide Web hat diese Strategie durchkreuzt und das gesamte Geschäftsmodell umgekrempelt: Nun ist es möglich, ein einzelnes Lied herunterzuladen – und entsprechend auch nur für dieses Geld zu überweisen. Einer der Ressourcenschalter für die massive Veränderung war Apple. Mit der Entwicklung des iPod wurde der gesamte Musikkonsum revolutioniert.

Die Tauschbörsen verbreiten zudem Songs, die ohne sie nie ein Studio verlassen hätten. Der amerikanische Hip-Hop-Künstler Derrick Ashong erzählte mir im Frühjahr 2007, dass er vor einigen Jahren mit einem in seinem Wohnzimmer produzierten Lied für einen südafrikanischen Preis nominiert wurde. Er hatte noch nie von diesem Preis gehört, hatte sich also auch nicht dafür bewerben können. Sein Song war jedoch von Internet-Usern in Afrika enthusiastisch bewertet worden. Er wurde ein Hit, und sein Schöpfer erfuhr das erst Wochen später!

Immer mehr Künstler nehmen ihre Musik selbst auf. Derrick Ashong beschreibt, es sei heute sehr einfach, mit wenig Geld Aufnahmen in hervorragender Qualität herzustellen. Er nennt den Grund, warum Musiker verstärkt selbst produzieren: »Wir möchten, dass die Aufnahme so gut wie möglich wird. Wir sind Perfektionisten, die dem Tontechniker nicht trauen und im Grunde dankbar sind, dass wir das jetzt selbst machen können.«

Jordi Savall, ein katalanischer Meister der Alten Musik, hat sein eigenes Label gegründet. Er vertreibt seine hochprofessionellen Aufnahmen über seine Website Alia Vox. Für den Liebhaber seiner Interpretationen geistlicher Musik ist auf diese Art eine Oase geschaffen worden, die ohne das Internet nicht existieren würde.

Sowohl die populäre als auch die klassische Musik haben sich aus den Fesseln der Musikindustrie befreit und sind in der Lage, die für das Superhirn so wichtige Ausdrucksform Musik unabhängig von kommerziellen Zwängen zu verbreiten. Die Musikindustrie kann noch nicht ganz verstehen, was da passiert. Aber sie ist auf dem Posten: Nachdem ein selbstproduzierter Song der damals 14-jährigen Mina aus München über drei Millionen Abrufe auf der Videoplattform myvideo.de erreichte, bekam das Mädchen umgehend einen Plattenvertrag von einem bekannten Label.

Der Umbruch in der Musikindustrie hat, wie schon angedeutet, auch die rechtlichen Grundlagen zu Ungunsten der Industrie verändert. Das Urheberrecht wird heute völlig anders als noch vor wenigen Jahren gesehen. Die Rechtswissenschaftlerin Mary Wong vom Franklin Pierce Law Center (New Hampshire), die zu diesem Thema seit Langem forscht, sagte im Frühjahr 2007 bei einem Vortrag im Berkman Center an der Harvard Law School: »Die romantische individualisierte Form, die dem Künstler allein das umfassende Recht an seinem Kunstwerk zuspricht, ist nicht zu vereinbaren mit den modernen Formen von Kollaboration und sozialer Kreativität.«[83]

Anders als in früheren Zeiten, in denen das Verhältnis des Künstlers zu seinen Rezipienten ausschließlich über Fürsten, Kirchen, Mäzene oder Galeristen erfolgte, kann der Künstler nun frei wählen zwischen dem Schutz durch einen Vermittler – etwa einem Verlag, einer Galerie, einer Universität – oder einer persönlichen Verbreitung im Internet. Im ersten Fall hat er ein ausgewähltes Publikum und die Kontrolle über sein Werk. Im zweiten Fall kann er von allen gehört, gesehen, gelesen – und von allen kopiert und bestohlen werden.

Interessanterweise hat diese Wahlmöglichkeit nicht zu schrankenloser Anarchie geführt. Im Gegenteil: Neue Regeln wurden gefunden. Die Gemeinschaft versucht, die nicht-kommerzielle Weiterentwicklung des Superhirns zu fördern, ohne von den Kommerzialisten geknebelt zu werden. Mit dem Begriff *fair use* (fairer Gebrauch) sollen sowohl die Rechte jener gesichert werden, die das Kommunikations- und Informationssystem ohne kommerzielle Absichten weiterentwickeln wollen, als auch jene der kommerziellen Anbieter. Das legitime Recht, mit einer Leistung Geld zu verdienen, soll nicht einfach über Bord gekippt werden. Doch denkbar wurde nun, dass kommerzielle Spielregeln nicht die einzige Ebene bilden, auf man die Wirklichkeit aufbauen kann.

Fair use setzt voraus, dass es sowohl ein gemeinsames Verständnis über den Umgang mit einem Rechtsgut gibt, als auch die Befähigung der Gemeinschaft, über die Einhaltung dieser Spielregeln ohne andauernde Bemühung der ordentlichen Gerichte zu wachen – eine typische Tradition im angelsächsischen Kultur- und Rechtsverständnis.

In diesem Zusammenhang des *faire use* wandelte sich auch das »Copyright« der Künstler (wie das der Programmierer und aller Schaffenden). Der Autor/Musiker/Fotograf entscheidet selbst über die Vervielfältigung seiner Werke. Er vertraut der Gemeinschaft, dass sie ihn nicht beklauen oder hintergehen wird. Zugleich wurden von Rechtswissenschaftlern der amerikanischen Universitäten Stanford und Harvard unter der Führung des Internetvordenkers Lawrence Lessig praktikable Regeln entwickelt: Die sogenannten Creative Commons legen fest, unter welchen Umständen die Übernahme von Inhalten oder Werken eines anderen erfolgen kann, ohne dass man ihn dafür bezahlen muss.[84] Die Grenze ist klar gezogen: Wenn man Inhalte anderer für kommerzielle Zwecke verwendet, müssen die Urheber am wirtschaftlichen Erfolg teilhaben. Dieses völlig neue technische Konzept ist so überzeugend, dass mittlerweile auch die deutschen Internetnutzer nach den Creative Commons publizieren, ohne dass jemand ihnen dies vorgeschrieben hätte. Sie erkannten die Regeln als beste Lösung und unterwerfen sich ihnen freiwillig. Die deutsche Rechtssprechung zog nach – sie hat die Creative Commons längst als Basis für Entscheidungen anerkannt.

Die kurze Geschichte unseres Superhirns zeigte bislang, dass sie auf die Bedrohung durch die Kommerzialisierung angemessen reagieren kann. Der Streit um die Urheberrechte erinnert manchmal an Glaubenskriege: Alte Unternehmen zerren die neue Piraten vor Gericht, versuchen die Nutzensortierer dadurch ins Abseits zu manövrieren, dass sie ihnen die Rechtsgrundlage unter den Füßen wegziehen wollen. Doch die Entwicklung des neuen Kommunikations- und Informationssystems geschieht nicht in einem gesellschaftlichen Vakuum. Alle Veränderungen werden – wie in einem Megaecholot – an der Realität des Bestehenden gebrochen und reflektiert. Das Recht ist dabei Vorposten der Ethik, da rechtliche Regelungen Ausdruck von ethischen Empfindungen sind.

Der Konflikt in der Musikindustrie und die damit zusammenhängenden Debatten um das Urheberrecht geben einen Vorgeschmack auf die Zukunft: Viele Normen müssen sich erst herausbilden. Nicht wenige überkommene Werte werden dabei am Ende einfach überholt oder neu interpretiert – nicht nur durch das Downloaden von Musik. Wer jahrelang gratis mit Skype telefoniert, ist irgendwann nicht mehr bereit, fürs Telefonieren zu bezahlen. Und das Beispiel der Hacker/Programmierer hat gezeigt, dass aus einer kriminellen Tätigkeit (Hacken) sogar ein Beitrag zur Verbesserung der Gesellschaft (Open Source) werden kann.

In den vergangenen Jahren wurde immer wieder die Amerikanisierung der europäischen Gesellschaften beklagt, die katastrophale Auswirkung der globalen McDonaldisierung besungen. Das Beispiel von Urheberrecht und Creative Commons zeigt, dass wir auch in der Ethik »amerikanisiert« werden. Aber keine Sorge. Wir haben nicht den Einzug des Wilden Westens im beschaulichen Deutschland zu befürchten.

Die Amerikanisierung weltweiter ethischer Maßstäbe wird durch den Siegeszug des angelsächsischen Rechtssystems geschehen. Dieses basiert auf einem kasuistischen Modell: Allgemein verbindliche Regeln werden von gerichtlichen Einzelfallentscheidungen abgeleitet. Dieser Weg erhöht die Unübersichtlichkeit, ermöglicht jedoch eine Fortentwicklung des Rechts, ohne dass jedes Mal der Gesetzgeber aktiv werden muss. Das europäische Recht beruht dagegen meist auf der vorausgehenden Regelung durch ein bestehendes Gesetzeswerk. Erst dessen Änderung schafft neue Regeln für jedermann.

Dem gemeinsamen Denken in Form eines Superhirns, das nach dem Delfin-Code funktioniert (Echolot, Abtasten, rasche Wahrnehmungsintegration), trägt eine kasuistische Herangehensweise viel besser Rechnung als ein vorausplanender »Idealismus«. Das Recht folgt hier denselben Grundsätzen, die wir schon im Bereich der Moral beobachtet haben: Wir müssen lernen, die verschiedenen Signale, die die Einzelnen aussenden, zu verstehen und einzuordnen. Und wir müssen ein übergeordnetes Gebäude dafür entwickeln, was Recht oder Unrecht ist. Bei diesem Vorgang wird, wie wir bei Howard Bloom gesehen haben, das Verhältnis des Individuums zur Gemeinschaft ebenfalls neu definiert. Was gestern gut für eine Interessengruppe war (und daher rechtlich geschützt), kann morgen schlecht für die Gemeinschaft sein (und damit von Rechts wegen verboten werden).

Viele Fragen müssen durch das Zusammenwachsen der globalen Gesellschaften ohnehin neu gestellt werden: Wer legt fest, welche Wertesysteme global in Gesetzesform gegossen werden? Wollen wir den Yanomami folgen und den Massenmörder zum Ideal erheben oder die Friedfertigkeit der Inuit (Eskimos) für weltweit verbindlich erklären? Sie werden nun sagen: »Massenmörder nein, absolute Friedfertigkeit ja.« Klingt gut – hilft aber nicht weiter. Bei Hitler, den Kommunisten, den lateinamerikanischen Diktaturen zeigte sich, dass die Frage des Tyrannenmords eine ernsthafte Abwägung erfordert, ob es nicht unter bestimmten Umständen geradezu geboten ist, jemanden zu töten.

Eine neue Ethik wird sich nicht in einer großen, weltweiten Konferenz herausbilden. Sie wird wie alles, was am Ende unseren Delfin-Code ausmacht, prozesshaft entwickelt. Vieles wird ertastet, ausgelotet. Man wird experimentieren und verwerfen müssen. Wir werden in einer Phase des Übergangs und der Unsicherheit leben. Wir werden nicht das große Buch der globalen Moral haben, bei dem es reicht, die richtige Seite aufzuschlagen. Wir werden jeden Sachverhalt neu, kritisch und vorurteilsfrei prüfen müssen. Bestehende Regeln allein können uns nicht helfen. Wir sehen das bei einem Blick auf die Gewalt im Internet – und noch viel stärker, wenn wir einzuordnen versuchen, was es mit der Pornografie im Netz auf sich hat.

Gewalt bleibt menschlich

Im November 2007 erschoss der achtzehnjährige Pekka-Eric Auvinen im Jokela-Schulzentrum im finnischen Tuusula sieben Mitschüler, eine Krankenschwester und die Direktorin der Schule. Danach richtete er sich selbst. Etwa zur der Zeit, als er seinen Waffenschein und seine erste Pistole erwarb, begann Pekka-Eric Auvinen seine Tat auf der Website MySpace anzukündigen. Wenige Tage vor dem Massaker stellte er ein Video auf YouTube ein, in dem er im Detail ankündigte, was er zu tun beabsichtige. Unter seinem deutschen Internetnamen »Sturmgeist89« gab er eine seltsame Strategie der Weltverbesserung als Grund für die Tat an. In seinen Internetbotschaften berief er sich auf Adolf Hitler und nannte das Blutbad an der Columbine High School in den USA als Vorbild. Er galt als überdurchschnittlich guter Schüler, war jedoch offen für rechts- und linksextremes Gedankengut.

Sonja Baumer, Soziologin an der kalifornischen Universität Berkley, studiert jugendliche Gruppen, die zur Anti-Einwanderungsbewegung in den USA gehören, auf YouTube. Dabei war sie auf »lose Beziehungen« von Auvinen mit rechtsradikalen YouTube-Nutzern gestoßen, die dieser einige Zeit vor der Tat geknüpft hatte. Die finnische Polizei bestätigte, dass es einen E-Mail-Verkehr zwischen Auvinen und amerikanischen

Neonazis gegeben habe. Außerdem wurde nach der Tat bekannt, dass der Täter wenige Tage vor dem Verbrechen von seiner dänischen Freundin, mit der er nur über das Internet verkehrte, zugunsten eines Neonazis verlassen worden war.

Im Frühjahr 2007 tötete ein amerikanischer Student zweiunddreißig Menschen. Seung-Hui Cho, der dreiundzwanzigjährige Amokläufer von der Virginia Tech in Blacksburg, USA, hatte sich viele Jahre in psychiatrischer Behandlung befunden. Mehrmals war er vor der Tat durch verschiedene Gewalthandlungen aufgefallen. Auch er hatte, wie der junge Finne, sein Vorhaben in einem Video angekündigt, war sogar zwischen den einzelnen Morden auf dem Uni-Campus vor die eigene Kamera getreten. Dass jemand mit einem solchen Persönlichkeitsbild an eine Waffe gerät, hat die amerikanische Öffentlichkeit nach dem Massaker ausführlich diskutiert, ohne zu einem Ergebnis zu kommen. In Finnland hat die Regierung unmittelbar nach der Tragödie beschlossen, die Gesetze zu verschärfen: Bis zum Schulmassaker von Jokela konnten in Finnland bereits Fünfzehnjährige ohne Probleme Waffen kaufen.

Im Herbst 2007 wurde in München ein Prozess verhandelt, in dem Gaming eine zentrale Rolle spielte: Ein sechsunddreißigjähriger Mann hatte seine Frau erstochen, angeblich, weil sie zu lange vor dem Computer saß, um das Online-Rollenspiel »World of Warcraft« zu spielen.[85] Vermutlich wäre der Mord auch nach einem Schwarzer-Peter oder Mensch-ärgere-Dich-nicht-Spiel passiert: Mann und Frau waren zur Tatzeit erheblich betrunken, es hatte in der Beziehung immer wieder Streit gegeben, finanzielle Probleme hatten das Paar geplagt. Die türkischstämmige Familie des Mannes war anhaltend gegen seine Beziehung mit einer Deutschen gewesen, hatte dem Paar also keine Hilfe geboten.

Rekapitulieren wir, in welcher Weise das Internet unser Denken verändert: Wir haben, im Vergleich mit dem Superhirn der Delfine festgestellt, dass es drei Ebenen gibt: die Ebene des elektronischen Tastsinns (wir denken stets mit Rückkoppelung), die des gemeinschaftlichen Denkens (jeder greift auf die Gedanken der anderen bereits in einem sehr frühen Stadium zurück) und die der Verwendung von anderen Ausdrucksformen als der Sprache (zum Beispiel Videos).

Natürlich »inspiriert« uns alles, was wir sehen, auch zur Nachahmung. Das war beim Terminator oder bei Rambo nicht anders. Selbst die oben erwähnten jugendlichen Killer haben »Rückkoppelungen«, indem sie Neonazi-Ideen aufgreifen oder sich von Gleichaltrigen anstacheln lassen. Sie denken ebenfalls »gemeinsam«, indem sie sich bestimmte Verhaltensmuster aneignen. Und mit der Videokultur haben sie die Möglichkeit, selbst die fatalsten Gedanken zu »artikulieren«.

Man muss dieses Geschehen reflektieren, muss beobachten, ob es sich um »Rollenvorbilder«[86] handelt, muss herausfinden, ob das Umfeld (schwierige Familienverhältnisse, nicht besonders wachsame Sozialarbeiter, Ärzte etc.)[87] in diesem Zusammenhang entscheidend ist. Man muss auch vergleichen, um Trends zu erkennen.[88] Ganz gewiss wird man die Statistiken über Amokläufe über einen längeren Zeitraum sorgfältig auswerten müssen,[89] um beurteilen zu können, ob es sich bei diesen Taten um eine spezielle Form der Wahrnehmungsintegration handelt oder ob es einen kausalen Zusammenhang von im Internet aufgesogenen Informationen über Verbrechen mit konkreten Handlungen gibt. Eines Tages wird die Medizin vielleicht sogar in der Lage sein, potenzielle Gewalttäter mit Medikamenten so zu behandeln, dass sie gar nicht erst zum Verbrecher werden. Heute befindet sich die Forschung trotz der vielen Fortschritte für diesen Fall immer noch im Versuchsstadium.[90]

Vor allem aber werden wir uns sehr aktiv in das Kommunikationssystem einschalten müssen, um derartige Taten durch aktive Rückkoppelung rechtzeitig zu erkennen und vielleicht sogar zu verhindern. Ein Arzt, der wie bei dem koreanischen Amokläufer Seung-Hui Cho schon mehrfach Gewalttaten festgestellt hat, wird Methoden finden (müssen), um die Rückkoppelung mit dem potenziellen Täter aufrechtzuerhalten. Der Besuch in der Praxis, die Krankenakte, das Quartalsgespräch – das alles wird nicht mehr reichen. Möglicherweise wird das medizinische Personal (ebenso wie Polizeibehörden) im Verdachtsfall darin geschult, die immerhin öffentlichen (!) Aussagen von hypothetischen Tätern nachzuverfolgen und einen für die Öffentlichkeit vielleicht gefährlichen Problemfall virtuell nicht »aus den Augen lassen«.

Der Ruf nach Zensur, wie er nach besonders spektakulären Gewalttaten stets ertönt, ist völlig unsinnig. Sonja Baumer lehnte daher auch die Löschung der Videos ab, die YouTube nach der Tat von Auvinen aus Pietätsgründen vorgenommen hatte. Ihre Begründung: »Wie soll die Öffentlichkeit lernen, was ihn getrieben hat? Sollen wir das Ganze einfach vergessen, bis es das nächste Mal passiert?«[91]

Das gemeinschaftliche Denken wird sich in einer Weise entwickeln (müssen), dass die Community, in der sich mögliche Täter bewegen, mitdenkt und aus Erfahrungen lernt. Erste Ansätze dazu waren nach dem finnischen Amoklauf bereits im Internet zu erkennen. In den Tagen nach dem Massaker in Tuusula waren die ersten Suchergebnisse auf YouTube solche, die das Verbrechen als das benannten, was es war. Aufrufe gegen den Wahnsinn aus allen Teilen der Welt waren auf den verschiedensten Websites zu lesen. Die deutsche Nachrichten-Sammelwebsite Yigg.de führt beispielsweise die Rubrik »Kaputte Welt«, in der Fälle wie jener von Jokela gesammelt werden. Aber es können auch neue Kräfte mobilisiert werden, etwa von Kirchen und Sozialeinrichtungen, die sich aktiv in besonders problematische Foren begeben und dort in Zukunft vielleicht nicht weniger Menschenleben retten können als in den traditionellen Bahnhofsmissionen oder Suppenküchen.

In Deutschland macht der »Internet-Notruf Deutschland e.V.« von den Möglichkeiten des neuen Kommunikations- und Informationssystems Gebrauch: Über die Website erhalten Hilfesuchende – Opfer wie Täter! – anonym durch eine ausgebildete Fachkraft professionelle und kostenlose Beratung via E-Mail, und zwar an 365 Tagen im Jahr. Stellt sich dabei heraus, dass eine Therapie der richtige Weg zur Problemlösung ist, erhalten die Anfragenden Adressen von psychosozialen Einrichtungen und Therapeuten am oder in der Nähe des Wohnorts. Beachtlich ist die geringe Missbrauchsrate dieses Notrufs: Nur 0,1 Prozent aller Anfragen sind unseriös.

Die Organisation ist ehrenamtlich und wird von Prominenten wie etwa Udo Lindenberg unterstützt. Ralf Sokoll, der Mitbegründer und Vereinsvorsitzende, sagt, dass Musikevents und andere reale Veranstaltungen »außergewöhnlich und wichtig« sind, um »in der virtuellen Welt entsprechend anerkannt zu werden«.[92] Die Initiative scheint bereits großes Vertrauen im Netz zu genießen. Sokoll betont: »Uns kontaktieren Menschen, die wir sonst nicht erreichen würden.«[93]

Auch erste Versuche der Prävention sind zu beobachten. So ist der internationale Verein »Innocence in Danger« – er setzt sich aus Internetspezialisten, Juristen und Kinderschutzorganisationen zusammen – eine enge Zusammenarbeit mit dem Mobilfunkunternehmen Motorola eingegangen. Das Unternehmen stellt der Organisation Video-Handys zur Verfügung, mit denen Aufklärungsarbeit geleistet werden kann, etwa im

Rahmen eines Videowettbewerbs zum Thema gewaltfreie Handy-Videos. Das hängt damit zusammen, dass sich Gewaltvideos auf Handys anscheinend zu einem besonderen Format der neuen Subkultur entwickelt haben.[94] Hier werden Tabubruch, Mutprobe und Abschreckung in einem praktiziert.[95]

Mit Sicherheit werden sich in Zukunft Schulen, Behörden und Familien stärker mit dem beschäftigen müssen, was in ihrer unmittelbaren Umgebung passiert, wenn es um das Internet geht. Wenn sie wirklich für die Erhaltung »ihrer« Werte eintreten wollen, müssen sie das Medium so gut verstehen lernen, dass sie mit Kindern und Jugendlichen auf Augenhöhe diskutieren können. Das World Wide Web hat die Schwächen der klassischen sozialen Netze nicht zuletzt deswegen schonungslos offengelegt, weil es auch den potenziellen Verbrechern einen Ort bietet, in dem sie sich wie »zu Hause« fühlen.

Mit moralischen Appellen oder Gesetzen wird diesen Geisterfahrern im neuen Superhirn jedoch zu begegnen sein: Der Echoraum von Rückkoppelung, gemeinschaftlichem Denken und neuen Artikulationsformen muss von der Gesellschaft als Ganzes bevölkert und beherrscht werden, wenn sie ihre traditionellen Wertvorstellungen in das neue Kommunikations- und Informationssystem transferieren will. Die Hoffnung dabei ist, dass die gemeinsamen moralischen Vorstellungen der Welt tief in uns verankert sind. Und zwar derart tief, dass sie die Gewalt stets besiegen werden. Wenn dies keine Wahrheit hätte, so der Neurobiologe Donald Pfaff, »hätte sich die menschliche Gesellschaft schon vor langer Zeit aufgelöst«.[96]

Pornografie: Das große Experimentieren

Besondere Schwierigkeiten bereiten Transformationsprozesse ethischer Werte und sittlicher Vorstellungen von jeher im Bereich von Sex und Pornografie. Dabei leben wir in einer Zeit, die besonders freizügig ist: Charlotte Roches Buch *Feuchtgebiete*, bei einem renommierten deutschen Verlag erschienen, dominierte über Monate die Bestsellerlisten. Das Werk, in dem über viele Seiten mit gynäkologischer Präzision die weiblichen Geschlechtsorgane beschrieben werden, liegt in jeder Buchhandlung in hohen Stößen aus. Auch die Bücher und Stücke des französischen Autors Michel Houellebecq werden von der Literaturkritik hoch gelobt: Mit Akribie und Detailreichtum beschreibt er jede erdenkliche sexuelle Regung, mitunter in Superzeitlupe und Großaufnahme.[97] Doch nicht genug: In der öffentlich-rechtlichen ARD überreichte die Rapperin Lady Bitch Ray in der Sendung *Schmidt & Pocher* dem Moderator Oliver Pocher ein Döschen »Fotzen-Sekret«. Und der deutsch-französische Fernsehsender ARTE zeigt zu nicht allzu später Stunde überdeutlich japanische Sexualpraktiken. Alle amerikanischen Geschäftsleute preisen ihre Deutschlandaufenthalte: Sie bräuchten kein Pay-TV, da die verschiedenen Privatsender nach Mitternacht die meisten Bedürfnisse befriedigen. Die heimischen Boulevardzeitungen geißeln zwar den Sittenverfall munter – wenige Seiten später folgen die Kleinanzeigen von Prostituierten. Wer lesen kann, kann sich dort einiges an Spezialwissen aneignen.

Es wäre sehr erstaunlich, wenn unser neues Kommunikations- und Informationssystem ausgerechnet jenen Bereich ausblenden würde, der nach Fußball die vermutlich wichtigste (Neben-)Sache der Welt ist: Sex. Und weil das neue Superhirn die gesamte soziale Intelligenz umfasst, kann ihm nichts Menschliches fremd sein.[98]

Masturbieren wir uns nun möglicherweise zu Tode? Der britische Autor Andrew Keen legt mit seinen Alarmrufen einen solchen Verdacht nahe. Er schreibt in seinem Buch *The Cult of the Amateur*: »Ja, die meisten zivilisierten Gesellschaften haben ihre Rotlichtbezirke und ihre Peepshows. Pornografische DVDs sind viele Jahre lang eine erfolgreiche Wachstumsindustrie gewesen. Aber seit dem Aufkommen des Internets, und im Speziellen seit den Amateurinhalten von Web 2.0, ist Pornografie allgegenwärtig verfügbar und pervers in seinen Angeboten – es gibt virtuell kein Entkommen.«[99]

Ähnlich argumentiert Frank Schirrmacher in seiner Rede anlässlich der Verleihung des Jacob-Grimm-Preises im Oktober 2007: »Mag sein, dass die Warnung vor jugendgefährdenden Schriften und Filmen in der Vergangenheit oft prüde und unrealistisch war. Doch was Kinder und Jugendliche heute unkontrolliert sehen können, ist pornografischer und gewalttätiger Extremismus, wie ihm niemals zuvor eine Generation ausgesetzt war, und gegen den man sich, zumindest als Jugendlicher, nicht immunisieren kann.«[100]

Niemand wird ernsthaft bestreiten, dass die grundsätzliche Offenheit des neuen Kommunikations- und Informationssystems erhebliche Gefahren birgt, besonders für Kinder. Die zwei Dinge, die beunruhigen, liegen an den Schnittstellen von virtuellem und realem Leben: Es sind zum einen die Kinderschänder, die sich in Chatrooms einschleichen, zum anderen betrifft es das Geschäft mit Kinderpornos.

Chatrooms

Eltern sollten ihren Kindern rechtzeitig erklären, was ein Chatroom ist und welche Gefahren in der Anonymität lauern, die zur neuen Kultur des Internets gehört. Sie sollten ihnen ein gesundes Misstrauen weitergeben, das sie am besten an einem Einzelfall erklären. Schließlich warnen Eltern ihre Kinder ja auch, nicht mit Fremden mitzugehen und keine Geschenke von ihnen anzunehmen. Das Hauptproblem dabei ist jedoch: Wie viele Eltern waren schon einmal in einem Chatroom?

Es gibt unzählige Möglichkeiten, sich mit wenig Zeitaufwand über dieses Problem zu informieren. Anschaulich dargestellt wird ein möglicher Fall von Bedrohung aus Sicht des Kindes und der Eltern etwa auf der amerikanischen Website netsmartz.org.[101] Konkrete Hilfe findet man auch auf der von der Landesanstalt für Kommunikation Baden-Württemberg (LFK) betriebenen Seite chatten-ohne-risiko.de.[102] Wenn Eltern sich eine Stunde Zeit nehmen, können sie beim Studium dieser Website im Prinzip alles lernen, wie sie ihre Kinder am besten schützen können, ohne ihnen das Chatten prinzipiell zu verbieten oder die Freude an dieser aus dem Leben der meisten Jugendlichen nicht mehr wegzudenkenden Kommunikationsform zu nehmen.

Pädokriminelle

Im Oktober 2007 fasste die thailändische Polizei einen mutmaßlichen Kinderschänder. Der gebürtige Kanadier Christopher N. hatte mehr als zweihundert Fotos, auf denen er minderjährige Jungen sexuell missbraucht, in einschlägigen Internetforen veröffentlicht. BKA und Interpol hatten seine Spur bereits seit 2004 in diversen Kindersex-Foren verfolgt. Christopher N. lebte zeitweise in Thailand und arbeitete zuletzt als Englischlehrer in Südkorea. In Kanada war er als Kaplan in der Jugendarbeit tätig gewesen. Mehrere Opfer konnten N. identifizieren.

Ähnlich wie bei den Schweizer »Mauerspechten«, die die chinesische Firewall überlisteten, nutzen Pädokriminelle alle Möglichkeiten der Internettechnologie. So werden Bilder oft in Tausenden von Fragmenten abgespeichert, um behaupten zu können, einzelne Teile der sogenannten Puzzleaufnahmen hätten keine kinderpornografischen Inhalte. Sobald der Kunde jedoch bezahlt hat, wird das Foto durch ein spezielles Programm wieder zusammengesetzt und kann anschließend heruntergeladen werden.

Der jährliche Bericht der Internet Watch Foundation (IWF),[103] einer in Großbritannien ansässigen und unabhängigen Stiftung zur Bekämpfung von Kinderpornografie im Internet, zeigt, dass vor allem die Brutalität der Aufnahmen gestiegen ist: Der Anteil, der bei der IWF gemeldeten Websites mit Fotos und Videos, die eine Vergewaltigung von Kindern oder sadistische sexuelle Praktiken darstellen, hat sich von sieben Prozent im Jahr 2003 auf 29 Prozent 2006 vervierfacht. 60 Prozent aller kommerziellen Internetseiten, die Kinderpornografie anbieten, verkaufen auch Material, auf denen Jungen und Mädchen vergewaltigt werden. 91 Prozent von ihnen sehen auf den Bildern so aus, als wären sie unter zwölf Jahre alt.[104]

Glücklicherweise beherrschen die Behörden die Technologie mittlerweile perfekt und setzen sie aktiv ein, um dieser Kriminalität entgegenzuwirken. Die geforderte Beschäftigung mit diesem Problem findet seit Jahren statt, wenngleich die Gesellschaft einen wesentlich größeren Beitrag zur umfassenderen Aufgreifung von Verbrechern leisten könnte, indem sie den zuständigen Behörden wesentlich mehr Mittel zur Verfügung stellen würde. Diese sehen im neuen Kommunikations- und Informationssystem »mächtige Mittel«, Kriminelle »zu jagen, wo auch immer sie versuchen, sich zu verstecken«, so Interpol-Generalsekretär Roland K. Noble.[105]

Natürlich kann auch die Community beim Aufspüren von kinderpornografischen Fotos oder Videos mitwirken. Allerdings ist hier doppelte Vorsicht geboten: Erstens gibt es eine klare Definition von Kinderpornografie. Das heißt: Nicht alles, was jemand als anstößig empfindet, ist Kinderpornografie.[106] Zweitens macht sich jeder strafbar, der Kinderpornografie besitzt, also auch derjenige, der Kinderpornos »zum Beweis« herunterlädt.

Heute gibt es in allen Bundesländern Meldestellen für Kinderpornografie bei den einzelnen Landeskriminalämtern. Der Verein »Netz gegen Kinderporno« erklärt Verhaltensweisen, wie man zur Aufklärung beitragen kann. Das BKA hat eine Zentralstelle »Kinderpornografie« eingerichtet, bei der alle internationalen Verbindungen koordiniert werden.

Es existiert eine eigene »Netzpolizei«, die mithilfe der Zentralstelle für eine anlassunabhängige Recherche in Datennetzen (ZaRD) Dateien und Provider auf kinderpornografische Inhalte überprüft.

Immer jünger, immer aktiver, immer brutaler

Nun werden Sie vielleicht sagen: Gut, das sind Verbrechen, da wissen wir, was wir tun können. Aber was ist mit der unglaublichen Präsenz von »legaler« Pornografie? Muss unser Superhirn nicht erkranken bei all dem Gezeigten und Verfügbaren?

Die Zahlen sind in der Tat frappierend: Das durchschnittliche Alter, in dem Kinder im Internet mit Pornografie konfrontiert werden, ist elf Jahre. 80 Prozent der Jugendlichen zwischen fünfzehn und siebzehn Jahren haben Erfahrungen mit Hardcore-Pornografie. 90 Prozent der Acht- bis Sechzehnjährigen sahen bereits Pornos online – während sie gleichzeitig ihre Hausaufgaben erledigten.[107] Immerhin: Die Anwerbungsversuche sind rückläufig. Hat im Jahr 2003 noch jeder dritte Jugendliche solche sexuellen Handlungen im Internet erlebt, war es 2006 nur noch jeder siebte.[108] Allerdings gibt es neue Formen, die vor allem verstörende Mischformen von Sexualität und Gewalt aufweisen.[109] Oft werden auch Verspottungsaktionen wie das sogenannte »Cyberbullying« praktiziert: Gleichaltrige werden mittels SMS, IM oder in Foren regelrecht verfolgt, wobei gerade Sexthemen ein vielfach verwendetes Mittel zum Spott sind. Ein Mädchen in Missouri beging sogar Selbstmord, als es herausfand, dass der Junge, in den es sich im Internet verliebt hatte, gar nicht existierte, sondern eine Fiktion von zwei rachsüchtigen Freundinnen war.[110]

In Deutschland ist dabei ein Trend zu erkennen: Mehr als die Hälfte der deutschen Internetnutzer ist der Auffassung, dass sie selbst für ihren Schutz und den ihrer Kinder im Netz verantwortlich sind. Nur zehn Prozent erwarten hier den starken Staat, weniger als zehn Prozent setzen auf die Polizei und Gerichte.[111] Mehr als 80 Prozent der Eltern geben an, dass sie ihre Kinder beobachten, wenn diese surfen. 43 Prozent verwenden eine spezielle Software oder Computereinstellung zum Schutz des Nachwuchses. In Großbritannien sind die Zahlen ähnlich, Frankreich und andere westliche Länder liegen etwas zurück.

Dieses Verhalten entspricht auch dem, was die Juristen John Palfrey und Urs Gasser in ihrem Buch *Generation Internet* empfehlen: Sie haben in umfangreichen Studien an den Universitäten Harvard und St. Gallen herausgefunden, dass das Internet keine nicht schon im realen Leben bekannten Phänomene von Pornografie und Gewalt hervorgebracht hat.[112] Es sei jedoch entscheidend, dass die Erwachsenen die Kinder im Umgang mit diesen Themen auch in der digitalen Welt begleiten. Allerdings fehle es noch sehr oft an der Kompetenz von Eltern und Lehrern, diese Themen mit den *digitial natives*, also der ersten unmittelbar mit dem Internet aufgewachsenen Generation, zu besprechen, einzuordnen oder aufzuarbeiten. Dieser Prozess enthält im Übrigen einen nicht zu unterschätzenden Rückkoppelungseffekt: Wie Soziologen untersucht haben, hat das Internet die Position der Kinder innerhalb der Familie gestärkt: Immer öfter werden Kinder von den Eltern bei Computer- und Internetproblemen als Experten angefragt. Das ist Balsam für ihr Selbstbewusstsein. Sie werden in ihrem »Identitäts- und Ablösungsprozess« gestärkt.[113] Und erhalten damit die besten Voraussetzungen, um sich eines Tages in der komplexen Welt des Superhirns zurechtzufinden.

Immer besser?

Tatsache ist offenbar, dass der Konsum von Pornos für Kinder und Jugendliche eine Selbstverständlichkeit geworden ist. In Andrew Keens Buch *The Cult of the Amateur* ist ein Interview mit einer Dreizehnjährigen abgedruckt. In diesem berichtet das Mädchen, dass sie und ihre Freunde selbstverständlich schon Pornos gesehen haben. Das Interview liest sich so beiläufig wie ein Gespräch über das Wetter. Ähnlich offen sprechen Jugendliche in den meisten europäischen Ländern über dieses Thema.[114] Stellt man ihnen die Frage: »Ja, und ihr denkt euch nichts dabei?«, stehen sie dieser mit demselben Unverständnis gegenüber wie die heute Vierzigjährigen, wenn man ihnen erzählt, dass es in Hollywood noch in den Sechzigerjahren eine quasi-gesetzliche Regelung gegeben habe, wie viele Sekunden ein Kuss in einem Film gezeigt werden durfte, ohne als »unsittlich« zu gelten.

Bekannt sind Einzelfälle, in denen der übermäßige Konsum von pornografischen Inhalten zu schweren sexuellen Störungen geführt hat. Bekannt ist ebenfalls, dass es nicht nur eine Drogen- und Alkoholsucht, sondern auch eine Sexsucht gibt. Doch nicht zu vergessen ist die Tatsache, dass die überwiegende Mehrzahl von Jugendlichen trotz heftigen Konsums von Pornos – im Vergleich zu früheren Zeiten – im realen Leben nicht zu Monstern oder seelischen Krüppeln geworden ist. Eher geschah dies bei einer repressiven Sexualmoral in den vergangenen Jahrhunderten. Die Literatur ist ein Kompendium sexueller Frustrationen, gewissermaßen der begleitende Trauermarsch der vielen durchweinten und durchlittenen Nächte.

Auch die 68er-Generation hat keine echte Befreiung im Sexualleben gebracht. Obwohl sie viel zum Abbau von Verkrampfung und zu mehr Freizügigkeit beigetragen hat – der dramatischen Wandel in diesem Bereich überfordert sogar die sonst so redegewandten Galionsfiguren der Bewegung. Der Kampf der Frauenbewegung gegen die Pornografie hat der Porno-Industrie nicht Einhalt gebieten können.

Wer nun glaubt, wir würden in goldenen Zeiten für diese Industrie leben, der irrt: Diese stöhnt lautstark über das Internet. Denn seit kurzer Zeit haben auch in diesem Bereich die Nutzer alles selbst in die Hand genommen: Die stärkste Wachstumskurve hatten Ende 2007 Websites, in denen User ihre selbst produzierten Sex-Videos gratis ins Netz stellten. Das Geschäft der Pornoindustrie brach ein, ähnlich wie das der herkömmlichen Musikbranche.[115] In Anlehnung an das Konzept von YouTube haben sich mittlerweile zahlreiche Websites etabliert, auf denen jeder seine eigenen Pornos veröffentlichen kann. Für den, der zuschauen will, sind sie kostenlos. Ironischerweise hat die Pornoindustrie in panischer Angst um ihre Zukunft ihren traditionell schlimmsten Feind gegen diesen Trend zu Hilfe gerufen: den Jugendschutz.

Sie ist in einer ähnlichen Lage wie die traditionelle Telekommunikations-Industrie: Sex ist vermutlich für das Überleben der Menschheit genauso wichtig wie gratis zu kommunizieren. Und zu wichtig, um ihn der Pornobranche zu überlassen. Vielleicht ist dieser unkommerzielle, unbeholfene, ehrliche, radikale und höchst verstörende Ansatz einer ganzen Generation, wie wir ihn derzeit beobachten, nur die logische Konsequenz einer über Jahrzehnte vorangetriebenen Sexualisierung der Gesellschaften. Die kommerziellen Filmchen werden nicht mehr benötigt. Die im Grunde längst aufgegebene Sphäre der Intimität wird nun konsequent auch im Einzelfall abgeschafft.

Die neue Haltung: Wir gucken Pornos, na und? Wir bekennen uns dazu, ohne rot zu werden. Wir gehen noch weiter: Wir drehen sie selbst. Rein mit der Kamera ins Schlafzimmer. Und wir veröffentlichen sie. Wir verstehen eure Bedenken nicht, ganz ehrlich!

Die Radikalität des Tabubruchs ist so stark, dass er tatsächlich noch richtig wehtut – wenn man sich alten Werten verpflichtet fühlt. Vielleicht greift Glenn Reynolds, progressiver Rechtswissenschaftler an der University of Tennessee, sogar zu *kurz*, wenn er in seinem Buch *An Army of Davids* die Eltern augenzwinkernd dazu aufruft, »die Jugendlichen zu ermuntern, auf Pornoseiten zu surfen«, damit sie im wirklichen Leben keinen Unsinn treiben.[116]

Wir sind schon viel weiter: Der Pornokonsum der jungen Nutzensortierer kann als einer der stärksten Indikatoren für einen Wandel unserer Sexualkultur gesehen werden. Hier manipuliert nicht mehr die Pornoindustrie. Hier herrscht keine Angst vor dem offenen Bekenntnis. Wie in vielen anderen Bereichen machen die Leute einfach das, was sie wollen.

Die Kids der »Generation Porno« sind die ersten, die Sexualerziehung als Peer-to-Peer-Projekt, also in ihrer Gruppe, und gleichzeitig global praktizieren. Der Psychologe Marius Baumann hat sich mit dem Porno-Web-2.0-Phänomen beschäftigt und stellte fest: »Zu Teilen wird das Private gar nicht erst privat, sondern schon in Hinblick auf seine Veröffentlichungstauglichkeit gelebt.«[117] Er glaubt »festzustellen, dass die virtuell verfügbaren Intimitäten anonymer anderer (vor allem dann, wenn sie offenkundig nicht professionell arrangiert sind) offenbar reizvoller sind, als die Wahrung eigener Grenzen«. Die Folge sei, »dass der Begriff von Privatsphäre sich grundlegend wandeln, vielleicht sogar bis zur ... Unkenntlichkeit re-definieren« werde. Für Baumann hieße das entweder »die Erwartung einer gänzlich neuen Offenheit im Miteinander« (optimistisch) oder »das gänzliche Verschwinden von Intimität – und damit auch ein Stück weit: von Identität (pessimistisch)«.[118]

In diesen Kontext passen auch die auf dem Feld der absolut unverdächtigen Hochkultur errungenen Siege von Roche oder Houellebecq. Sie machen, wenngleich mit traditionelleren Mitteln, nichts anderes, als die Laiendarsteller auf den Web-2.0-Pornoseiten. Sie zerschlagen die Intimität und zwingen, bei Roche sogar explizit, zu einem neuen sexuellen Selbstbewusstsein.

Für die neuen Diversitätsgeneratoren und Nutzensortierer ist der Experimentalcharakter, mit dem sie ihre sexuellen Praktiken im Internet dokumentieren, nicht zwingend mit dem Verlust der Privatsphäre verbunden: Sie sind durch Anonymität »geschützt«. Was sie gewiss verlieren, ist die Intimität. Das könnte aber der Preis sein, den sie, vermutlich gänzlich unbewusst, zahlen müssen. (Wir haben gesehen, dass die Nutzensortierer immer mit hohem Risiko für den Erhalt der Gattung ins Feld geschickt werden!) Möglicherweise sucht die Menschheit nach einer globalen Vereinheitlichung ihrer sexuellen Standards.

Alle Kontinente prallen mit ihren unterschiedlichen Sexualkulturen aufeinander, es gibt keine »weltweit« gültige Sexualmoral.[119] Möglicherweise befinden wir uns bei der Entwicklung unseres Superhirns auch und gerade bei der Sexualität auf einem neuen Pfad der gemeinsamen globalen Erkundung und Dokumentation. Vielleicht erleben wir auch hier einen Vorgang der Konformitätsverstärkung, bei dem das neue Kommunikations- und Informationssystem zur Bildung von Normen beiträgt. Wenn eine Spezies eine solche Herausforderung bewältigen will, braucht sie Nutzensortierer, die Lösungen erkunden – und sie benötigt Konformitätsverstärker, damit das Ganze am Ende auch praktikabel ist.

Die selbstgedrehten Pornos im Internet sind jedenfalls die Vorboten eines gravierenden Wandels. Die Tatsache, dass viele sehr roh und brutal sind, deutet – unabhängig jeder moralischen Klassifizierung – darauf hin, dass der Verständigungsprozess erst am Anfang steht. Hier wird Hardcore experimentiert. Und alle wirken mit. Russen, Asiaten, Amerikaner, Spanier. Hier treffen die verschiedensten Frauen- und Männerbilder ungebremst aufeinander, Machos auf Emanzipationsexpertinnen, Heteros auf Homos usw.

Vermutlich wird die Spezies Mensch in wenigen Jahren das für ihr Überleben zentrale Thema der Fortpflanzung völlig verändert definieren. Neue Formen von Privatheit und Intimität werden entstehen, neue Bilder von Scham, Schuld, Leistungsdruck und Scheitern. Wenn das menschliche Superhirn funktioniert, wird man diese Begriffe weltweit verstehen, die Menschen werden sich dann diesem globalen Sexcodex mit seinen ungeschriebenen Regeln verpflichtet fühlen.

Jene werden in einem Echolotraum entwickelt, durch ständige Rückkoppelung und ein gemeinschaftliches Denken. Die von uns gleichermaßen bedauerte wie beneidete »Generation Porno« ist die erste, die dieses Terrain als frühe Nutzensortierer erforscht. Die Veränderung der Welt hat in einem atemberaubenden Tempo begonnen. Nun wird sich zeigen, wohin die Herde zieht.

Welche tradierten Werte die Herde im Marschgepäck behält, ist offen. Tatsache ist, dass praktisch alles neu definiert wird. Das Kommunikations- und Informationssystem der Menschheit ist so schnell und so mächtig, dass der Prozess nicht aufzuhalten ist. Und das ist auch notwendig: Die Menschheit blickt nicht zurück, sondern nur nach vorn. Dort brennt der Himmel, bersten Staudämme, treten gigantische Ströme über die Ufer, verdorren Landstriche im Zeitraffer.

Neben den alten Werten stehen auf einmal auch die alten Eliten im Abseits. Schließlich haben sie, in einer lange Kette von Fehlleistungen, Verbrechen und Dummheiten, die Menschheit genau an diesen Abgrund geführt.

Abschließend ist zu fragen: Was wird aus den alten Eliten? Sind sie reif fürs Museum? Oder gibt es irgendwo in unserem Superhirn einen Platz für die, die bisher geherrscht haben und heute fassungslos vor einer völlig neuen Welt stehen? Könnten sie bei der Rettung der Welt vielleicht sogar eine aktive Rolle spielen?

8 Das Ende der alten Eliten – und ihre letzte Chance

»Wir haben 4600 Pressemeldungen verschickt!«
»Aber wir sind doch so winzig – warum verfolgen sie uns?«
»Schone deine Sekretärin (und beantworte mal eine Mail selbst!)«
»Die sitzen einfach auf dem Zaun und schauen zu.«

Wer hat uns an den Rand des Abgrunds gebracht?

Die Menschen haben durch ihr sehr entwickeltes Kommunikations- und Informationssystem (Sprache, Schrift, Medien) bereits vom ganzen Universum Besitz ergriffen. Selbst der Mond gehört uns, vielleicht sogar schon bald der Mars. Die Menschheit war jedoch so rasant im Erobern, dass sie nun mehr Probleme hat, als sie zu lösen imstande ist. Die traditionellen Institutionen versagen. Die UNO: ein Debattierclub. Die Parlamente: verstehen meist ihre eigenen Entscheidungen nicht. Die Unternehmen, Banken, Finanzeinrichtungen: Von Profitgier getrieben. Ohne wirksame Kontrolle fressen sie sich durch die Gesellschaft. Die Menschheit gerät immer mehr aus dem Gleichgewicht. Die Reichen werden noch reicher, die Hungernden noch dürrer. Die Umwelt: ausgebeutet, zerstört. Das Klima: eine Bedrohung und kein Schutz mehr. Der technologische Fortschritt: droht zum Totengräber seiner eigenen Errungenschaften zu werden.

Wir haben gesehen: Genau dort, wo der alles beschleunigende technologische Fortschritt seinen Ausgang nahm, regen sich die ersten Diversitätsgeneratoren: Programmierer schaffen das isolierte Denken ab und entdecken »Open Source«. Kollaboration tritt an die Stelle von Konkurrenz. Integration an die Stelle von Isolation. Sie erkunden immer neue Wege, schaffen bessere Lösungen. Schlagen sich durch den unbekannten

Dschungel. Scheitern. Stehen wieder auf, machen weiter. Es geht voran. Immer schnellere Computer entstehen. Diese werden vernetzt. Jeder Kopf wird eingebunden.

Die vielen Köpfe prüfen, was sinnvoll ist. Nutzensortierer werden eingesetzt: Wann immer einer eine Idee (oder eine vermeintliche Goldmine gefunden) hat, geben alle ihren Kommentar dazu. Am Ende bleibt, was allen nützt. Der Crash der New Economy: Nur ein kurzer, wenngleich wichtiger Wimpernschlag in einem großen Prozess.

Alte Regeln werden über den Haufen geworfen. Ganze Industriezweige verschwinden. Konformitätsverstärker treten auf: Google fegt alle anderen hinweg, neben Wikipedia kann keiner bestehen. Der Grund: Die neuen Regeln müssen Allgemeingut werden, damit sie greifen. Zersplitterung wird zur Gefahr. Jetzt setzen sich Ressourcenschalter durch, damit das Neue auch wirtschaftlich erfolgreich wird: Internetunternehmen werden zu den wertvollsten Marken (Brands) der Welt.

Und doch weiß jeder: Wir stehen erst am Anfang. Der Innovationsdruck bleibt hoch, die Zeit drängt. Kämpfe sind unvermeidlich und werden ausgefochten. Wer die Spielregeln nicht versteht, hat von vornherein verloren.

Wie in einem Rausch wird das Oberste zuunterst gekehrt. Die Menschen brauchen ein neues Informations- und Kommunikationssystem, um dem Wandel folgen zu können, um ihn zu prägen. Die Menschheit braucht ein neues Superhirn, das den Prozess lenken kann. Wenn die Regeln nicht in jeden einzelnen Kopf einsickern, kollabiert das System. Wird zum Chaos, beschleunigt die Zerstörung.

Telefon, Brief, Fax: alles zu langsam. Und wie von Geisterhand gesteuert, beginnen die Menschen es den Delfinen gleichzutun. Die Meeressäuger sind kluge Tiere mit hoher sozialer Intelligenz. Sie haben eine Kommunikations- und Informationsstruktur entwickelt, mit der sie die größten Gefahren abwehren können: ein Echolotsystem. Dauernd stehen sie miteinander in Kontakt, senden Signale aus, empfangen Signale. Weil sie die Wasseroberfläche als Spiegelung verwenden, können sie gewissermaßen gleichzeitig senden und empfangen. Und dadurch können sie, was sie erfahren, auch blitzschnell verstehen (»Wahrnehmungsintegration«). Durch den beständigen Austausch von Informationen ändert sich ihr Denken – sie können die richtigen Entscheidungen vorausahnen. Dies bewerkstelligen sie in einem gemeinschaftlichen Prozess.

Dieses System funktioniert glänzend: Dem Einzelnen wird geholfen, weil er der Herde hilft. Mit ihrer sozialen Intelligenz retten sie ihre Welt. Überleben in den Tiefen der Ozeane. Klicken und chatten ohne Unterlass – und bringen so Licht in das Dunkel.

Mit dem Internet schaffen sich die Menschen ihr neues Superhirn. Sie beginnen, sich permanent elektronisch abzutasten. Können wie die Delfine die Geschwindigkeit ihrer Wahrnehmungsintegration mit atemberaubender Schnelligkeit erhöhen. Beginnen gemeinschaftlich zu denken. Sprengen die Grenzen der Sprache. Fangen an, mit Bildern, Videos, Musik und Tänzen zu kommunizieren.

Die Menschen ändern alles. Und jeder Mensch ändert sich in diesem gewaltigen Prozess. Die Synapsen, die im einzelnen Hirn alle Lebenserfahrungen verarbeiten, transformieren das Denken eines jeden Einzelnen. Verändern das Leben. Das Wissen. Das Handeln. Die Sexualität.

Was gestern noch wie ein unentrinnbares Schicksal schien, wird mit einem Mal zur sportlichen Herausforderung, der sich eine ganze Gattung stellt: Wir wollen überleben. Und wir werden überleben.

Das ist das Szenario. Ist die Gegenwart. Mit einer sehr kurzen Vergangenheit. Wir kämpfen um die Zukunft. Wo werden wir dabei die Eliten von heute finden? Welche werden die von morgen sein? Und zu welcher werden Sie gehören?

Wir blicken hinunter

Die globale Lage ist kritisch. Und die Situation der Eliten, die die Welt dorthin gebracht haben, wo sie heute ist, ist es nicht minder.

Beispiel Deutschland: Nach der Totalzertrümmerung 1945 schaffte das Land einen beispiellosen Wiederaufstieg in die erste Liga der Welt. Hervorragende Produkte, Exportweltmeister, moderne Menschen mit einer glaubwürdigen Moral. Ein halbes Jahrhundert später sieht alles anders aus: Korruption ohne Ende. Betriebsräte werden mit Prostituierten für ihr Wohlverhalten gekauft. Mitarbeiter in den Finanzaufsichtsbehörden bedienen sich aus den Kassen und führen ein Doppelleben. Technologiekonzerne kommen durch weltweite Bestechung zu ihren Aufträgen.

Die Technikentwicklung in der jüngsten Vergangenheit – eine Chronik des Versagens: Transrapid, das Bundeswehr-IT-Projekt »Hercules«, der virtuelle Arbeitsmarkt, das Mautsystem Toll Collect, die Staatsbereicherung mit den UMTS-Lizenzen. Skandale ohne Ende. Überall stößt man auf Größenwahn und entdeckt persönliche Vorteilnahme. Überall offenbaren sich riesige Flops und Milliarden von D-Mark und Euros, die versenkt wurden. Unmoralische oder gar kriminelle Machenschaften sind keine Seltenheit mehr. Steuern werden hinterzogen, Gelder ins Ausland geschafft – nicht, um dort zu investieren, sondern um sie vor dem Zugriff des Staats zu schützen. Der Datenschutz und die Grundrechte werden mit Füßen getreten, wo es um die eigenen Interessen geht.

Mit allen Mitteln kämpfen die Eliten um ihren Besitz, raffen zusammen, was sie können. Der Soziologe Michael Hartmann beobachtet seit Jahren die Entwicklung der »Auserwählten«. Was er dabei feststellte, ist frappierend: Während es bis Mitte der Neunzigerjahre viel Bewegung innerhalb der Eliten gab, begannen sie danach mit einer Einigelungstaktik: Kaum mehr Vielfalt war zu verzeichnen, von Internationalität keine Spur.[1]

Drei signifikante Trends konnte Hartmann beobachten: Erstens einen unaufhaltsamen Aufstieg der Techniker, zweitens einen Rückgang der Juristen und drittens eine Zunahme der »Hauskarriere«. Das Weiterkommen der immer Gleichen in ein und demselben Unternehmen wurde immer wichtiger.[2]

Dies bedeutet: Die Entscheider verstehen aufgrund der enorm wichtigen Fachleute immer weniger von Technik, weshalb die Experten ihre eigenen Machtbereiche ausbauen können. Ihre Taktik: Der Apparat muss so kompliziert werden, dass sie, die Techniker, am Ende unverzichtbar sind. Ihre Strategie nach außen: Abschottung. Siemens-Mitarbeiter erfanden dafür den Begriff der »Umzingelungs-Patente«. Entwicklungen werden patentiert, auch wenn man nicht daran denkt, diese einmal zu nutzen. Wichtig ist allein, anderen die eigenen Überlegungen, und sind sie noch so unfertig, unzugänglich zu machen. Dies ist das Gegenteil von dem, was wir beispielsweise bei Procter & Gamble gesehen haben.

Der Rückgang der Juristen könnte im Moralverlust der alten Eliten begründet sein. Wie sonst ist zu erklären, dass die Deutsche Telekom Journalisten und Aufsichtsratsmitglieder bespitzeln ließ, um »undichte Stellen« zu finden? Wie verkümmert muss das Rechtsempfinden in einem Unternehmen sein, dass so etwas unverfroren geschieht – und nicht als Einzelfall, sondern systematisch.

Die »Hauskarrieren« wiederum dienen dazu, sich gegen unberechenbare Eindringlinge von außen zu schützen. Man bleibt auf diese Weise unter seinesgleichen, weil man nicht infrage gestellt werden will. Das Milieu der Eliten erhält dadurch den Charakter des Geheimbündlerischen und Unnahbaren. Die Unantastbaren werden zum *role model*. Und wenn einer von außen in ihre Kreise gelangt, muss er aus einem vertrauten Netzwerk kommen. »Bürgerkinder suchen Bürgerkinder«, sagt Hartmann. Ausländer gibt es so gut wie gar keine innerhalb der deutschen Elite.[3]

Deutschland zu Beginn des 21. Jahrhunderts: kein gut geführter Laden. Keine stramme Formation. Auch keine listige Truppe. Der beste Beweis für die Gültigkeit des Condorcet-Theorems: Was Einzelne hier falsch machen, wird durch die Gruppe potenziert. Die Wahrscheinlichkeit, dass diese alten Eliten ausgedient haben, geht gegen 100 Prozent. Es ist nicht zu erwarten, dass sie dazu beitragen können, den großen Weltbrand zu löschen. Hat doch jeder schon seine Meriten als Brandstifter. Was sollen wir mit ihnen machen? Erschießen – wie Revolutionäre dies in früheren Zeiten getan hätten, ohne lang zu fragen?

Abschied vom Feindbild Internet

»Die Revolution ereignet sich heutzutage nicht mehr auf der Straße«, schreibt die Journalistin Mercedes Bunz in ihrem Buch *Vom Speicher zum Verteiler*: »In den Büros und Wohnzimmern, in denen sie gegenwärtig stattfindet, würden sich abgeschlagene Köpfe und aufgebrachte Menschenmassen auch nicht gut machen.«[4] Schließlich geht es um mehr, als um symbolische Schlachten, partikuläre Siege und vergänglichen Ruhm. Es geht um das Überleben der Menschheit. Und da kann jeder Kopf wichtig sein.

Oft versuchen die alten Eliten mit aller Macht, das Internet als »Feind« zu identifizieren. Sie lehnen es ab. Oder verstehen es nicht: Als der Vorstandsvorsitzende der Deutschen Bahn, Hartmut Mehdorn, für seine mangelnde Kommunikation mit der Öffentlichkeit im Jahr 2006 den Preis »Verschlossene Auster« des Journalistenvereins Netzwerk Recherche erhielt, ließ er verlauten, das Unternehmen habe unter seiner Leitung »international, national und regional rund 4600 Pressemitteilungen, Themendienste und Hintergrundinformationen herausgegeben …

Hinzu kamen allein in den vergangenen zwölf Monaten rund 500 Pressekonferenzen, Pressegespräche, Journalisten-Stammtische, Redaktionsbesuche, Interviews, Hintergrundgespräche und Medienworkshops. Ein Unternehmen, das sich angeblich einmauert, würde ganz gewiss anders agieren.«[5]

Man kann sich auch mit Informationen einmauern, wie es bei den »Umzingelungspatenten« deutlich wurde. Und man kann die Mauer mit allen Mitteln verteidigen.

Die *Frankfurter Allgemeine Zeitung* und die *Süddeutsche Zeitung* führen beispielsweise einen erbitterten Kampf gegen die Internetseite perlentaucher.de. Diese Website fasst Buchrezensionen der Feuilletons beider Zeitungen zusammen – wogegen diese auch nichts einzuwenden haben. Allerdings verkauft perlentaucher.de die Kritiken auch an das kommerzielle Portal buecher.de. Das wiederum halten die Zeitungen für unzulässig, weil auf diese Weise mit ihrem geistigen Eigentum Geld verdient wird. Perlentaucher.de hat bereits zwei gerichtliche Instanzen gewonnen, die Zeitungen wollen jedoch weiterkämpfen.

Thierry Chervel, der Gründer des Internetmagazins perlentaucher.de, vermutet hinter dem Vorgehen eine fundamentale Angst: »Die bloße Tatsache, dass wir existieren, dass es etwas neben ihnen gibt, ist denen unheimlich, obwohl wir so winzig sind.« Er sagt weiter: »Relativierung ist das psychologische Motiv hinter der Klage von *SZ* und *FAZ*. Die denken, sie werden durch uns relativiert. Denn bisher waren sie die, die Hierarchie bestimmten, jetzt sagen andere, da steht aber noch was Interessantes in der *taz* und oder in der *FR*, und das ist vielleicht besser.«[6]

Man kann Mauern auch willkürlich aufziehen: Im Jahr 2006 beschloss die Bundesregierung in weiser Vorausschau auf die Expansion der öffentlich-rechtlichen Rundfunkanstalten die Einführung einer im Volksmund als »Computersteuer« bezeichneten Abgabe, mit der durchgesetzt wurde, dass jeder Betrieb für seine Computer eine Extra-Rundfunkgebühr zahlen muss.

Als sich das Bildungsportal akademie.de, eine Ratgeberseite, auf der zu vielen Themen aufklärend berichtet wird, kritisch mit der neuen Abgabe beschäftigte, wurde umgehend ersichtlich, wie wenig die alten Eliten bereit sind, die neuen Spielregeln des Internets zu akzeptieren: Die Gebühreneinzugszentrale des öffentlich-rechtlichen Rundfunks (GEZ) mahnte das Portal ab – wegen »falscher Wortwahl«. Unter anderem wurde akademie.de verboten, von »GEZ-Gebühren« oder »GEZ-Anmeldung« zu sprechen. Stattdessen seien die Begriffe »gesetzliche Rundfunkgebühren« und »gesetzlich vorgesehene Anmeldung von zum Empfang bereit gehaltener Rundfunkgeräte« zu verwenden.[7]

Wir könnten die Beispiele beliebig fortsetzen. Unverständnis, Ablehnung, Kampf. Alles bieten die alten Eliten auf, wenn sie merken, dass andere auch denken können. Dass die Welt neu definiert wird. Dass nicht mehr der recht hat, der schon immer da war, sondern die, die sich für die Zukunft interessieren.

Die Nutzensortierer und Diversitätsgeneratoren wollen jedoch nicht die Vernichtung der alten Elite. Schon gar nicht wollen sie die Vernichtung der Werte, für die diese Eliten stehen. Niemand wird bestreiten, dass erstklassige Zeitungen wie die *FAZ* oder die *Süddeutsche Zeitung* unersetzlich für die Gesellschaft sind. Aber warum hauen sie mit dem Holzhammer des Rechtsstreits auf ein kleines, zartes Pflänzchen, welches unterm Strich nichts anderes tut, als die Gedanken der Zeitungen im Superhirn zu verbreiten? Der Wert einer effektiven Deutschen Bahn ist in Zeiten der ökologischen Labilität unbestritten. Aber warum nicht in einen Dialog eintreten, bei dem das Unternehmen den Kunden auch wirklich zuhört? Die öffentlich-rechtlichen Rundfunkanstalten leisten großartige Arbeit. Sie sollen sich auch unbegrenzt im Internet tummeln können, allerdings unter einer Voraussetzung: Das Gebührenmodell muss in ein freiwilliges Spendenmodell (mit einem gewissen staatlichen Sockelbetrag) nach dem Beispiel des amerikanischen National Public Radio (NPR) umgewandelt werden. Im Zeitalter des Superhirns gibt es eine Legitimitätspflicht für alle. Das Internet schafft, wie wir gesehen haben, die Zwischenhändler (Telefongesellschaften, Kreditkartenunternehmen) ab. Eine solche Zwischenhändlerrolle spielt bei ARD und ZDF die Politik: Die Politiker verhandeln mit den Sendern, was gut für die Menschen ist (wobei meist nur ein Deal geschlossen wird, der für die Sender und die Politik gut ist). Im Superhirn kommt es auf Rückkoppelung an, auf schnelle Veränderungen, auf Anpassungen: Ein öffentlich-rechtliches Programm kann nur gut sein, wenn das »Publikum« andauernd bestimmen kann, was es sehen will. Wenn es reagieren und Informationen abfordern, selbst aktiv dazu beitragen kann. Dafür wird es gern bezahlen, und das öffentlich-rechtliche System wird eine Renaissance erleben, wie sie niemand sich hat erträumen können.

Umdenken ist möglich

Die Entwicklung unseres Kommunikations- und Informationssystems unterscheidet sich in einem wesentlichen Punkt von allen vorhergegangen menschheitsgeschichtlichen Umbrüchen. Wir erleben einen Zivilisationsschub in Gestalt eines asymmetrischen Kampfes zweier gegensätzlicher Kräfte: Die einen sind die Ideologen – die alten Eliten, die ihr eigenes Wohlergehen über das Überleben der Menschheit stellen. Die anderes folgen keinen traditionellen Ideologien. Sie wollen, bewusst oder unbewusst, das Überleben der Menschheit. Und sie sind die Träger einer neuen Moral: Ein »Was nützt mir?« ist mit dem »Was nützt allen?« ebenso gekoppelt wie mit dem »Was nützt der Einzelne den anderen?«. Wir haben gesehen, dass dies sogar so weit gehen kann, dass Privat- und Intimsphäre neu definiert werden.

Die alten Eliten haben die Wahl: mitmachen oder in der Isolation verenden. Stranden wie ein von der Herde verlorener Delfin, der deshalb stirbt, weil er ohne das Kommunikations- und Informationssystem der Spezies nicht existieren kann. Verenden ist jedoch kein Schicksal, denn die Menschheit will gerettet werden. Es interessiert dabei nicht, aus welchen Motiven einer richtig handelt: ob aus Scham, Angst oder Opportunismus. Entscheidend ist allein, wenn jemand durch sein Umdenken dazu beiträgt, dass die Katastrophe ausbleibt.

Das Umdenken erfordert jedoch eine neue Gesinnung. Es ist nicht mit Sonntagsreden getan, mit langen Ankündigungen und Marketinggeschrei. Die alten Eliten müssen eintauchen in das Vergnügen der Aufklärung. Ihre Köpfe müssen durchlüftet werden für das Superhirn. Sie müssen Spaß haben am erneuten Lernen. Es ist keine Zurücksetzung, mit allen anderen auf Augenhöhe zu verhandeln, das ist eine Auszeichnung!

Für unantastbar hielten sich die alten Eliten – und jetzt müssen sie erst einmal tasten lernen. Müssen das Internet selbst bedienen. Zeit opfern, ihre Sekretärin nach Hause schicken. Ihren Techniker beurlauben. Ihre Lakaien entfernen. Ihre Schutzschilder zum Altblech werfen. Sie müssen das Gefühl des elektronischen Tastens in ihre steifen Finger bekommen. Müssen Fehler machen, die ihnen jeder verzeiht. Müssen lernen, über unwichtige Schnitzer der anderen hinwegzusehen. Müssen Zynismus und Menschenverachtung ablegen. Müssen ihre Schale aufbrechen, um zu entdecken: Hey, da draußen sind ja noch andere Menschen als mein Assistent, mein Chauffeur und meine Gremienkollegen. Hey, die Welt existiert ja wirklich!

Wenn die Eliten ihre Schale aufbrechen, dann werden sie feststellen: Ich denke anders, wenn ich gemeinschaftlich denke. Ich habe nicht immer recht. Ich bin nicht der Größte. Ich bin auch nicht der größte Expertenaggregierer. Oder Fachleuteversammler. Oder Gutachtenbewerter. Und hey: Die besten Ideen kommen von einem Freund aus Hongkong, der sie für einen komplett anderen Zusammenhang entwickelt hat. Ein herrliches Gefühl, wenn ich als parlamentarischer Leistungsträger einen Eintrag in der Wikipedia mache! Ich als Manager die Krawatte lockere und eine Idee bei twitter.de eintrage und zugleich einen Einfall von einem Blogger mitnehme, der von meiner Pressestelle zensiert wurde. Ich als Gewerkschaftsführer meinen BlackBerry nicht dazu verwende, elektronisch meine Entourage herumzukommandieren, wo immer ich bin. Es ist tatsächlich grandios, von jedem ertastet zu werden, wenn ich selbst sofort erfahre: Was denken die? Und wenn ich jedem Gewerkschaftsmitglied Rückkoppelung geben kann, ganz kurz, aber ganz unmissverständlich: Du bist in der Tat wichtig, und dein inhaltlicher Beitrag ist wichtiger als dein (Mitglieds-)Beitrag.

Oder wenn ich mich als Lehrer in die Gedanken meiner Schüler einklinke, außerhalb der Dienstzeit, im Jogging-Anzug – freiwillig und unbezahlt! Antworte, wenn sie mich fragen. Schweige, wenn ich spüre, dass sie an einem bestimmten Punkt unter sich sein möchten. Wenn ich all mein Herrschaftsgehabe ablege, meine Insignien, den ganzen Plunder, der mir Unverwundbarkeit garantiert, meinen Schülern jedoch absolut nichts bedeutet. Ich werde unendlich viel mehr lernen als im Klassenzimmer, und meine Schüler werden mich mehr achten, werden mich bestätigen durch eine schnelle Rückkoppelung. Oder erneut herausfordern. Ich werde verstehen, dass das Video, welches die Kids über mich posten, eine Provokation sein soll, die ich nur überwinden kann, indem ich mich auf sie einlasse. Mir nicht zu schade bin. Mir mal überlege, wie ich kontern kann. Ihnen beweise, dass ich kämpfen will. Mich nicht an sie heranschmeiße. Meine Ausdrucksmittel erweitere: Jetzt poste ich mein Gegenvideo und verarsche die Kids mal so richtig ordentlich.

Wir werden gemeinsam denken, der Lehrer mit den Schülern, der Boss mit den Untergebenen, der Regierende mit den Untertanen. Wolf und Schaf werden auf derselben Wiese grasen. Beide wollen schließlich überleben.

Ins Netz gegangen

Das Internet muss für die alten Eliten nicht *The dark side of the world* (frei nach Pink Floyd) bleiben.

Es ist offen, weit offen. World. Wide. Web.

Und jeder kann rein. Ohne persönliche Einladung. Keine Akkreditierung ist nötig. Kein Aufnahmeverfahren. Keine Auswahlkommission. Es geht allein darum: Sein oder Vergessenwerden. Wer nicht mitzieht, hinaus zum unbekannten Horizont, dessen Name »Rettung der Welt« ist, wer nur an sich denkt und nicht an die Menschheit, der wird ein Nichts, rutscht in die Bedeutungslosigkeit ab. Ist höchstens ein Stückchen Metall, heute noch glänzend im Sonnenlicht, morgen jedoch verrostet abgefallen vom dahinbrausenden Rad der Geschichte.

Je nachdem, wie gut das Umdenken gelingt, können auch die alten Eliten als Rädchen im Getriebe der kollektiven Lernmaschine dienen, die am Ende unsere Welt retten soll. Sie tragen dabei eine ungeheure Verantwortung, insbesondere für die von ihnen geleiteten Institutionen. Es geht um die Zukunft der ihnen anvertrauten Wähler, Mitarbeiter, Gewerkschafts- und Verbandsmitglieder, Schüler, Kinder. Kein Programmentwurf, keine Businessstrategie, kein Lehrplan entscheidet über diese Zukunft. Sondern allein das Vermögen der individuellen Elitemitglieder, den Delfin-Code unseres neuen Superhirns zu verstehen, sich diesen in ihrem Bereich zur einzig gültigen Kommunikations- und Informationsform zu machen.

Wird die Gewerkschaft zum Konformitätsverstärker für die soziale Gerechtigkeit? Oder wird die soziale Gerechtigkeit, weil die Führer der Gewerkschaften und damit ihre Einrichtungen unfähig sind, sich in diesem System zu bewegen, von anderen Konformitätsverstärkern (grenzenloser Liberalismus!) aus der alles entscheidenden Wirklichkeit des neuen Denkens eliminiert? Jener Wirklichkeit, die am Ende »sowohl die Gehirnentwicklung in der Kindheit als auch die Verarbeitung der sensorischen Daten beim Erwachsenen beeinflusst«.[8] Werden Kindergärten, Schulen und Universitäten zu jenen Diversitätsgeneratoren, die eine Generation heranziehen, die, einmal erwachsen, widerspricht, gegen den Strich denkt, Zivilcourage zeigen wird, wenn negative Konformitätsverstärker (Terroristen, repressive Regime) das Superhirn kapern wollen?

Werden Parteien, Gerichte, Kirchen und Verbände zu echten Nutzensortierern, die sich mit intellektueller Redlichkeit (ein wunderbarer Begriff aus der katholischen Theologie) darum bemühen, alles auszumisten, was aus der »biologischen, psychologischen und perzeptuellen Rumpelkammer«[9] kommt? Werden diese Institutionen in der Lage sein, ihre historische Fähigkeit zur grundlegenden geistigen Erneuerung wahrzunehmen? Werden sie neue Fakten akzeptieren? Ihr Weltbild ändern? Auch der Papst glaubt heute nicht mehr, dass die Erde eine Scheibe ist.

Werden die Familien (im Kleinen) und die Unternehmen (im Großen) zu jenen Kräften, die alles daransetzen, als Ressourcenschalter die Weichen in die richtige Richtung zu stellen? Also Begabungen fördern ohne Rücksicht auf Neid oder die eigene Brieftasche? Wird nicht mehr akademisch über Menschen-«Züchtung«[10] räsoniert, sondern werden einfach die Besten der Besten gefördert – weil es eigentlich nichts Natürlicheres gibt, als die Freude am Erfolg der nächsten Generation?

Oder werden die Weichen für die Deutschen von fremden Völkern und Kulturen gestellt? (Die Japaner haben bereits die englischsprachigen Blogs überholt.[11]) Werden wir uns nolens volens mit dem Denken und den Werten der Chinesen befassen müssen, weil die Kombination von gigantischer Zahl und individueller Lernbereitschaft eine Dynamik entfaltet, der ein schlafender, müder, desinteressierter Westen im Ideenwettstreit um die Ausrichtung des neuen Superhirns nichts entgegenzusetzen hat?

Schließlich werden in den noch zahlreich auftretenden Kämpfen immer die gewinnen, die am meisten für die »Innovation« tun. Innovation ist in diesem Zusammenhang nicht die Summe der vielen Daniel Düsentriebe, die vom Bundeswirtschaftsministerium prämiert werden. Innovationen sind jene Erweiterungen der Wirklichkeit, die das neue Wissen, das wir unablässig erwerben, mit den sich verändernden Werten so in Einklang bringen, dass beides – Wissen und Moral – die Menschheit immer weiter fortbringt vom Abgrund, auf den wir heute starren.

Neu denken kann gelernt werden

Die Veränderung erfolgt nicht durch eine Genmanipulationsmaschine. Die entscheidende Kehrtwende der Menschheit (bloß weg vom Abgrund!) geschieht in einem großen zivilisatorischen Akt, einer Art globaler Kulturrevolution. Die rasche Wahrnehmungsintegration, die wir durch unseren Delfin-Code erwerben, bereichert unsere Lebenserfahrung (erinnern Sie sich an unsere Synapsen). Dadurch ändert sich alles, Sekunde um Sekunde, Gedanke für Gedanke. Voraussetzung dafür: Wir müssen mitmachen (denken Sie an die beiden Katzen im Käfig, eine angebunden, die andere frei; durch Mitmachen wird eine klüger, die andere vertrottelt). Mit jedem neuen Gedanken werden wir neu. Mit jeder Interaktion verändern wir uns und gleichzeitig die ganze Menschheit.

Für die alten Eliten kommt die Stunde der Wahrheit: Können sie die Sackgasse, in die sie geraten sind, überwinden? Alles, was die Entwicklung einer neuen sozialen Intelligenz behindert – Arroganz, Ignoranz, Rechthaberei, Machtdenken, Selbstzufriedenheit –, muss verschwinden. Was uns heute als Dogma, Gesetz, Konvention unverzichtbar erscheint, wird Makulatur sein. Neue Rollenbilder müssen erlernt werden. Ganz andere »Typen« werden Respekt verdienen.

Jeder zivilisatorische Prozess, jedes Entstehen von Kultur endet so, wie es diejenigen beabsichtigen, die ihn tragen, die mitmachen. Die Zuschauer aber bleiben nicht bloß Zuschauer. Sie werden blind und orientierungslos bei dem, was neu als Wirklichkeit definiert wird. Christoph Mohn, Bertelsmann-Erbe und Chief Executive Officer (CEO) von Lycos Europe und einer der Early Adopter in Deutschland, gab mir dazu in einem Gespräch ein passendes Bild: »Manchmal beschleicht mich das Gefühl, die meisten Leute haben sich auf einen Zaun gesetzt und schauen einfach zu. Sie merken gar nicht, wie fundamental das Internet sie selbst betrifft.«[12] Zuschauen genügt jedoch nicht. Nur beim Mitmachen lernen wir. Wir lernen durch eigene Erfahrung, Nachahmung und dem Verstehen von Zusammenhängen. Wir lernen individuell. Wir lernen als Spezies, indem wir das entwickeln, was wir »soziale Intelligenz« nennen. Und durch ständiges Lernen ändert sich unser Denken. Am Ende verstehen wir die Welt.

Die Überwindung des Superhirn-Komplexes

Genau diese soziale Intelligenz kann den alten Eliten helfen, an dem kulturellen Prozess mitzuwirken. Sie müssen und werden ihre Vorbehalte gegen die gefürchtete Degradierung überwinden. Halb werden sie dabei gezogen (und zwar nach oben!), halb wird es sie treiben. Die Verteidigung alter Positionen ist unsinnig, wenn sie wider besseres Wissen geschieht. Das werden auch die alten Eliten erkennen, dann, wenn sie feststellen, dass sie mehr zu verlieren haben als bloß ihren Status. Ihr Überleben hängt ebenfalls vom Überleben der Menschheit ab.

Und sie werden begreifen: Das ist ja ein spannendes Unterfangen – die Errettung der Menschheit. Wer wollte bei einem solchen Projekt fehlen?

Sie werden in ihrer Transformation von jenen angespornt, die von ihnen heute vielleicht noch als Internetfreaks belächelt werden. Doch sie werden erfahren, dass die digitale Boheme gar nicht unsympathisch ist. Unlängst sagte mir eine Freundin, die in Harvard an einem eher konservativen Institut arbeitet, das sich bisher eher mit dem Beklagen des allgemeinen Verfalls (welcher dem Internet zugeschrieben wurde) beschäftigt: Sie sei es leid, jeden Tag nur darüber zu jammern, dass alles früher gut war und morgen schlecht sein wird. Das sei einfach langweilig. Daher stehen im nächsten Semester die Chancen der neuen digitalen Welt auf dem Lehrplan!

Der größte Druck, der die Eliten am Ende zur Veränderung zwingt, wird aber aus den eigenen Institutionen kommen. Gewerkschaften, Parteien, Kirchen, Verbände, Unternehmen, Schulen, Universitäten, Gerichte, Familien – jeder Einzelne in diesen Gruppen ist schon längst Teil des sich entwickelnden Superhirns. Vermutlich werden diese Einrichtungen sehr bald ganz anders aussehen, werden sich eingliedern in den großen Reformprozess. Wie die Hummer, die in Reih und Glied über Tausende von Kilometern durch das Meer wandern, um der Vereisung zu entgehen. Wer will schon auf der Stecke bleiben, wenn sich die Spezies in Bewegung setzt?

Happy End

Auf dem Weg zum Superhirn-Komplex wird es noch viele Bedrohungen geben. Die Gefahren sind ernst. Sie müssen abgewendet werden. Eine Vertagung ist nicht möglich, wenn es um den jüngsten Tag geht. Wir haben Sorge, ob wir es noch hinbekommen. Diese Sorge ist alles andere als irrational. Sie ist begründet in den Fakten, die wir geschaffen haben.

Aber auch die Zuversicht, die die meisten Leute ausstrahlen, die mit dem Internet zu tun haben, ist nicht blinde Fortschrittsgläubigkeit. Sie basiert auf der Erfahrung, dass das World Wide Web in der kurzen Zeit seiner Existenz mehr Nutzen gebracht als Schaden angerichtet hat. Vergessen wir nicht: Unser neues Kommunikations- und Informationssystem ist noch nicht einmal fünftausend Tage alt! Wir stehen ganz am Anfang – und haben doch schon eine Explosion an Kreativität (YouTube), Gemeinsinn (Wikipedia) oder Innovation (Google) erlebt. Wir sind verschmolzen mit dem Computer und vernetzt mit allen anderen Köpfen. Die Forschungsergebnisse in der Medizin, Gentechnologie, Biologie und den Geisteswissenschaften sind brillant – auch wenn noch nicht alles funktioniert. Und wir noch nicht alles genau einordnen können.

Vieles, was wir heute im Netz tun, wird bald überholt sein. Anderes, was wir dringend benötigen, damit dieses Informations- und Kommunikationssystem auch tatsächlich das Denken verändert, können wir erst schemenhaft erkennen. Gino Yu, der Game-Professor aus Hongkong, beschreibt, was vermutlich als Nächstes kommt: »Wir brauchen ein gemeinsames Wörterbuch, um uns zu verstehen. Damit wir wirklich einmal ein gemeinsames Bewusstsein haben, das uns trägt, sind gemeinsame Mythen, Kunstwerke und Rituale notwendig.«[13]

Diese drei gesellschaftlichen Identitätsstifter waren in der Geschichte immer dann unerlässlich, wenn wir mit anderen teilen wollen, was wir denken und empfinden. Wenn wir verstanden werden wollen. Wenn wir uns fragen, wer wir sind, wohin wir gehen, was wir hoffen. Alle wichtigen Stützen der Gesellschaft – Religionen, Institutionen, Kultur – haben sich an diesen Säulen emporgerankt. Ihr Ziel war es stets: Die Menschheit zu verbessern und die Welt zu retten.

In ihrer jetzigen Verfassung ist die Menschheit eine Gefahr für den Planeten. Ohne sie würde das Leben blühen. Dieses Wissen lässt uns nicht ruhen. Das können wir als Gattung nicht auf uns sitzen lassen: Die Insekten sollen wichtiger sein als wir? Das können wir ändern. Müssen wir ändern.

Tauchen Sie ein wie die Delfine in die neuen Dimensionen, die unser entstehendes Superhirn eröffnet. Stoßen Sie die Tür ins Kinderzimmer weit auf, vor der Sie zu Beginn dieses Buches noch unsicher und ängstlich standen. Schließen Sie sich Ihren Kindern, Freunden und Verwandten an, die sich tummeln im www. Mailen, chatten, twittern, googlen, bloggen Sie, was das Zeug hält. Verändern Sie sich, indem Sie die Welt verändern.

Werden wir die Welt retten? Beantworten Sie diese Frage mit einem Ja, indem Sie Verantwortung für dieses Projekt übernehmen. Als Projektemacher im eigenen Interesse und im Interesse des Erhalts der Spezies. Es ist Ihnen völlig freigestellt, was Sie tun. Es liegt in Ihren Händen, dass am Ende eintritt, was wir uns als Menschen wünschen, seit wir denken können: ein Happy End.

Zehn Thesen zum Schluss

These 1

In der Krise wächst die Menschheit über sich hinaus. Klimakatastrophe, Rohstoffknappheit, Nahrungsmangel und Finanzkollaps bedrohen uns (gleichzeitig). Die Geschichte zeigt jedoch, dass die Spezies Mensch dank ihrer Fähigkeit zur Adaption stets dann am besten spielt, wenn sie nicht der Favorit ist.

These 2

Wir kupfern bei den Delfinen ab. Um die Probleme zu lösen, müssen wir schneller und gemeinsam denken. Das Echolotprinzip der Delfine kommt uns gerade recht. Wenn die sich im finsteren Ozean verständigen können, können wir das auch!

These 3

Das Internet wird unser Echolot. Wenn wir E-Mails schreiben, chatten oder bei studiVZ ein Profil mit 324 FreundInnen haben, handeln wir instinktiv richtig: Wir fangen die Gedanken der anderen ab und wandeln sie blitzschnell in unsere eigenen um. Ein Superhirn entsteht.

These 4

Jedes einzelne Gehirn ändert sich (auch Ihres!). Durch das ständige gemeinsame Denken wird der Einzelne so konditioniert, dass sich seine Denkprozesse fundamental verändern. Es ist ein unwiderstehlicher zivilisatorischer Schub.

These 5

Google, Wikipedia und YouTube beweisen die neue soziale Intelligenz. Die ersten Beispiele für die Arbeit des Superhirns zeigen Mitmachen, Vernetzung, Zusammenarbeit und Kreativität als das ABC für die nächsten Jahrtausende.

These 6

Wir werden immer besser. Wir lernen durch die anderen, die anderen lernen durch uns. Nicht mehr wie bisher für die Schule, sondern das ganze Leben lang. Je mehr wir wissen, desto mehr forschen wir. Keine Begabung bleibt unentdeckt, keine Fähigkeit ungenutzt.

These 7

Je mehr, desto vernünftiger. Eine mathematische Regel sagt, dass die Wahrscheinlichkeit steigt, wenn immer mehr kompetente Leute an einer Entscheidung mitwirken. Im Superhirn schmort keiner untätig auf der Ersatzbank.

These 8

Der Mensch ist von Natur aus moralisch. Kant hatte weder Gehirnforschung noch Internet – und doch recht: Es gibt ein Apriori, und der kategorische Imperativ ist weltweit von jedermann anwendbar.

These 9

Die Gefahren zu erkennen, heißt sie bannen. Kommerz, Terror und staatliche Repression bedrohen die reibungslose Entwicklung des Superhirns. Einziges Mittel dagegen ist die maximale Integration aller in den Denk- und Urteilsprozess.

These 10

Wir erleben ein Happy End. Der Überlebenswille der Spezies Mensch ist stark genug, um mit der Vernetzung aller Köpfe die finale Katastrophe zu verhindern. Die Welt, in der wir mit einem Superhirn denken, wird allerdings ganz anders sein als alles, was wir bisher gesehen haben.

Exkurs: Technologie in der deutschen Geschichte

Der hinhaltende Widerstand, der dem Internet in Deutschland lange entgegenschlug, ist mit Sicherheit auch angesichts der Verwendung von Technologie zum gezielten Völkermord durch die Nationalsozialisten zu erklären. Ein – moralisch durchaus verständlicher – Antagonismus von Mensch/Maschine einerseits und Technik/Natur andererseits entstand. Vor allem die 68er-Bewegung und in deren Nachfolge die Grünen begegneten der Technik mit einer besonderen Skepsis.

Ein belastetes Verhältnis also, keine Frage. Der größtmögliche Missbrauch, einmal geschehen, hinterließ im kollektiven Gedächtnis deutliche Spuren. Bei den Siegermächten des Zweiten Weltkriegs war es genau umgekehrt: Die starke technische Komponente und letzten Endes die Materialüberlegenheit hatten der Welt gezeigt, dass man gar nicht genug Technik haben konnte, wenn es gegen das Böse ging. Außerdem profitierten die USA wie die Sowjetunion von der Tatsache, dass viele europäische Juden in technologischen Bereichen arbeiteten und ihre Arbeitskraft nach ihrer individuellen, in der Regel wundersamen Rettung selbstverständlich jenen Ländern zur Verfügung stellten, in denen sie Zuflucht gefunden hatten. In den USA kam noch das Paradoxon hinzu, dass ehemalige Nazitechniker, etwa Wernher von Braun, in die Dienste der NASA traten.[1]

In Deutschland war von einer wertfreien Diskussion dagegen lange Zeit nichts zu bemerken. Im Gegenteil: Fast jede technische Innovation hatte mit ideologischen Vorurteilen zu kämpfen.

Als der SPD-Parteitag 1997 nach langen quälenden Diskussionen und trotz zahlreicher parteiinterner Gegenstimmen der Transrapidstrecke zwischen Hamburg und Berlin zustimmte, schrieb der *Spiegel*: »Die Genossen hatten es satt, ständig als Maschinenstürmer und Technikfeinde verspottet zu werden.«[2] Auf dasselbe Bild griff der damalige deutsche Außenminister Klaus Kinkel im Zusammenhang mit der kontroversen Debatte um die Einführung einer europäischen Einheitswährung zurück: Er »verglich die Euro-Kritiker mit den Maschinenstürmern des 19. Jahrhunderts, die immer noch auf die mechanischen Webstühle eingeschlagen hätten, als die Entwicklung längst über sie hinweggegangen sei«.[3]

Der »Maschinenstürmer« hat als Begriff die Zeit überlebt, in der es ihn wirklich gab. Als im Zuge der Industrialisierung die Technik erstmals menschliche Handarbeit ersetzte, war es nur zu verständlich, dass man sich Sorgen machte. Immerhin änderte sich das Leben damals ähnlich gravierend wie heute. Und da Revolutionen in Deutschland auch von Philosophen gedeutet werden, äußerte sich unter anderem Friedrich Nietzsche zu dieser Entwicklung. Er schrieb der Maschine menschliche Fähigkeiten zu, indem er in seinem Buch für freie Geister, *Menschliches, Allzumenschliches* (1878–1880), zu beweisen versuchte, »inwiefern die Maschine demütigt«: »Die Maschine ist unpersönlich, sie entzieht dem Stück Arbeit seinen Stolz, sein individuell Gutes und Fehlerhaftes, was an jeder Nicht-Maschinenarbeit klebt – also sein bisschen Humanität. Früher war alles Kaufen von Handwerkern ein Auszeichnen von Personen, mit deren Abzeichen man sich umgab: Der Hausrat und die Kleidung wurde dergestalt zur Symbolik gegenseitiger Wertschätzung und persönlicher Zusammengehörigkeit, während wir jetzt nur inmitten anonymen und unpersönlichen Sklaventums zu leben scheinen.«[4]

Es entstand ein prinzipielles Misstrauen gegen komplizierte Technik. Vor allem die neuen Dampfkessel machten den Menschen Angst: Im *Buch der Erfindungen* von 1872 heißt es: »Nirgends ist mehr Gewissenhaftigkeit erforderlich, als wo sich der Mensch mit seinen schwachen Kräften zum Beherrscher eines Riesen aufwirft, wie der Dampf einer ist.«[5] Richtig bedenklich wurde es, als die Dampfmaschinen in Form von Eisenbahnen die Fabrikhallen verließen. Der englische Politiker Thomas Creevy schrieb 1829 über eine Fahrt in einer Lokomotive: »Es ist unmöglich, sich von der Vorstellung eines sofortigen Todes aller bei dem geringsten Unfall zu lösen.«[6] Doch schon bald sahen die Menschen, dass die meisten Eisenbahnen fuhren, ohne zu explodieren.

Die industrielle Revolution war in vielem ein Vorläufer für das, was sich in unseren Tagen mit dem Internet zuträgt. Die Menschen bekamen mit der neuen Technik neue Chancen, und am Ende des 19. Jahrhunderts hatte sich dann auch »der Glaube an den technischen Fortschritt in der Ideologie der deutschen Arbeiterbewegung fest etabliert«.[7]

Danach begann jedoch mit der Ära der großen Rationalisierungen eine neue Phase der Skepsis. Die Geschwindigkeit der Produktion vervielfachte sich und damit der psychische Druck, dem sich die Arbeiter ausgesetzt sahen. Der Historiker Joachim Radkau konstatiert für die Zeit der Jahrhundertwende: »Nach wie vor wurde die industrielle Entwicklung von einem grassierenden Unbehagen und pessimistischen Anwandlungen begleitet: Diese waren jedoch kaum mehr als Gegen- oder Bremskraft zur technischen Entwicklung zu mobilisieren.«[8] Dieser Pessimismus war über hundert Jahre später erneut zu hören, als der SPD-Politiker Herbert Ehrenberg forderte: »Wenn immer mehr Arbeitnehmer durch den Kollegen Computer ersetzt werden, dann müssen wir dafür sorgen, dass der Kollege Computer in Zukunft auch einen Teil der Sozialversicherungsbeiträge zahlt.«[9]

Die Entwickler und Erfinder waren im Gegensatz zu den Maschinengegnern von einem regelrechten Rausch erfasst. Die Nationen wetteiferten um eine Überlegenheit in technischen Fragen. Als Mittel zur Selbstdarstellung dienten die Weltausstellungen. Maschinelle Neuerungen wurden auf diesen nicht allein unter dem Blickwinkel ihres Nutzwerts betrachtet, es ging vielmehr um die wirtschaftliche und kulturelle Potenz einer Nation: »Die Weltausstellung von Chicago 1893 erfüllte deutsche Techniker mit wilhelminischem Überlegenheitsgefühl: Nun schien die deutsche Technik an der Spitze Europas zu liegen.«[10] Nach Radkau bestand die Bedeutung der Weltausstellungen vor allem im »Technologietransfer« und in dem Effekt, »dass die Nationen dazu veranlasst wurden, sich stärker, als das bis dahin der Fall war, mit bestimmten international vorzeigbaren Spitzentechnologien zu identifizieren«.[11] Eine ähnliche Rolle, wenngleich in erster Linie darauf ausgerichtet, neue Bedürfnisse bei den Endkunden zu wecken, spielen im Technologiezeitalter große Publikumsmessen wie etwa die jährliche CeBIT in Hannover.

Zu Zeiten der Jahrhundertwende wich der sportliche Wettbewerb jedoch bald der Frage, welche Technologie denn besser geeignet sei, die Feinde im Krieg zu vernichten. So schrieb der preußische Regierungsrat Rudolf Emil Martin anlässlich der Rekordfahrt eines Aluminiumluftschiffs von Ferdinand Graf von Zeppelin im Jahr 1907: »Im Allgemeinen kann man wohl sagen, dass das Auftauchen des lenkbaren Luftschiffs in Deutschland zu Hoffnungen und in England zu Befürchtungen Anlass gegeben hat.«[12] Das *Berliner Volksblatt* stellte angesichts der Erfolge der Zeppeline 1909 fest: »Die Eroberung der Luft ist das Wahrzeichen des Siegs über widerstrebende Naturgewalten, die Verheißung des endlichen Siegs der Vernunft.«[13]

Diese Überhöhung der Technik inspirierte folgerichtig die Kritiker. Der Österreicher Karl Kraus schrieb schon 1908 in der *Fackel*: »Den Weltuntergang aber datiere ich von der Eröffnung der Luftschifffahrt.« Und weiter: »Es ist ein metaphysisches Bubenspiel: Aber der Drache, den sie steigen lassen, wird lebendig. Man wird auf die Gesellschaftsordnung spucken können, und davon würde sie unfehlbar Schaden nehmen, wenn ihr nicht schlimmere Sendung zugedacht wäre.«[14]

Haltung zur Technik in der Weimarer Republik

Kraus, der Autor der Tragödie *Die letzten Tage der Menschheit*, hatte bei seinen Befürchtungen noch nicht im Sinn, dass es zu Schlimmerem als dem Abladen von Exkrementen kommen könnte. Diejenigen, die in dieser Zeit die Verantwortung für die Technik übernahmen, waren aber längst elektrisiert von dem Gedanken, diese unmittelbar für Kriegszwecke zu verwenden. Der Erste Weltkrieg wurde von Zeitgenossen als »Ingenieur-Krieg« bezeichnet[15], und zahllose technische Neuerungen wie Flugzeuge, Tanks, Stahlhelme, Giftgasgranaten etc. wurden im Laufe der vier Kriegsjahre entwickelt und perfektioniert. Als sie vorbei waren, erklärte ein Generaldirektor von Daimler: »Mag dieser Krieg noch so viel Schreckliches gezeitigt haben, für den Automobilismus war er die großartigste Propaganda, die man sich denken kann.«[16]

Während bei den Eliten im Nachkriegsdeutschland »die Überzeugung von der Unbesiegbarkeit technischen Fortschritts«[17] ungetrübt blieb, gab es aber auch zahlreiche Stimmen, die sich gegen den Wahnsinn der industriellen Tötung aussprachen – wie etwa Erich Maria Remarque in seinem Buch *Im Westen nichts Neues*.

In der zivilen Nutzung technischer Errungenschaften taten sich die Deutschen dagegen schwer: Zwar gab es bereits 1927 die ersten Versuche, die heimischen Bauern für die in Amerika bereits erfolgreich eingesetzten Mähdrescher zu begeistern. Aber neben den hohen Anschaffungskosten hatte die neue Technik in den Augen der Landwirte einen weiteren entscheidenden Nachteil: Die neuartigen Geräte mussten zu einem ganz bestimmten Zeitpunkt eingesetzt werden, nämlich kurz bevor die Getreidekörner von selbst aus der Ähre fielen (»totreif« waren). Der Lexikoneintrag im *Großen Brockhaus* von 1932 vermerkt unter dem Stichwort »Mähmaschinen«: »Der Mähdrescher hat in der deutschen Landwirtschaft noch keinen rechten Anklang gefunden.«[18]

Der Börsencrash an der New Yorker Wall Street steigerte die Angst der Menschen vor den Folgen einer auf einem globalen Kommunikationssystem aufbauenden Weltwirtschaft. Eine globale Wirtschaft war für die meisten Deutschen mit schlimmen Folgen verbunden, da es nach dem Kurssturz in jedem deutschen Haushalt – statistisch gesehen – einen Arbeitslosen gab. Und das, obwohl die Menschen gerade begonnen hatten, ihr Land nach dem Krieg wieder aufzubauen.

Schon nach dem Vertrag von Versailles, den die Mehrheit als demütigend empfand und der, wie die kanadische Historikerin Margaret Macmillan in beeindruckender Weise gezeigt hat, in der Tat ein gestalterisches Fiasko der alliierten Sieger war[19], machten die Deutschen die internationale Politik als Hindernis zur Entfaltung ihrer Fähigkeiten verantwortlich: »Die Erhaltung des Weltmarkts hängt heute nicht mehr ab von unserem technischen Wollen und Können, von unserer Geschicklichkeit und Leistungsfähigkeit, sondern allein von der Geschicklichkeit und Kraft unserer Wirtschaftspolitik.«[20]

Die Arbeiter sahen sich angesichts der dramatischen Ereignisse nur noch als willenlose Rädchen an den Maschinen stehen. Die *Rote Fahne*, die Zeitung der Kommunistischen Partei Deutschlands, schrieb über Fritz Langs Film *Metropolis*: »Die Arbeiterklasse ist nur noch ein Bestandteil der Maschine, ein gleichförmiges unbeseeltes Heer von Menschenmaschinen. Sie wird in die Unterwelt verbannt, in der die Ichthosaurusapparate, von gewaltigen Elementen (etwa Ultraelektrizität) gespeist, den Reichtum für die Oberwelt erzeugen ... Dort maßloser Luxus, rationalisiertes Luxusleben. Paradiesische Gärten für die ›Söhne‹, lufttrainierte Venusweiber ... und über dem Ganzen thront noch nicht der gehirnlose Affenmensch, der mit einem Druck auf den Knopf die Welt lenkt, aber der allmächtige Trustmagnat von *Metropolis*.«[21] Die Kritiker konnten noch nicht ahnen, dass innerhalb kürzester Zeit die ganze Arbeiterklasse als Geisel für einen technisch angelegten Vernichtungskrieg und zu einem ebenfalls technisch exekutierten Völkermord genommen werden würde.

Nationalsozialismus: Der totale Missbrauch

Der Haltung der Nationalsozialisten zur Technik hat in der deutschen Nachkriegsdebatte bis zur Aufarbeitung durch die 68er-Generation eine zentrale Rolle gespielt. Der umfassend geplante und organisierte Einsatz von Technik zum millionenfachen Völkermord setzte im kollektiven Gedächtnis die Erinnerung fest, dass der Mensch nicht nur in der Lage, sondern tatsächlich auch willens war, technische Hilfsmittel zu äußersten Akten der Barbarei zu verwenden.

Allerdings hatten nationalsozialistische Ideologen ein ambivalentes Verhältnis zur Technologie. Auf der einen Seite gab es die Ablehnung der Moderne als Ausdruck der »entarteten« jüdischen Kultur. Aber die damit einhergehende Rückkehr zur Romantik war nur ein Teil der Weltanschauung. Dazu der Philosoph und Schriftsteller Rüdiger Safranski: »Das Regime strebte ja nicht in archaische Zeiten zurück, eine hochtechnisierte, industriell leistungsfähige, Autobahnen bauende und kriegsbereite Gesellschaft sollte entwickelt werden.«[22]

In der Romantik, die den Nationalsozialisten vorschwebte, sollte die Technik eine ideologisch geprägte Rolle spielen. Propagandaminister Joseph Goebbels sagte 1939 bei der Eröffnung einer Automobilausstellung: »Wir leben in einem Zeitalter, das zugleich romantisch und stählern ist, das seine Gemütstiefe nicht verloren, andererseits aber auch in den Ergebnissen der modernen Erfindung und Technik eine neue Romantik entdeckt hat.« Dies sollte dazu führen, »der Technik ihr seelenloses Gepräge zu nehmen und sie mit dem Rhythmus und dem heißen Impuls unserer Zeit zu erfüllen«.[23] Goebbels sah vor allem die »ästhetische« Seite der Technik: »Das Reich dröhnender Motoren, himmelsstürmender technischer Erfindungen, grandioser industrieller Schöpfungen, weiter, fast unerschlossener Räume, die wir für unser Volkstum besiedeln müssen, das ist unser Reich der Romantik. Hier hat die Wissenschaft und Forschung ihr Feld.«[24]

Also wurde der Technik Leben eingehaucht, wenngleich nur zu Propagandazwecken. Reichssendeleiter Eugen Hadamovsky formulierte dies in einer Ansprache am 12. August 1933 folgendermaßen: »Für uns ist der Rundfunk kein Instrument, um politische Reden zu halten oder um von morgens sechs Uhr bis abends zwölf Uhr Militärmärsche über ihn zu senden, sondern für uns ist der Rundfunk die Synthese alles dessen, was das ganze deutsche Leben umfasst. Für uns ist, kurz gesagt, der

Rundfunk das Heiligtum unseres Volkes, und er soll das braune Haus deutschen Geistes werden.«[25]

Einer der fanatischsten Ideologen des Nationalsozialismus, Alfred Rosenberg, vertrat dagegen eine »modernere«, wenngleich dadurch viel gefährlichere Position. In seinem Werk *Der Mythus des 20. Jahrhunderts* stellt er die Technik in den Dienst seines Programms: »Wer heute blindwütig gegen ›die Technik‹ zetert und auf sie Verwünschungen über Verwünschungen häuft, der vergisst, dass ihr Hervortreten auf einen ewigen germanischen Antrieb zurückgeht, der dann auch mit ihrem Untergang ebenfalls verschwinden müsste. Das aber würde uns erst recht einer Barbarei ausliefern, jenem Zustand, an dem die Kulturen um das Mittelmeer herum einst untergegangen sind. Nicht ›die Technik‹ tötet heute alles Vitale, sondern der Mensch ist entartet.«[26]

Fritz Todt, Generalbevollmächtigter für das Bauwesen, Reichsminister für Bewaffnung und Munition sowie Generalinspekteur für Wasser und Energie, war ausgebildeter Straßenbauingenieur. In ihm mischten sich beide Positionen. Als 1940 erstmals denkbar wurde, dass die Alliierten dank ihrer besseren Technik nicht in einem »Blitzkrieg« zu überrennen waren, sagte Todt, dass es notwenig sei, der »stark kapitalistischen« Technik der Feinde Deutschlands »eine besondere nationalsozialistische Auffassung der Technik« entgegenzustellen.[27]

Die Abschneidung von wichtigen Rohstoffquellen während des Ersten Weltkriegs führte vor allem nach 1933 zu einer intensiven Förderung der Technologieforschung, die Deutschland von der Abhängigkeit befreien sollten. Vor dem Hintergrund dieser Tatsache ist auch die folgende Aussage Hitlers zu verstehen: »Wenn unsere Handelsbilanz durch die wirtschaftliche Sperrung ausländischer Märkte oder durch den politischen Boykott eine passive wird, werden wir dank der Genialität unserer Erfinder und Chemiker und durch unsere Tatkraft die Wege finden, uns vom Import jener Stoffe unabhängig zu machen, die wir selbst erzeugen oder zu ersetzen in der Lage sind.«[28]

Folgt man dem Historiker Karl-Heinz Ludwig, war der Mehrzahl der deutschen Ingenieure spätestens mit der Ausrufung des ersten »Vierjahresplans« auf dem Reichsparteitag der NSDAP 1936 deutlich geworden, dass die technologischen Bemühungen auf eine zunehmende Militarisierung zielten. Zunächst gab es noch vereinzelte Warnungen vor einem neuen Krieg im Zeitalter der Technik, doch verstummten diese bald unter dem Druck des totalitären Regimes. Die Mehrheit der Ingenieure verstand, so Ludwig, die eigene Position als eher »sachlich-neutral«.[29]

Im Nationalsozialistischen Bund Deutscher Technik (NSBDT) sahen die Ingenieure den Krieg als eine Frage der besseren Ausrüstung. Unter dem Titel »Der technische Krieg« mahnten die Ingenieure in der Wochenzeitung der Fachvereine des NSBDT 1939 den Staat an, die Technik bei den Kriegsvorbereitungen nur nicht zu vernachlässigen. »Dem Volk nämlich wurde der Sieg zugesprochen, welches am besten technisch zu denken und rechtzeitig technisch zu handeln versteht.«[30]

Im Verlauf des Krieges arbeiteten deutsche Ingenieure mit Hochdruck daran, die Technik weiterzuentwickeln. Dabei kam es immer wieder zu wechselnden Schwerpunktsetzungen durch die politische Führung des Dritten Reichs, was unter anderem dazu führte, dass teils absurde Erfindungen wie der »Panzerkampfwagen VIII Maus« erheblich gefördert wurden, dann aber letztlich in einer Sackgasse endeten. Der Hundert-Tonnen-Panzer war so groß, dass er nicht mit der Eisenbahn transportiert werden konnte – viele Tunnel waren einfach zu schmal.

Je schwieriger sich die Lage an den Fronten entwickelte, desto mehr Hoffnung wurde in die Entwicklung völlig neuer Waffensysteme gesetzt. Mit der Übernahme des Hauptamtes für Technik und des NSBDT durch Albert Speer im Jahr 1942 forcierte dieser die »Erfinderbetreuung«. Es fanden fortan regelmäßig Tagungen einer »Reichsarbeitsgemeinschaft Erfindungswesen« statt, »um durch Aktivierung einer dubiosen Erfinderideologie die Kriegstechnik fortzuentwickeln«.[31]

Eine weitere Veränderung im Verhältnis der NS-Politik zur Technik konstatiert Ludwig zu Beginn des Jahres 1944.[32] In einem Tagesbefehl an die Wehrmacht gestand Hitler ein, dass sich »die Waagschale der technischen Erfindungen im Jahr 1943 zugunsten unserer Feinde gesenkt haben mag«.[33] Es kam in der Folge zur Einrichtung einer »Wehrforschungs-Gemeinschaft«. Etwa 1500 Spezialisten wurden von den Fronten ins Reich zurückbeordert, um durch gezielte Entwicklung von Kriegstechnik das Ruder doch noch herumzureißen. Diese Initiative kam viel zu spät und konnte kaum noch Wirkung entfalten, zumal es immer wieder Kompetenzrangeleien gab, etwa zwischen der Wehrforschungs-Gemeinschaft und Görings Luftwaffe, die eine eigene riesige Forschungsabteilung unterhielt.

Grundsätzlich war vor allem in der zweiten Kriegshälfte unter den deutschen Ingenieuren und Wissenschaftlern aber die Auffassung weit verbreitet, dass der wissenschaftlichen Forschung während des Krieges zu wenig Aufmerksamkeit respektive finanzielle Zuwendung zuteilwerde, was letztlich zu den verheerenden Folgen an der Front führen würde. Dies traf zum Beispiel für den Bereich der Hochfrequenzforschung zu (Radartechnik). Dies ist deswegen von Interesse, weil insbesondere die Engländer während des ganzes Krieges die Weiterentwicklung der Radartechnik betrieben. Anders als die Deutschen, die selbstherrlich auf ihre rassische Überlegenheit vertrauten, wussten die Engländer, dass die Kenntnis der Absichten des Feindes oft wichtiger sein kann als rohe Gewalt – in gewisser Weise eine kriegsbedingte Antizipation mancher Dinge, die wir bei unserem Superhirn beobachtet haben.

Auch die Forschung auf dem Gebiet der Kernphysik wurde nicht vorangetrieben, wobei Ludwig zu Recht anmerkt, dass durch die Vertreibung der wichtigsten deutschen Physiker wie etwa Albert Einstein Deutschland ohnehin nicht mehr in der Lage gewesen wäre, den Anschluss an die Entwicklungen der Amerikaner zu bekommen.[34]

Von diesen Auseinandersetzungen drang nichts an die deutsche Öffentlichkeit. Die in allen Kinos laufenden *Wochenschauen* suggerierten den Menschen, dass die Wehrmacht mit der neuesten Technik ausgerüstet gegen den Feind anrollte. Tatsächlich war die Motorisierung der Wehrmacht gerade zu Kriegsbeginn längst nicht so weit fortgeschritten, wie die Propaganda suggerierte. Die überwiegende Mehrheit der Soldaten marschierte nach wie vor zu Fuß, begleitet von zahlreichen Pferdewagen.[35]

Gegen Ende des Krieges ist eine durch die NS-Propaganda geförderte Mystifizierung der deutschen Rüstungsforschung festzustellen: Die Deutschen hofften immer mehr auf die neuen »Wunderwaffen«, seien es die berühmten V-Waffen, Elektro-U-Boote oder das erste strahlgetriebene Flugzeug Messerschmidt »Me 262«, über deren Wirkung die absurdesten Gerüchte kursierten. Der so zum Ausdruck gebrachte »Glaube an die Technik« dürfte weniger einer Begeisterung am technischen Fortschritt an sich, als vielmehr einem letzten Aufbäumen der Hoffnung der Deutschen geschuldet sein, dass der Krieg doch noch gewonnen werden könne – und sei es durch ein Wunder.[36]

Hitler selbst, der sich nie gern mit Details herumschlug und dem Kunst, Musik und Architektur wesentlich wichtiger waren als technische Themen, klammerte sich am Ende selbst an Illusionen. Über ein Gespräch mit Mussolini, das er am 22. April 1944 führte, schreibt der britische Historiker Ian Kershaw: »Der Führer wisse nicht, ob und wann eine Invasion stattfände, aber die Engländer hätten Maßnahmen ergriffen, die sie nur sechs bis acht Wochen aufrechterhalten könnten, und es würde eine schwere Krise in England ausbrechen, wenn die Invasion jetzt nicht erfolgte. Er würde dann neue technische Waffen einsetzen, die in einem Radius von 250–300 km wirksam seien und würde London in ein Trümmerfeld verwandeln.«[37]

In ihrem rassistischen Ausrottungswahn gegen alles Nicht-Deutsche verließen sich die Nationalsozialisten allerdings nicht auf die Vorsehung. Die Vernichtung der europäischen Juden und aller anderen, als »minderwertig« kategorisierten Volksgruppen, konnte nur deshalb mit so hoher »Effizienz« vonstattengehen, weil die Technik dabei eine vorrangige Rolle spielte. Ihr umfassender Einsatz zum Massenmord war durch die Nationalsozialisten erstmals verwirklicht worden. Hannah Arendt setzte die Verbrechen der Nationalsozialisten in Beziehung zu den neuen technischen Möglichkeiten knapp zehn Jahre nach dem Krieg. Und noch deutlich unter dem Schock der Atombombenabwürfe durch die Amerikaner auf Japan schreibt sie: »Die erschreckende Koinzidenz der modernen Bevölkerungsexplosion mit den technischen Erfindungen der Automation einerseits, die große Teile der Bevölkerung als Arbeitskräfte ›überflüssig‹ zu machen droht, und mit der Entdeckung der Atomenergie andererseits hat eine Situation geschaffen, in der man ›Probleme‹ mit einem Vernichtungspotenzial lösen könnte, dem gegenüber Hitlers Gasanlagen sich wie die stümperhaften Versuche eines bösartigen Kindes ausnehmen.«[38]

Hannah Arendt nimmt mit dieser Analyse im Grunde die gesamte Argumentation der 68er-Bewegung vorweg, in dem sie nicht nur die Einzigartigkeit der Massenmords unter Hitler als »Präzedenzfall« benennt, sondern auch auf die Gefahren hinweist, die entstehen, wenn verbrecherische Regimes mit Hochtechnologie ihre Ziele durchzusetzen in der Lage sind.

Die Technik diente den Nationalsozialisten nicht nur zur Durchführung ihrer Verbrechen, sondern zugleich auch zur Verschleierung derselben. Die Terminologie der Propaganda versuchte in starkem Ausmaß, durch eine distanzierte, technische Sprache das Ausmaß ihrer Verbrechen zu kaschieren.

Der Soziologe Jörg Balcke weist in seinem Buch *Verantwortungsentlastung durch Organisation* darauf hin, dass die verbale Technisierung in der NS-Terminologie »das Ungeheuerliche der massenhaften Menschenvernichtung vor der Öffentlichkeit zu verbergen trachtete«.[39] Als Beispiele führt er die Verwendung der Begriffe: »Endlösung der Judenfrage«, »Lösungsmöglichkeiten«, »Sonderbehandlung«, »Evakuierung«, »Aussiedlung«, »Umsiedlung«, »Material« (für Menschen) oder »Spezialeinrichtungen« an.[40] Diese Reduktion der Verbrechen auf technische Vorgänge hatte sich so in den Köpfen der Beteiligten festgesetzt, dass sie auch nach dem Krieg ihre eigene moralische Verantwortung partout nicht sahen. Zahlreiche Wissenschaftler und Techniker, die im Dritten Reich geforscht und gearbeitet hatten, betrachteten sich in erster Linie als Spezialisten, die sich nicht der Frage stellen wollten, welch verbrecherischen Zweck dieser Krieg eigentlich verfolgte. Walter Dornberger, Cheforganisator der V2-Entwicklung und -Produktion, dem auch die unterirdischen Produktionsanlagen des KZ-Mittelbau-Dora unterstanden, äußerte sich 1964 über seine Tätigkeit im Dritten Reich: »Nicht auf das Warum kam es uns an, sondern besonders auf das im Kriege allein entscheidende Wie.«[41] Albert Speer formulierte in seinen *Erinnerungen* 1969: »Entscheidende Jahre habe ich der Technik gedient, geblendet von ihren Möglichkeiten.«[42]

1968 – und die Folgen

Für die Protestgeneration von 1968 waren zwei Fakten prägend für den Umgang mit der Technik: Die Nationalsozialisten hatten einen technischen Krieg geführt und eine ebensolche Methode erstmals in der Geschichte auch für einen Völkermord verwendet. Aussagen wie die von Speer (»Ich diente nur der Technik!«) zeigten in der Aufarbeitung, dass weite Teile der Täter nichts aus den Verbrechen gelernt hatten. Es ist daher nicht verwunderlich, dass technologische Ambitionen der Bundesrepublik unter einer Art Generalverdacht standen. Hier ist, in Verbindung mit dem von Arendt geschilderten Szenario des ultimativen Missbrauchs, die Wurzel für eine tief sitzenden Technikskepsis mindestens einer ganzen Generation zu sehen. Angesichts des schon einmal Erlebten und der damit denkbar gewordenen Möglichkeit der Wiederholung, womöglich in noch größerem Ausmaß, hat diese Bedenklichkeit ihre moralische Berechtigung.

Ausführlich setzte sich die Soziologin Annette Ohme-Reinicke mit dem Technikverständnis der 68er und nachfolgender sozialer Bewegungen auseinander.[43] Als Indiz für die technikfeindliche Haltung der Studentenbewegung ab Mitte der Sechzigerjahre führte sie unter anderem deren Wortwahl an. Man sprach von einer »Regierungsmaschine«, Parteien wurden als »weltumspannende Maschinerien zur Vernichtung der Spontaneität« bezeichnet, und die *Bild*-Zeitung galt als Teil einer bundesrepublikanischen »Manipulationsmaschinerie«. Der Begriff »Maschine« wurde in der Studentenbewegung »zum gesamtgesellschaftlichen Herrschafts- und Unterdrückungsmittel. ›Die Maschinerie‹ ist Ausdruck einer anonymisierten gesellschaftlichen Totalität geworden.«[44]

Besonders deutlich wird die Technikfeindlichkeit der 68er in der von Ohme-Reinicke publizierten Abschrift eines Gesprächs zwischen Rudi Dutschke, Hans Magnus Enzensberger, Bernd Rabehl und Willi Semmler im Sommer 1968. Rabehl erklärte: »Technologie bedeutet für bürgerliche Zukunftsbilder das Wesentliche, sie bedeute alles. Diese Technologie ist Bestandteil der Bürokratie und der toten Kosten, sie reproduziert andauernd Herrschaft. Sie zielt auf die Verewigung der kapitalistischen Herrschaft. Deshalb muss diese Technologie, so wie sie angelegt ist, zerstört werden, abgeschafft werden.« Darauf antwortete Dutschke: »Nicht die Technologie als Ganzes.« Rabehl: »Doch. Die Technologie in ihrer ganzen Anlage, in ihrer Zielrichtung, in ihrer Arbeitsweise.«[45]

Folgt man den Thesen des Journalisten Wolf Lotter, die er in seinem bissigen Essay »Wo ist der Fortschritt?« aufstellt, wurde die Technikskepsis Anfang der Siebzigerjahre in Deutschland zur herrschenden Lehre der Eliten.[46] Als zeitgenössisches Beispiel der intellektuellen Technikfurcht führt Lotter Aussagen des ehemaligen Bundesumweltministers Jürgen Trittin an, etwa: »Das Neue muss von Anfang an beweisen, dass es ohne Folgen, ohne Risiko ist und bleibt.«[47]

Katrin Kusche, Bundesgeschäftsführerin der Grünen Liga, ein Netzwerk ökologischer Bewegungen, bestätigte 2007 die Technikskepsis – diesmal im Hinblick auf das Internet: »Mich interessieren diese virtuellen/sekundären Lebenswelten nur bis zu einem gewissen Grade. Für mich gibt es auch ein Leben ohne Bildschirme, daher habe ich auch keinen Fernseher.«[48] Kusches ideologische Position: »Wir haben versucht, unser Tun zu reflektieren, haben für uns analysiert, dass es eigentlich zwei entgegengesetzte Pole sind: einerseits die Erde als gesamtes Ökosystem und andererseits der Computer als Symbol technischen Fortschritts und als Meilenstein der Entwicklung einer menschlichen Gesellschaft, die wiederum ersteres – ihre natürlichen Lebensgrundlagen – mit großen Schritten zerstört. Und nun wollen wir antreten, mit dem einen das andere zu retten?«[49]

In der Öffentlichkeit schwankte die Haltung gelegentlich zwischen Panikmache und übertriebenen Hoffnungen. Dies illustrieren beispielhaft zwei Ausgaben des *Spiegel* von 1966 (Nr. 53) und 1970 (Nr. 1).[50] Beide Hefte haben die Zukunft der Menschheit als Thema auf den Titel gesetzt. Während in der Ausgabe von 1966 eher positiv-futuristische Visionen für das Jahr 2000 dargelegt werden – Wohnen auf dem Meeresgrund, klimatisierte Städte, totaler Impfschutz, Rauschgift für alle, Haushaltsroboter –, ist der Grundtenor der ersten Ausgabe von 1970 eindeutig ein pessimistischer. Hier geht es um Autostau, Großstadtsmog, Computerüberwachung, Hunger in der Dritten Welt, Rüstungswahn und vor allem um Umweltzerstörung durch technischen Fortschritt. Die Rede ist nun von der »Bestie Technik«, die es, wenn auch nicht zu stoppen, so doch wenigstens zu lenken gilt.[51]

Die allgemeine Technikfeindlichkeit der deutschen Eliten fand in den Achtzigerjahren ihre Konkretisierung im Kampf gegen die computergesteuerte Datenerfassung. Der Verfassungsschutz vermeldete in seinem Bericht aus dem Jahr 1983 von einem »anti-technokratischen Widerstand«. Weiter heißt es: »Mit der Kampagne gegen die Volkszählung, gegen den neuen maschinenlesbaren Personalausweis, gegen ›Computerisierung‹ und ›Verkabelung‹ fanden Gruppen der ›Neuen Linken‹ Ansätze dafür.« Die Mikroelektronik sei ein neues Thema im Kampf dieser Linken: »Es ist zu erwarten, dass in einer sich bereits abzeichnenden Kampagne des ›antitechnokratischen Widerstandes‹ vermehrt Anschläge gegen EDV-Anlagen und deren Hersteller verübt werden.«[52]

Tatsächlich fanden solche Anschläge statt, etwa im Februar 1983 auf die ITT-Tochter SEL in Düsseldorf, im März 1983 auf die IBM in Reutlingen, im September 1985 auf »Scientific Control System« (SCS) in Hamburg und den »Mathematischen Programmier- und Beratungsdienst« (MPD) in Düsseldorf. In den Bekennerschreiben zu den Anschlägen wird immer wieder die Rolle der Computertechnik bei der Überwachung der Arbeiterschaft (»Überschaubarkeit, Kontrollierbarkeit, schnelle Registrierung und schneller Zugriff«) und die Gewinnmaximierung der Kapitalisten hervorgehoben.[53] Die Zerstörung dieser Informationstechnologie, wahrgenommen von den Autonomen als »bedrohungsvolles repressives Instrumentarium des Staates«, konnte so als »Mittel zur Rettung der Subjektivität« zelebriert werden.[54]

Dass die Skepsis gegenüber der neuen Technologie nicht nur in den autonomen Randgruppen fruchtbaren Boden fand, zeigt zum Beispiel eine repräsentative Umfrage aus dem Jahr 1983, bei der 23 Prozent der Befragten eher Nachteile beim Einsatz von Computern erwarteten. 34 Prozent sahen Vorteile, und 43 Prozent konnten sich nicht entscheiden.[55] Verbreitet war auch die Überzeugung, der 1983 von der Deutschen Post eingeführte Online-Dienst BTX könnte zum Ausspionieren der Nutzer missbraucht werden. Es ist eine Ironie der Geschichte, dass die Deutsche Telekom mehr als zwanzig Jahre später im Zeitalter des Internets genau diese Befürchtungen mit einer der größten Spitzelaffären der jüngeren Vergangenheit bestätigte. Ziele des aggressiven Datenmissbrauchs waren indes nicht normale Bürger, sondern eigene leitende Mitarbeiter des Unternehmens sowie kritische Journalisten.[56]

Der Gedanke der Rettung von Subjektivität und Privatsphäre spielte ebenfalls eine wichtige Rolle beim Widerstand gegen die für 1983 angekündigte Volkszählung in der Bundesrepublik. Hier waren es nun nicht mehr nur die zahlenmäßig kleinen autonomen Gruppen, die Sturm gegen den Staat liefen, sondern eine relativ große Bevölkerungsgruppe teilte das Unbehagen an der scheinbar unbegrenzten Aufnahme persönlicher Daten mithilfe der neuen Computertechnologie. Letztlich musste das Bundesverfassungsgericht in einem »Volkszählungsurteil« festlegen, dass personenbezogene Angaben von den Fragebögen getrennt zu erheben waren. Das Urteil[57] gilt als ein Meilenstein in der Geschichte des Datenschutzes in der Bundesrepublik.[58]

Die Angst vor jeder Art von Technik fand schließlich ihren ideologischen Überbau, als der 1972 vom Club of Rome veröffentlichte Bericht *Die Grenzen des Wachstums* plötzlich allen Fortschrittskritikern uneingeschränkt recht zu geben schien und die globale Zerstörung erstmals auf die Agenda geriet. Die Studie wartete mit düsteren Zukunftsszenarien wie gewaltigen Hungersnöten auf, die ihre Ursache vor allem in der schonungslosen Ausbeutung der Rohstoffressourcen der Erde haben würden. Wie zur Bestätigung der Prognosen trat 1973/1974 die Ölkrise ein, die den Industrienationen vorführte, dass sie am Tropf der Ölförderländer hingen.

Der Bericht zur Lage der Menschheit wurde weltweit insgesamt dreißig Millionen Mal verkauft. Welche Wertschätzung die Publikation in Deutschland erlangte, machte die Verleihung des Friedenspreises des Deutschen Buchhandels an den Club of Rome 1973 deutlich. Bis dahin war der Preis nur an Einzelpersonen vergeben worden.

In den Siebzigerjahren rollte schließlich mit der Anti-AKW-Bewegung eine neue Welle der Technikskepsis durch die Bundesrepublik. Ausgangspunkt des Widerstands war der Protest gegen den Bau eines Kernkraftwerks im badischen Wyhl. Er kumulierte in den Aktionen der Atomkraftgegner in Brokdorf (Baubeginn 1976), wo sich Tausende von Demonstranten und Polizisten regelrechte Schlachten lieferten, und in Wackersdorf. In dieser oberpfälzischen Gemeinde ließen sich ab 1985 bis zu 100 000 Menschen aktivieren, gegen den Bau einer Wiederaufarbeitungsanlage zu protestieren.[59]

Neu an dieser Bewegung war, dass ihr zuerst keine grundlegende Gesellschaftskritik zugrunde lag. Dahinter stand die Angst – beziehungsweise die Skepsis – gegenüber den vermeintlichen und tatsächlichen Risiken der neuen Technik. Erst unter dem Eindruck der staatlichen Gewaltanwendung – in Brokdorf agierte der Bundesgrenzschutz mit brutalen Methoden – wandelte sich das Feindbild: »Die Atomkraftwerke (wurden) zum Symbol für Bevormundung durch Politik, Repression (und) Zerstörung der Umwelt.«[60]

Wie tief die Furcht vor der Zerstörung der Erde durch den Kollaps des Ökosystems beziehungsweise durch einen Atomkrieg in der Jugend der Bundesrepublik saß, zeigen auch die Shell-Jugendstudien der Achtzigerjahre.[61] Mit dem Mauerfall und dem Ende des Kalten Kriegs verschwand zwar die Angst vor einer atomaren Vernichtung, die vor dem Ökokollaps blieb.

Die Forderung von Bernd Rabehl, die »Technik als Ganzes« zu zerstören und abzuschaffen, war also keine Meinung eines Einzelnen. Sie brachte auf den Punkt, welches Technikverständnis sich in Deutschland im 20. Jahrhundert herausgebildet hatte. Wie ein roter Faden ziehen sich Technikangst und Technikfeindlichkeit durch die jüngere Geschichte dieses Landes. Die Eliten der Bundesrepublik führten diese Angst fort: Der Computer wurde in seiner Funktion als Nachfolgemodell der Schreibmaschine reduziert, die Entscheidung über wichtige IT-Systeme lag in riesigen, meist sehr autonomen Technikabteilungen. Der mangelnde Sachverstand bei den Bestimmenden in Management und Politik ebnete den Weg für manchen Pyrrhussieg des Größenwahns. Dass viele Prestigeprojekte wie Transrapid, Toll Collect, Hercules oder virtueller Arbeitsmarkt entweder ganz gescheitert oder aber nur nach erheblichen Kostenexplosionen verwirklicht wurden, liegt nicht nur an falschen Managementbeschlüssen. Allzu oft haben jene, die in Deutschland über technische Projekte entscheiden, das in der angelsächsischen Welt vorhandene, natürlich geformte »Augenmaß« im Umgang mit der Technologie vermissen lassen.

Die tief greifenden Änderungen, die das Internet bewirkt, gehen jedoch weit über die »Technik« hinaus. Ein neues Informations- und Kommunikationssystem wird unser Denken und unsere Kultur grundlegend verändern. Das schwierige Verhältnis der Deutschen im Umgang mit Technik könnte vor diesem Hintergrund vielleicht schon bald als abgeschlossenes Kapitel betrachtet werden.

Dank

Jedes Buch ist ein Vorläufer des Internets. Denn es entsteht nur dank der Kollaboration von vielen. Dies gilt für dieses Buch erst recht. Es war nur möglich, weil sehr viele dazu beigetragen haben. Die größte Hilfe kam von jenen Menschen in Deutschland, die durch ihre tägliche Arbeit mit dem World Wide Web aktiv am Entstehen unseres neuen Superhirns mitarbeiten. Sie haben sich neben ihrem delfinischen Alltag auch noch Zeit genommen und uns in Interviews davon erzählt, was sie denken, fühlen, arbeiten. Ihr Beitrag hat den Grundton dieses Buches entscheidend geprägt. Die Vielfalt, die wir erlebt haben, war Inspiration für dieses Buch.

Ich danke: Tim Pritove vom Chaos Computer Club; Dr. Michaela Harlander vom Unix-Netzwerk GeNUA; Kurt Janson, dem Mitbegründer der deutschen Wikipedia; Holm Friebe von der Zentralen Intelligenz Agentur; den Gaming-Programmieren Georg Steinröhder und Christian Herold von der Firma Ionstar; Nurhan Yildirim und Helmut Hoffer von Ankershoffen von der Suchmaschinenfirma Neofonie; dem Gründer der Softwarefirma Ashampoo, Rolf Hilchner; Jens Ihlenfeld und Christian Klaß von der Technologiewebsite Golem; Myrko Thum von der Gaming-Firma Ingame; Klaus-Dieter Baumgarten vom Deutschen Senioren Computer Club; Ralf Sokoll, Mitbegründer des Internet-Notrufs Deutschland; Bert Weingarten von Pan Amp. Sie alle kommen aus der Welt der Technologie und gehören damit zu den Pionieren des Internets. Ihr Geist der Offenheit prägt das Klima, welches im Internet herrscht. Die Kultur bestimmen jene, die experimentieren, provozieren, etwas wagen. Ich danke: Christoph Wachter und Mathias Jud, den Erfindern von Picidae; Wolfgang Knauff, dem Gründer von Kulturserver.de; der Rapperin Lady Bitch Ray; Bernd Heinisch von Zentralen Verzeichnis Antiquarischer Bücher ZVAB; Alexander Perschel, der die erste Internet-

Soap *Sex and Zaziki* erfunden hat. Viele aus der Welt der Internetwirtschaft haben in der Kunst begonnen und daraus ein Leben gemacht (und Arbeitsplätze geschaffen). Ich danke: Anton Jurina und Martin Höfeler vom Modelabel Armed Angels; Thomas Trüb vom Ringier Verlag; Claudia Göbel vom Modeladen Cherrybomb; Lukasz Gadowski, Gründer von Spreadshirt.net und Internetförderer; Loretta Würtenberger, Gründerin von Webmiles und Kunstfinanzier; Thierry Chervel und Anja Seeliger vom Perlentaucher; Alexander Artopé, Jörg Rheinboldt, Eckart Vierkant und Sebastian Rieschel vom Microfinancing-Marktplatz Smava; Christoph Mohn von Lycos Europe; Paulus Neef, dem Gründer von Pixelpark; Stefan Brüninghaus vom Automobilzulieferer Brüninghaus und Drissner; Cornelia Staib von SupplyOn; Matthias Baerens vom ökologischen Reiseführer bio.de; Mathias Entenmann, der das Blühen und Scheitern von Paybox erlebt hat. Eine wichtige Rolle spielt das Internet bereits in der Medizin – und hier nicht nur in den Topetagen der Forschung, sondern in den ganz normalen Praxen Deutschlands. Ich danke: Heinrich Apfelstedt, niedergelassener Facharzt für Chirurgie; Annegret Wiesener, Zahnärztin; Boris Heidelberg, Apotheker; Christian Angele, Christian Lautner, Thomas Kadauke und Hendrik Volkmer vom Gesundheitsportal Imedo; Matthias Storch, Sebastian Grehn, Nadja Herkert und Christian Marsch von forderland.de und dem Medikamenten-Preisvergleich Apomio.

In der Politik sind auch in Deutschland erste Iniativen »von unten« zu finden. Ich danke: Matthias Wolfschmidt von Foodwatch; Christoph Bautz und Günter Metzges von Campact; Gregor Hackmack und Boris Hekele von Abgeordnetenwatch; Katrin Kusche von der Grünen Liga. Besonders hilfreich waren uns die Gespräche mit Leuten, die das Internet in ihrem Arbeitsalltag verwenden und uns halfen, ausführlich darüber nachzudenken, was wir da alle eigentlich Tag für Tag tun. Ich danke: Erich Wolbert, Purchasing Manager für Lebensmittellogistik; Tibet Neusel, Rechtsanwalt für Steuerrecht; Ernst Greiser, Gärtner und Landschaftsbauer; Michael Neuner von der Firma Zapf Umzüge; Katrin Bischof, Modedesignerin; Dirk Althof, Geschäftsführer Akut. Siebdruck GmbH; Christian Koch, Inhaber der Krimibuchhandlung Hammett.

Ich danke meinem Redaktionsteam, das mir half, dieses Material zu sammeln, und die Fülle des Gesammelten zu ordnen: Allen voran Marie Naumann, die mit größter Gewissenhaftigkeit den Überblick bewahrte und dem Buch seine erste, entscheidende Kontur gab. Dank an Lutz Ackermann, Manka Heise und Oliver Pfannenstiel, die im besten Sinn als »rasende Reporter« agierten. Beate Schreiber und Alexander Sachse haben maßgeblichen Anteil an dem Rückblick in die deutsche Geschichte – sie betreiben ihr Historiker-Büro Facts & Files übrigens auch vornehmlich aus dem Internet. Besonderen Dank an Michael Angele, nicht nur für manche anarchistische Anregung, sondern vor allem für seine brillante Unterstützung im Bereich der deutschen Kulturgeschichte.

Den Hintergrund für dieses Buch bildet mein Aufenthalt in Harvard, bei dem ich unendlich viele Anregungen und die Möglichkeit zu intensiven Gesprächen mit den besten Fachleuten der Welt erhielt. Daher gilt mein besonderer Dank allen Mitarbeitern des Joan Shorenstein Centers for Press, Politics and Public Policy, im Besonderen Alex Jones, Nancy Palmer und Thomas Patterson. Ich wurde von einem exzellenten internationalen Team von Forschungs-Assistenten unterstützt: Großer Dank an Veronica Minaya, Isaac Wohl, Florian Zinoecker und Hyoungmi Kim. Ich danke auch den deutschen Journalismus-Professoren Siegfried Weischenberg, Christoph Mühlberger und Stefan Büffel sowie Thomas Middelhoff von Arcandor für ihre Unterstützung meiner Forschung in Harvard – ihre Beiträge haben mit Sicherheit auch Einfluss auf dieses Buch genommen. Ich danke im besonderen John Henry Clippinger, Senior Fellow am Berkman Center an der Harvard Law School, für seine Anregungen und seinen visionären Blick auf die nächste Etappe des Internets. Cass R. Sunstein von der University of Chicago Law School danke ich für seine brillanten Analysen, Viktor Mayer-Schönberger von der Kennedy School für seine kondensierten Erklärungen von komplizierten Sachverhalten. Dan Okrent, dem früheren Public Editor der *New York Times*, und Bill Kovach, dem ehemaligen Kurator der Nieman Foundation, für ihre balancierte Kritk an den alten (journalistischen) Eliten, der Journalistin Susan Reed für ihre hingebungsvolle Verteidigung derselben, und Jeff Jarvis für sein leidenschaftliches Plädoyer für alles Neue, was durch das Internet entsteht.

Ich danke den Mitarbeitern meines Unternehmens Blogform in Oslo, Berlin und New York für ihr Verständnis, dass ich gelegentlich geistig abwesend schien (und wohl auch war). Sie haben aber sicheren Kurs gehalten, auch mit einem Kapitän, der gelegentlich nicht die Hand am Steuer, sondern den Kopf im Buch hatte. Insbesondere danke ich

Eric Sinoway von der Harvard University, der mich beständig bei dem Balanceakt zwischen realer Arbeit und dem Schreiben eines Buches stützte.

Als es gegen das Ende des Buches ging, wurde der Verlag immer wichtiger. Ich danke Christian Strasser für sein hartes Forechecking – das Profil dieses Buches geht auf seinen Instinkt zurück. Seine Vision in die Tat umzusetzen halfen mir Doris Janhsen, die Verlegerin, und Rebekka Göpfert, meine Agentin. Von entscheidender Bedeutung war das kongeniale Wirken meiner Lektorin Regina Carstensen, die mit unglaublicher Zielsicherheit jedes Detail fand und zugleich nie den großen Bogen aus dem Blick verlor.

Ohne mein engeres Umfeld hätte ich dieses Buch nicht schreiben können. Das gilt vor allem für Peter Fuhrman, meinen Freund und Inspirator, der mir nicht nur ermöglichte, mich immer wieder ins schöne kalifornische Brentwood zurückzuziehen, sondern mir auch mit vielen klugen Anregungen half, dieses Thema in einem globalen Kontext zu verstehen. Meine Kinder, denen dieses Buch auch gewidmet ist, waren der wichtigste Teil meines persönlichen Superhirns. Ihr Gebrauch des Internets, aber auch einfach ihr Leben in dieser neuen Welt, haben mich ermutigt, diesen Versuch zu wagen. Und es ist mir immer eine große Freude, mit ihnen delfinisch über Video, IM, Skype und all die anderen Mittel zu kommunizieren. Ich bin sicher: Ohne meine Kinder würde ich die neue Welt nicht verstehen; und ich hätte viel weniger Gefühl für die Faszination (und die Gefahren), die da lauern. Wie im Buch geht es auch im Leben nicht ohne »Apriori«: Ich danke meiner Frau Ilka für alles.

Für all die erfahrene Hilfe bin ich dankbar. Für alle Fehler und Irrtümer in diesem Buch trage jedoch ich allein die Verantwortung.

Berlin, im Juli 2008

Anmerkungen

1 Die Bedrohung der Gattung Mensch

1 Siehe: www.theatlantic.com/doc/200807/google. Eine angeregte Debatte zu Nicholas Carrs provokanter These (»Was das Internet in unseren Gehirnen anrichtet – macht uns Google dümmer?«) findet sich auf seinem Blog: www.roughtype.com/
2 Zit. bei Nicholas Carr, ebenda
3 http://tal.forum2.org/hofstadter_interview
4 Miriam Meckel: *Das Glück der Unerreichbarkeit. Wege aus der Kommunikationsfalle.* Hamburg 2007
5 Mark Bauerlein: *The Dumbest Generation. How the Digital Age Stupefies Young Americans and Jeopardizes Our Future.* New York 2008
6 Hannah Arendt: *Eichmann in Jerusalem.* München 1999 (1964), S. 396
7 Harald Schumann und Christiane Grefe in ihrem sehr aufschlussreichen Buch: *Der globale Countdown. Gerechtigkeit oder Selbstzerstörung. Die Zukunft der Globalisierung.* Köln 2008
8 Beschrieben von Fred Pearce in: *When the Rivers Run Dry.* Boston 2006, S. 121
9 Sehr treffend analysiert von Wolfgang Münchau. Er schreibt: »Der Profession des Journalisten eigen ist der Herdentrieb, hierzulande und anderswo, der sich durch drei Eigenschaften auszeichnet: Alle rennen hinter derselben Geschichte her, die Kommentierung konvergiert auf einen zumeist falschen Konsens, und Fehleinschätzungen bleiben ohne jegliche Konsequenz.« In: www.ftd.de/meinung/leitartikel/380799.html?p=1
10 www.timesonline.co.uk/tol/comment/columnists/andrew_sullivan/article4136782.ece
11 Eine interessante Kurzfassung der Gedanken des Direktors am Max-Planck-Institut für Hirnforschung in Frankfurt findet sich unter: www.mpih-frankfurt.mpg.de/global/Np/Pubs/mckinsey.pdf.
12 Ebenda
13 Dieser Aufbruch unserer Vorfahren, der Boskops, ist wunderbar beschrieben in: Gary Lynch und Richard Granger: *Big Brain. The Origins and Future of Human Intelligence.* New York 2008
14 Am besten zu verstehen sind die Anfänge des Internets aus den Erzählungen der allerersten Pioniere: Paul Baran, Leonard Kleinrock und Bob Taylor unternahmen schon in den Sechzigerjahren die ersten Schritte. Später spielte auch Al Gore eine entscheidende Rolle. In: *How the web was won. An oral history of the Internet.* Vanity Fair, Juli 2008, S. 96 ff.

15 Tim Berners-Lee: *Weaving the Web. The Original Design and Ultimate Destiny of the World Wide Web.* New York 1999, S. 209

16 http://wissen.spiegel.de/wissen/dokument/dokument.html?id=49533681&top=SPIEGEL

17 William H. Whyte: *City. Rediscovering the Center.* New York/London/Toronto/Sidney/ Auckland 1988

18 http://query.nytimes.com/gst/fullpage.html?res=9A0DEED6173EF935A35752C0A9659C8B63

19 Marshall McLuhan und Quentin Fiore: *War and Peace in the Global Village.* New York 1968

20 Thomas L. Friedman: *Die Welt ist flach. Eine kurze Geschichte des 21. Jahrhunderts.* Frankfurt am Main 2007

21 Bei einem Symposium des Berkman Centers an der Harvard Law School im Frühjahr 2007

22 www.bsb-muenchen.de/Virtuelle_Services_in_Second_L.2264.0.html

23 www.archiv.pnn.de/archiv/23.05.2008/4044688.pnn

24 http://query.nytimes.com/gst/fullpage.html?res=9500E5DC1331F932A25750C0A9619C8B63&scp=8&sq=Library+2007+digital+memory&st=nyt

25 Peter Sloterdijk: Regeln für den Menschenpark. Elmauer Rede 1999, zit. nach: www.zeit.de/1999/38/199938.sloterdijk3_.xml

26 Cullen Murphy: *Are we Rome? The Fall of an Empire and the Fate of America.* New York 2007

27 http://bits.blogs.nytimes.com/2007/10/31/bye-bye-pampers-google-is-fifth-most-valuable-company/index.html?scp=3-b&sq=Google+valuation&st=nyt

28 www.eetimes.com/disruption/essays/zennstrom-friis.jhtml

29 Deswegen kämpft eBay als neuer Eigentümer auch mit dem im Kern »idealistischen« Ansatz von Skype: www.netzeitung.de/wirtschaft/unternehmen/763471.html

30 Der Elitenforscher Michael Hartmann hat dieses Phänomen in den vergangenen Jahren beobachtet: »Der Spielraum, der sich durch die viel beschworene Globalisierung und den Untergang des Ostblocks eröffnet hat, wird derzeit einfach zur Stärkung der eigenen Position genutzt.« Mit dem Verweis auf die Interessen der Eigentümer (»Shareholder Value«) und der Klage über die internationalen Finanzmärkte verschleiern die Eliten in Managergestalt, dass dort, wo die neue Lage »das Interesse der Manager am direktesten berührt, nämlich bei ihrem eigenen Einkommen, ihr Handlungsspielraum nicht enger, sondern größer« geworden ist. Auch die Techniker, die laut Hartmann in den vergangenen Jahren deutlich an Einfluss gewonnen haben, denken nicht anders: »Entscheidend ist … dass das Topmanagement, gleich welcher Fachrichtung und welchen Karrieretypus, fast unisono die Chancen beim Schopfe ergriffen hat, die sich mit dem Shareholder-Value-Prinzip bieten.«
In: Michael Hartmann: *Der Mythos von den Leistungseliten.* Frankfurt/Main 2002, S. 177 f. und S. 214 f.

31 Siehe dazu das aufschlussreiche Buch von Johannes Willms: *Die deutsche Krankheit. Eine kurze Geschichte der Gegenwart.* München 2001

32 Jerry Z. Muller: »Us and Them. The Enduring Power of Ethnic Nationalism«. In: *Foreign Affairs,* März/April 2008, S. 18

2 Der Delfin-Code

1 www.epochtimes.de/articles/2007/01/16/80299.html
2 Jonas Salk: *The Survival of the Wisest.* New York 1973, zit. nach: http://alejandrocartagena.blogspot.com/2008/05/mr-jonas-salk-said.html
3 www.abc.net.au/news/newsitems/200501/s1276513.htm
4 http://cosmiclog.msnbc.msn.com/archive/2008/06/11/1130193.aspx
5 Katharina Zimmer: *Doktor Delfin. Wie Tiere heilen helfen.* München 2004, S. 34
6 Ebenda, S. 35
7 Ebenda, S. 119
8 Ebenda, S. 38
9 Ebenda, S. 39
10 Ebenda, S. 40
11 Ebenda., S. 110
12 Horace Dobbs: *Delphine.* Basel 1986, zit. nach Katharina Zimmer, a. a. O., S. 41
13 Ebenda, S. 85
14 Ebenda, S. 93
15 Ebenda, S. 95
16 Ebenda, S. 116
17 Ebenda, S. 151
18 Ebenda, S. 175
19 Ebenda, S. 124
20 Sehr anschaulich ist dieser Prozess von Guy Deutscher in seinem Buch *The Unfolding of Language. An Evolutionary Tour of Mankind's Greatest Invention.* New York 2005 beschrieben. (In deutscher Übersetzung erscheint es im Herbst 2008 unter dem Titel: *Ich Jane, du Goethe.*)
21 Elizabeth L. Eisenstein: *The Printing Press as an Agent of Change. Communications and Cultural Transformations in Early Modern Europe.* Cambridge/New York. 2005 (1979) S. 687 ff. Die englischen Zitate sind vom Autor übersetzt. Auch bei anderen englischsprachigen Büchern.
22 Ebenda, S. 691
23 Zit. nach Elizabeth L. Eisenstein a. a. O., S. 700
24 Arthur Wilson: *Diderot,* S. 143, zit. nach Elizabeth L. Eisenstein, a. a. O., S. 700
25 Archer Taylor: *The Influence of Printing,* S. 13, zit. nach Elizabeth L. Eisenstein, a. a. O., S. 703
26 Elizabeth L. Eisenstein, a. a. O., S. 706

3 Das Internet – unser Echolot

1 Der Morgenthau-Plan von 1944 war ein von dem damaligen amerikanischen Finanzminister Henry Morgenthau entwickeltes Memorandum, wie mit dem besiegten Deutschen Reich nach dem Ende des Zweiten Weltkriegs verfahren werden sollte. Die Idee: Deutschland sollte ein reines Agrarland ohne jede Art von Scheinindustrie oder Technologie werden, damit es nie mehr als Aggressor auftreten kann. Der Plan wurde nie verwirklicht.

2 Zit. nach Annette Ohme-Reinecke: *Moderne Maschinenstürmer.* Frankfurt am Main 2000, S. 133

3 www.freenet-homepage.de/visionen/

4 So fasst der Dichter Reiner Kunze die DDR-Dialektik zusammen. Aus: Reiner Kunze: *Sensible Wege.* Reinbek 1969. Der dritte Teil diese Gedichts lautet übrigens: »Im mittelpunkt steht/der mensch/Nicht/der einzelne«, S. 35

5 Dazu Michael Highland: »Gino Yu. Communicating Inner Experience With Video Game Technology«, siehe: www.ub.uni-heidelberg.de/archiv/8298/

6 Es gibt auch kritische Stimmen, die das Multitasking bei Jugendlichen für problematisch halten: http://www.fourhourworkweek.com/blog/2008/05/25/the-multitasking-virus-and-the-end-of-learning-part-1/

7 Katharina Zimmer: *Die Kunst allein zu leben.* Berlin 2004

8 Der Begriff stammt von dem amerikanischen Internet-Vordenker Tim O'Reilly; siehe: www.oreillynet.com/pub/a/oreilly/tim/news/2005/09/30/what-is-web-20.html

9 *Frankfurter Allgemeine Zeitung* vom 10. November 2007; zu finden unter: www.elternbeirat-gym-toelz.de/doc/intimitaet.pdf

10 Aus einem Interview, das für dieses Buch geführt wurde.

11 www.readwriteweb.com/archives/linkedin_and_the_future_of_business_social_networks.php

12 Ebenda

13 Ein kleines Pendant dazu sind die »Deutschen Blogcharts«; siehe dazu: www.deutscheblogcharts.de. Oft führen die Blogs auch Diskussionen um ihre eigene Sinnhaftigkeit, etwa bei www.basicthinking.de/blog/2008/06/05/wat-denn-da-los/.

14 Die Politologin und Diplomatin Michaela Späth schreibt in einer Analyse für die Kennedy School der Universität Harvard: »Die deutsche Blogosphäre ist noch bei Weitem nicht so einflussreich wie die amerikanische. Deutschland hinkt in diesem Bereich noch weit hinter den meisten seiner europäischen Nachbarn her. Die Reichweiten selbst der erfolgreichsten deutschen Blogs liegen weit hinter denen vergleichbarer amerikanischer Blogs.« Cambridge 2007

15 www.readers-edition.de/2007/03/19/alphablogger-der-deutschen-blogosphaere-heute-robert-basic-messias-wider-willen/. Basic begleitet insbesondere das Blog-Geschehen auf seinem Blog: www.basicthinking.de/blog/

16 http://operawatch.com/

17 www.bildblog.de

18 www.heise.de/newsticker/Facebook-reagiert-auf-Nutzerproteste-gegen-zielgruppen-spezifische-Werbung- -/meldung/99827

19 www.hks.harvard.edu/presspol/research_publications/papers/discussion_papers/D40.pdf

20 www.scobleizer.com/2007/03/26taking-the-week-off/

21 www.weblin.com/home.php?room=de4

22 Aus einem Interview, das für dieses Buch geführt wurde.

23 Neil Postman: *Wir amüsieren uns zu Tode. Urteilsbildung im Zeitalter der Unterhaltungsindustrie.* Frankfurt am Main 1985

24 www.mpih-frankfurt.mpg.de/global/Np/Pubs/mckinsey.pdf

25 www.jacksonpollock.org/

26 Und hätte es damals schon das Internet gegeben, wäre der unglückliche Wiener Josef

Matthias Hauer, der dieselbe Idee hatte und Zwölftontechnik parallel zu Schönberg erfand, nicht in der Versenkung verschwunden.

27 Arnold Schönberg: *Grundlagen der musikalischen Komposition (Fundamentals of Musical Composition, 1937–1948).* Hrsg. von Rudi Stephan. Wien 1979

28 Siehe Katharina Zimmer, a. a. O., S. 186 f.

29 Holm Friebe und Sascha Lobo: *Wir nennen es Arbeit. Die digitale Bohème oder Intelligentes Leben jenseits der Festanstellung.* München 2007

30 Aus einem Interview, das für dieses Buch geführt wurde.

31 Holm Friebe und Kathrin Passig: *Das nächste große Ding. Neues von den Fronten des Forschritts.* Hamburg 2007, S. 78 f.

32 Robert Musil: *Der Mann ohne Eigenschaften.* Berlin 1930, S. 16

33 Ebenda

34 Markus Krajewski (Hg.): *Projektemacher. Zur Produktion von Wissen in der Vorform des Scheiterns.* Berlin 2004, S. 19 f.

35 Die Journalistin und Autorin Jana Hensel bezeichnete das Werk auf *ZEITonline* als eine »Schreibkurs-Arbeit« und »intellektuelle Spielerei«: www.zeit.de/online/2006/26/klagenfurt-hensel

36 www.faz.net/s/Rub1DA1FB848C1E44858CB87A0FE6AD1B68/Doc~E494DE9E203E34C6A8EE9483DDF421205~ATpl~Ecommon~Scontent.html

37 Aus einem Interview, das für dieses Buch geführt wurde.

38 Ebenda

39 Hugo von Hofmannsthal: *Das Schrifttum als geistiger Raum der Nation.* München 1927, S. 24

40 Eine gute Übersicht über dieses Thema in Weimar gibt das Buch *Verkappte Religionen* von Carl Christian Bry. Stuttgart 1927.

41 Vgl.: www.netzeitung.de/entertainment/kuttner/598211.html

42 Aus einem Interview, das für dieses Buch geführt wurde.

43 Ebenda

44 Analog zu dem von Adam Smith für die Wirtschaft formulierten Prinzip der »unsichtbaren Hand«, welche die Marktmechanismen steuert. Adam Smith: *An Inquiry into the Nature and Causes of the Wealth of Nations.* London 1776

45 Sehr gut erklärt unter: www.georgholzer.at/blog/2008/05/12/weblog-on-steroids-twitter-als-vorbild/

46 Stefanie Nordhausen: *Kommerzielle Kommunikation im World Wide Web.* Berlin 1996 (Diplomarbeit an der Fachhochschule für Wirtschaft), S. 69

47 www.pariity.com/

48 www.eclipse.org/higgins/index.php

49 www.eigenfactor.org/

50 www.heise.de/ct/07/21/050/

51 Siehe dazu: www.jaxtr.com

52 www.ics.forth.gr/isl/swprimer/index2.php?selected=1&opened=1

53 Tim Berners-Lee: »Bringing the World Wide Web to Its Full Potential«. In: Dieter Fensel, James Hendler, Henry Liebermann und Wolfgang Wahlster (Hg.): *Spinning the Semantic Web.* Cambridge 2005, S. xxii f.

54 Hauptschnittstelle dieser Bemühungen ist das »World Wide Web Consortium«, siehe: http://www.w3.org/

55 www.silicon.de/mittelstand/0,39038986,39191792,00/das+web+3_0+ist+eine+antwortmaschine.htm
56 Tim Berners-Lee: »Bringing the World Wide Web to Its Full Potential«, a. a. O., S. xxi
57 Dieter Fensel, James Hendler, Henry Liebermann und Wolfgang Wahlster (Hg.): *Spinning the Semantic Web*, a. a. O., S. 2
58 Auf der International Relations Conference im Herbst 2007; siehe dazu: http://search.harvard.edu:8765/query.html?qt=International+week&col=fas&col=hu&searchbutton.x=0&searchbutton.y=0
59 Im Internet gibt es bereits Netzwerke für diese Art der Aufdeckung von Missständen: www.whistleblower-net.de/
60 http://de.wikipedia.org/wiki/Transrapid
61 http://en.wikipedia.org/wiki/Virgina_tech_massacre
62 www.edge.org/3rd_culture/lanier06/lanier06_index.html
63 http://en.citizendium.org/wiki/Welcome_to_Citizendium
64 www.heise.de/newsticker/Freie-Online-Enzyklopaedie-Wikipedia-fuehrt-gesichtete-Artikel-Versionen-ein—/meldung/107465
65 www.mixedink.com/
66 Vgl. Ulrich Linse: *Barfüßige Propheten. Erlöser der zwanziger Jahre.* Berlin 1983, S. 28
67 Norbert Jacques: *Dr. Mabuse, der Spieler.* Berlin 1922, S. 19

4 Die ersten kollektiven Denkerfolge

1 http://de.wikipedia.org/wiki/Hawaiische_Sprache
2 Alvin Toffler: *Der Zukunftsschock.* Frankfurt am Main 1970, S. 18
3 Eric S. Raymond: *The Cathedral and the Bazaar.* Peking/Cambridge u. a. 1999
4 Ebenda, S. 30
5 www.inconet.de/opensourcegeschichte.html
6 Zit. nach der sehr guten Übersicht über die Entwicklung der Open-Source-Bewegung bei: http://ig.cs.tu-berlin.de/oldstatic/w2000/ir1/referate1/k-1a/
7 www.dw-world.de/dw/article/0,2144,571265,00.html
8 Ebenda
9 Aus einem Interview, das für dieses Buch geführt wurde.
10 Ebenda
11 Thomas L. Friedman, a. a. O., S. 106
12 www.heise.de/mobil/artikel/88439/1
13 www.spiegel.de/wirtschaft/0,1518,478914,00.html
14 www.stern.de/computer-technik/computer/:Interview-Tim-O'Reilly-Auch-Google/612430.html?p=2&nv=ct_cb
15 http://nielsenhayden.com/makinglight/archives/010341.html
16 http://license.icopyright.net/user/offer.act?gid=3&inprocess=t&sid=36&tag=3.5721?icx_id%3DD90VCFA01&urs=WEBPAGE&urt=http://hosted.ap.org/dynamic/stories/A/APNEWSALERT?SITE%3DAP%26SECTION%3DHOME%26TEMPLATE%3DDEFAULT%26CTIME%3D2008-05-29-11-08-34
17 http://publishing2.com/2008/06/17/connecting-the-dots-of-the-web-revolution/#more-1105

18 Kevin Kelly: »Scan this book«. *New York Times* vom 14. Mai 2006
19 www.sueddeutsche.de/kultur/artikel/455/114341/7/
20 http://de.wikipedia.org/wiki/Wikipedia:Sprachen
21 www.nytimes.com/2007/04/23/technology/23link.html?_r=1&scp=1&sq=Wikipedia%20Virginia%20Tech&st=nyt&oref=slogin
22 www.heise.de/newsticker/Nature-Wikipedia-nahe-an-Encyclopaedia-Britannica--/meldung/67380. Die *Britannica* weist diesen Vergleich als unfair zurück und begründet auch, warum er nicht stimmt: http://corporate.britannica.com/britannica_nature_response.pdf
23 Die ganze Geschichte ist bei Wikipedia genau dokumentiert: http://en.wikipedia.org/wiki/Essjay_controversy
24 Stand 4. Juli 2008
25 Aus einem Interview, das für dieses Buch geführt wurde.
26 Geschildert bei Don Tapscott und Anthony D. Williams: *Wikinomics. How Mass Collaboration Changes Everything.* New York 2006
27 www.ebi.ac.uk/Information/About_EBI/about_ebi.html
28 www.galaxyzoo.org/Tutorial.aspx
29 Schön erklärt bei: www.br-online.de/br-alpha/alpha-centauri/alpha-centauri-quasar-2000-ID1208779628972.xml
30 http://antwrp.gsfc.nasa.gov/apod/ap080625.html
31 http://www.trust-us.ch/contrib/glaser/kolumbus.html
32 *brand eins*, 4/2000
33 http://faz-community.faz.net/blogs/netzkonom/archive/2007/11/23/wie-studivz-750-millionen-dollar-vergeigte.aspx
34 Ebenda
35 www.blogbar.de/archiv/2006/11/23/studivz-700-stalker-und-der-datenschutz/
36 Siehe dazu: www.heise.de/newsticker/suche?rm=search&q=StudiVZ+Kritik&search_submit=Suchen
37 Aus einem Interview, das für dieses Buch geführt wurde.
38 Ebenda
39 Ebenda
40 Ebenda
41 Ebenda
42 Ebenda
43 Ebenda
44 Ebenda
45 Ebenda
46 www.telemedicus.info/urteile/Internetrecht/202-OLG-Koeln-Az-15-U-14207-Lehrerbewertung-im-Internet-Spickmich.de.html
47 Aus einem Interview, das für dieses Buch geführt wurde.
48 Ebenda
49 Ebenda
50 Ebenda
51 www.faz.net/s/RubCF3AEB154CE64960822FA5429A182360/Doc~E8EC7D012EB53435AAE8079AFE7B97166~ATpl~Ecommon~Scontent.html

5 Das Superhirn

1 Alle Beispiele zit. nach Michael Hagner: *Geniale Gehirne.* München 2007, S. 7
2 *Der Spiegel* vom 5. Mai 2008, S. 64 ff.
3 www.ted.com/index.php/talks/jilltaylor
4 www.spiegel.de/wissenschaft/mensch/0,1518,547074,00.html. Zu vergleichbaren Erkenntnissen kommt John-Dylan Haynes vom Berliner Bernstein Netzwerk Computational Neuroscience: http://online.wsj.com/article/SB121450609076407973.html
5 Benjamin Libet: »Unconscious Cerebral Initiative and the Role of Conscious Will in Voluntary Action«. In: *The Behavioral and Brain Sciences* VIII, 1985, S. 529–539; und Benjamin Libet, Curtis A. Gleason, Elwood W. Wright und Dennis K. Pearl: »Time of Conscious Intention to Act in Relation to Onset of Cerebral Activities (Readiness-Potenzial). The Unconscious Initiation of a Freely Voluntary Act.« In: *Brain* 106, 1983, S. 623–642
6 Borwin Bandelow: *Das Angstbuch. Woher Ängste kommen und wie man sie bekämpfen kann.* Reinbek 2004, S. 204
7 Ebenda
8 Ebenda
9 Die Angaben für Neuronen und Synapsen können nur geschätzt werden. Wir beziehen uns hier auf übereinstimmende Schätzungen mehrerer Universitäten und des Max-Planck-Instituts.
10 Ray Kurzweil: *Singularity is Near.* New York 2005, S. 172
11 Ebenda, S. 184
12 www.theatlantic.com/doc/200807/google
13 Ebenda, S. 194 f.
14 Ebenda, S. 195
15 Howard Bloom: *Global Brain. Die Evolution sozialer Intelligenz.* Stuttgart 1999, S. 58 f.
16 Ebenda, S. 76
17 Klaus Mainzer: »Schnittstelle Mensch – Computer. Global Networking und Soft Computing. Beitrag zum »Forum Kommunikationskultur 2000«, dokumentiert unter: www.mediageneration.net/buch/mum/mum05.pdf
18 Ebenda
19 Ebenda
20 Ebenda
21 Ebenda
22 Ebenda
23 Ebenda
24 Ebenda
25 Ebenda
26 Dawkins Hypothese ist dargelegt in: Richard Dawkins, *The Selfish Gene.* Oxford 1976 (Ausgabe von 1989), Seite 189 ff.
27 Howard Bloom, a. a. O., S. 56
28 Einer der schärfsten Kritiker von Dawkins ist Scott Atran, der vom Mem-Konzept nichts hält und stattdessen viel mehr auf Imitation und Adaption setzt. Eine Zusammenfassung seiner Position bietet: http://jeannicod.ccsd.cnrs.fr/docs/00/05/32/85/PDF/ijn_00000123_00.pdf

29 Wir kennen diesen Vorgang aus der Wirtschaft: Adam Smith beschrieb in *Der Wohlstand der Nationen* die schon vorher von mir erwähnte »unsichtbare Hand des Marktes«.
30 Andreas Engel und Peter König: »Das neurobiologische Wahrnehmungsparadigma«. In: *Der Mensch in der Perspektive der Kognitionswissenschaften.* Hrsg. von Peter Gold und Andreas Engel. Frankfurt am Main 1998, S. 164
31 Zu Bauart und Wirkungsweise von neuronalen Netzen siehe: Günter Daniel Rey und Karl F. Wender, *Neuronale Netze. Eine Einführung in die Grundlagen, Anwendungen und Datenauswertung.* Bern 2008
32 Michael Hagner, a. a. O., S. 304
33 John Henry Clippinger: *A Crowd of One.* New York 2007, S. 155
34 Pierre Teilhard de Chardin: *Der Mensch im Kosmos.* München 1959; sowie: *Die Entstehung des Menschen.* München 1961
35 www.heise.de/tp/r4/artikel/2/2080/1.html
36 Howard Bloom, a. a. O., S. 79
37 www.mpih-frankfurt.mpg.de/global/Np/Pubs/mckinsey.pdf
38 Mehr dazu bei: Aric Sigman: *Remotely Controlled. How Television Is Damaging Our Live – And What We Can Do About It.* London 2005, S. 93 ff.
39 Ryuta Kawashima u. a., nach einem Bericht von *World Neurology*, September 2001, 16 (3) 3
40 Howard Bloom, a. a. O.
41 Ebenda, S. 79
42 Ebenda
43 Ebenda, S. 154
44 Ebenda, S. 79
45 Ebenda
46 Ebenda
47 Zit. nach Howard Bloom, a. a. O., S. 158
48 http://scobleizer.com/2008/05/12/quake-in-china/
49 Howard Bloom, a. a. O., S. 80
50 Siehe unter: www.heise.de/tp/r4/artikel/2/2561/1.html
51 www.stern-shortlist.de wirbt augenzwinkernd für sich: »Das Leben ist eine Liste.« Siehe dazu: www.stern-shortlist.de/
52 Howard Bloom, a. a. O., S. 80
53 Ebenda
54 Jonas Salk: *Wir können überleben.* Freiburg im Breisgau 1975, S. 37
55 Charles Darwin: *On the Origin of Species.* (A Facsimile of the First Edition). Cambridge 1976, S. 29 f.
56 Charles Darwin: *The Decent of Man and Selection in Relation to Sex.* Bd. 2. London 1871, S. 390
57 Diesen biblischen Vergleich wählt Richard Dawkins in seinem Vorwort zu Susan Blackmores Buch: *The Meme Machine.* Oxford 1999
58 Ebenda, S. 80
59 Ebenda, S. 200
60 Ebenda
61 Ebenda, S. 201

6 Die Wirtschaft denkt am schnellsten

1 www.computerwoche.de/zone/ip_zukunft/news/1863807/
2 http://faz-community.faz.net/blogs/netzkonom/archive/2008/06/16/lt-y.aspx
3 Ernst Friedrich Schumacher: *Die Rückkehr zum menschlichen Maß. Alternativen für Wirtschaft und Technik. (Small is beautiful).* Reinbek 1977
4 Anthony D. Williams und Don Tapscott: *Wikinomics. Die Revolution im Netz.* München 2007, S. 269
5 John Henry Clippinger, a. a. O., S. 97 ff.
6 Wie etwa diese kritische Debatte zeigt: www.oreillynet.com/windows/blog/2005/08/is_google_evil.html
7 www.bmwgroup.com/via/
8 Anthony D. Williams und Don Tapscott, a. a. O., S. 231
9 Ebenda
10 Ebenda
11 Alle Bereiche sind bei diesen Berechnungen zusammengezählt. Zahlen des Wissenschaftszentrums Berlin für Sozialforschung unter: www.boeckler.de/pdf/v_2007_06_21_vortrag_bloecker.pdf
12 Ebenda
13 Capgemini Consulting (Hg.): *Transaktionskosten in der Automobilzuliefererindustrie. Potenziale für effizientere Zusammenarbeit.* 2006
14 Studie von Accenture: *High Performance in Automotive IT.* 2006
15 Aus einem Interview, das für dieses Buch geführt wurde.
16 Ebenda
17 So zit. in: Thomas K. McCraw: *Prophet of Innovation. Joseph Schumpeter and Creative Destruction.* Cambridge/London 2007, S. 496
18 Aus einem Interview, das für dieses Buch geführt wurde.
19 *Wall Street Journal* vom 22. Oktober 2007
20 Howard Bloom, a. a. O., S. 10

7 Vernunft und Ethik einer Gesellschaft mit Superhirn

1 Howard Bloom, a. a. O., S. 7
2 Ebenda., S. 217
3 Gut dargestellt unter: www.edwardtbabinski.us/whales/evolution_of_whales/
4 Zit. bei: Bobbie Sandoz: *Mit Delfinen schwimmen.* München 2000, S. 31
5 Howard Bloom, a. a. O., S. 9
6 Ebenda
7 Ebenda, S. 16
8 Ebenda, S. 23
9 Jürgen Habermas: *Theorie des kommunikativen Handelns.* 2 Bde. Frankfurt a. M. 1982
10 Niklas Luhman: *Einführung in die Systemtheorie.* Heidelberg 2002
11 James Surowiecki: *Die Weisheit der Vielen.* Bielefeld 2006
12 Zit. nach James Surowiecki, a. a. O., S. XI
13 Cass R. Sunstein: *Infotopia.* New York 2006

14 Ebenda, S. 220
15 Ebenda
16 www.psychologicalscience.org/onlyhuman/2008/06/polling-crowd-within.cfm
17 *The Economist* vom 28. Juni 2008, S. 105
18 http://psm.em.uni-karlsruhe.de/psmdoc_de.pdf?refId=em
19 http://de.wikipedia.org/wiki/Wiki
20 Hans Küng: *Projekt Weltethos.* München 1990 (3. Auflage)
21 Siehe dazu: Florian Rötzer: »Der Bauplan der sozialen Seele«, Nachwort zu: Howard Bloom, a. a. O., S. 221
22 Peter Sloterdijk, siehe unter: http://www.uni-oldenburg.de/EthikProjekt/Regeln_f%FCr_den_Menschenpark.htm
23 Jürgen Habermas im Zeit-Interview mit Thomas Assheuer und Jens Jessen: http://www.zeit.de/2002/05/200205_habermasint..xml
24 Ebenda
25 Peter Sloterdijk, a. a. O.
26 Otfried Höffe: *Moral als Preis der Moderne.* Frankfurt am Main 1993, S. 271
27 Ebenda
28 Richard David Precht: *Wer bin ich – und wenn ja, wie viele?* München 2007, S. 166
29 Donald Pfaff: *The Neuroscience of Fair Play. Why We (Usually) Follow the Golden Rule.* New York 2007, S. 76
30 Ebenda, S. 97 f.
31 Ebenda, S. 120
32 Richard David Precht, a. a. O., S. 176
33 Zu dem Test siehe: http://moral.wjh.harvard.edu/. Der Internettest hat allerdings den Makel, dass man ihn mehrfach durchführen kann, weshalb Manipulationen nicht ausgeschlossen werden können. Marc Hauser ist ein renommierter Biologe, der mit zwei Büchern wichtige Beiträge zu unserem Thema vorgelegt hat: *Moral Mind. How Nature Designed a Universal Sense of Right and Wrong.* New York 2006; und: *The Evolution of Communication.* Cambridge 1997.
34 Richard David Precht, a. a. O., S. 172
35 Immanuel Kant: *Kritik der reinen Vernunft. Prolegomena. Grundlegung zur Metaphysik der Sitten. Metaphysische Anfangsgründe der Naturwissenschaft.* In: Gesammelte Werke. Hrsg. von der Preußischen Akademie der Wissenschaften. Bd. IV (I74). Berlin 1781, S. 389
36 Otfried Höffe, a. a. O., S. 263
37 Immanuel Kant, a. a. O., S. 421
38 http://de.wikipedia.org/wiki/Hilfe:Tutorial/1
39 Siehe: www.zeit.de/2003/49/Embryonen
40 Siehe: www.zeit.de/1999/38/199938.genetik_.xml
41 Ebenda
42 Karl H. Hörning: *Experten des Alltags. Die Wiederentdeckung des praktischen Wissens.* Weilerswist 2001
43 Ludger Heidbrink, siehe unter: www.zeit.de/2001/13/200113_st-spaemann.xml
44 Ludger Heidbrink in seiner treffenden Analyse der unterschiedlichen Ansätze von Robert Spaemann und Hörning, unter:
http://images.zeit.de/text/2001/13/200113_st-spaemann.xml

45 Ludger Heidbrink, a. a. O.
46 Plato: *Politikos*, 3111 b, c
47 Howard Bloom, a. a. O., S. 217
48 Aus einem Interview, das für dieses Buch geführt wurde.
49 Ludger Heidbrink, a. a. O.
50 Ernst Tugendhat in einer Replik auf Peter Sloterdijk: www.zeit.de/1999/39/199939.sloterdijk_.xml?page=1
51 *brand eins*, 4/2000
52 Ebenda
53 Volker Gerhardt, a. a. O.
54 Ebenda
55 Ebenda
56 Ebenda
57 Reinhard Merkel in: www.zeit.de/2001/05/200105_embryonenschutz.xml
58 Ebenda
59 Ronald Dworkin, a. a. O.
60 www.pcwelt.de/start/dsl_voip/archiv/19089/us_terroranschlaege_lassen_internet_nachrichten_boomen/. Die Politikwissenschaftlerin Miriam Meckel vertritt die Auffassung, dass *Spiegel online* dem gedruckten Magazin die Rolle des »Leitmediums« abgejagt habe: www.tagesspiegel.de/medien-news/Stefan-Aust;art15532,2421760. Folgerichtig wurde Blumencron Ende 2007 gemeinsam mit Georg Mascolo Chefredakteur der Printausgabe des *Spiegels*.
61 Aus einem Interview, das für dieses Buch geführt wurde. Die Firma ist nicht unumstritten, siehe dazu: www.heise.de/newsticker/suche?rm=search&q=Pan+Amp&search _submit=Suchen
62 Ebenda
63 www.nytimes.com/2008/06/26/opinion/26kimmage.html?_r=1&scp=1&sq=Al%20Qaeda%20Web%202.0&st=cse&oref=slogin
64 Die Juristen John Palfrey und Urs Gasser bezeichnen in ihrer Studie über die Generation Internet den *digital devide*, also die digitale Spaltung der Welt, als eine der größten Gefahren für das neue Superhirn. Siehe: John Palfrey und Urs Gasser: *Born Digital. Understanding the First Generation of Digital Natives*. New York 2008
65 http://news.bbc.co.uk/2/hi/technology/4631924.stm
66 www.heise.de/ct/07/21/050/
67 Ebenda
68 Ebenda
69 Ebenda
70 Ebenda
71 http://werkleitz.de/projekte/emare/index.html
72 zone-interdite.net
73 www.zone-interdite.net/P/
74 Aus einem Interview, das für dieses Buch geführt wurde.
75 Ebenda
76 Ebenda
77 Ebenda
78 Ebenda

79 http://gnarlykitty.blogspot.com/2006/09/military-coup.html

80 www.heise.de/newsticker/CardSystems-raeumt-Fehlverhalten-bei-Kreditkarten-Datenspeicherung-ein—/meldung/60810

81 www.welt.de/webwelt/article848459/Hochstapler_13_ergaunert_Vermoegen_im_Internet.html

82 Eine interessante Dokumentation zur Geschichte der Manipulation hat die BBC erstellt: http://freedocumentaries.org/film.php?id=135

83 Wong wies darauf hin, dass diese Änderung im Rechtssystem am ehesten über eine entsprechende Verankerung im Artikel 27 der UN-Menschenrechtskonvention und im Artikel 10 der Europäischen Menschenrechtskonvention erreicht werden kann – eine interessante Entsprechung dessen, was wir schon bei der Moral gesehen haben: Jeder Einzelne zählt. Siehe: http://cyber.law.harvard.edu/home/home?wid=10&func=viewSubmission&sid=2629

84 http://creativecommons.org/

85 www.sueddeutsche.de/muenchen/artikel/482/139193/

86 www.zeit.de/online/2007/46/Amokiinterview

87 www.readers-edition.de/2007/11/13/der-amoklauf-von-finnland-und-gewaltvideos-im-internet

88 www.stern.de/computer-technik/internet/:PC-Games-Mann-Frau-Computerspiel-/600685.html

89 www.tagesschau.de/inland/kriminalstatistik4.html

90 Donald Pfaff, a. a. O., S. 160

91 http://news.zdnet.com/2100-9588_22-6217712.html

92 Aus einem Interview, das für dieses Buch geführt wurde.

93 Ebenda

94 Die Soziologin Petra Grimm hat die Realität in einer interessanten Studie zusammengefasst: *Slapping, Bulling, Snuffing! Zur Problematik von gewalthaltigen und pornografischen Videoclips auf Mobiltelefonen von Jugendlichen.* Schriftenreihe der Medienanstalt Hamburg/Schleswig-Holstein (MA HSH) Bd. 1, 2007

95 www.heise.de/newsticker/Studie-Gewaltvideos-verbreiten-sich-auf-Handys-von-Jugendlichen- -/meldung/96671

96 Donald Pfaff, a. a. O., S. 160

97 Die sexuelle Erregung beschreibt er als biochemisches Geschehen in unserem Gehirn – und antizipiert damit einiges von unseren Gedanken zum menschlichen Superhirn. In: Michel Houellebecq: *Elementarteilchen.* Köln 1999, S. 249

98 www.steff.de/netzsystem/index.htm

99 Andrew Keen: *The Cult of the Amateur. How Today's Internet Is Killing Our Culture.* New York 2007, S. 156. Der Stanford-Rechtswissenschaftler Lawrence Lessig hat in sehr ironischer Weise nachgewiesen, dass das Buch voller Fehler ist.

100 www.faz.net/s/RubCF3AEB154CE64960822FA5429A182360/Doc~E8EC7D012EB53435AAE8079AFE7B97166~ATpl~Ecommon~Scontent.html

101 www.netsmartz.org

102 www.chatten-ohne-risiko.net/index.php?id=117

103 www.iwf.org.uk/documents/20070412_iwf_annual_report_2006_(web).pdf

104 Ebenda

105 www.sueddeutsche.de/panorama/artikel/111/138825/print.html

106 www.heise.de/ct/Netz_gegen_Kinderporno/definition.shtml
107 http://internet-filter-review.toptenreviews.com/internet-pornography-statistics.html#time
108 Ebenda
109 Der französische Journalist und Blogger Frederic Joignot hat in seinem Buch *Gang Bang* eine Untersuchung vorgelegt, welch brisanten Cocktail aus Gewalt und Pornografie die Kinder zu sich nehmen: http://fredericjoignot.blogspirit.com/
110 John Palfrey und Urs Gasser, a. a. O., S. 94. Die Autoren sehen in ihrer Studie zwar eine Zunahme des Cyberbullyings, können jedoch keine neuen, internetspezifischen Phänomene erkennen. Ähnlich lautet ihr Fazit bei der Pornografie. Howard Bloom spricht in seinem Buch *Global Brain* von »Konformitätspolitik« und schildert, wie in vielen Kulturen zwischen Kindern ausgeprägte Gewaltphänomene zu beobachten sind, a. a. O., S. 138 ff.
111 Vgl.: TNS-Infratest: ONLINER Atlas 2007, S. 66 f.
112 John Palfrey und Urs Gasser: *Generation Internet.* München 2008
113 www.soz.uni-frankfurt.de/K.G/B2_2002_Logemann_Feldhaus.pdf
114 Für Frankreich siehe den Themenabend »Generation Porno« auf ARTE: www.arte.tv/de/Generation-Porno/2041326.html
115 Im Jahr 2007 gab es einen Umsatzrückgang von fast 600 Millionen Dollar. Siehe: www.iht.com/articles/2007/06/02/technology/porn.1-67050.php
116 Glenn Reynolds: *An Army of Davids. How Markets and Technology Empower Ordinary People to Beat Big Media, Big Government, and Other Goliaths.* Nashville 2006
117 www.readers-edition.de/2007/07/12/das-porno-web-20
118 Ebenda
119 www2.rz.hu-berlin.de/sexology/GESUND/ARCHIV/GUS/INDEXATLAS.HTM

8 Das Ende der alten Eliten – und ihre letzte Chance

1 Michael Hartmann: *Elitesoziologie.* Frankfurt am Main 2004, S. 183 f.
2 Ebenda
3 Ebenda
4 Bunz, Mercedes: *Vom Speichern zum Verteiler. Die Geschichte des Internet.* Berlin 2007, S. 11
5 www.netzwerkrecherche.de/presse/index.php?pageid=181
6 Aus einem Interview, das für dieses Buch geführt wurde.
7 Ebenda
8 Ebenda, S. 79
9 Howard Bloom, a. a. O., S. 80
10 Siehe dazu Peter Sloterdijk, a. a. O., der mit der Einführung dieser Kategorie den sehr richtigen Grundgedanken seiner Elmauer Rede eher diskreditert hat.
11 www.sifry.com/alerts/archives/000493.html
12 Aus einem Interview, das für dieses Buch geführt wurde.
13 Ebenda

Exkurs: Technologie in der deutschen Geschichte

1 Im Jahr 2008 kamen in Kalifornien Spekulationen über die Rolle ehemaliger Nationalsozialisten in der US-Rüstung auf, als über Google Earth Satellitenaufnahmen bekannt wurden, die Militärgebäude in Hakenkreuzform zeigten: www.nytimes.com/2007/09/27/us/27swastika.html?_r=1&scp=1&sq=swastika+Google+california&st=nyt&oref=slogin

2 *Der Spiegel* vom 24. März 1997

3 *Die Welt* vom 31. Dezember 1996

4 Friedrich Nietzsche: *Menschliches, Allzumenschliches. Der Wanderer und sein Schatten.* Aphorismen, Nr. 288, zit. nach: http://gutenberg.spiegel.de/index.php?id=5&xid=1959&kapitel=49&cHash=16c786f68d2#gb_found

5 So zit. bei Joachim Radkau: *Technik in Deutschland.* Frankfurt am Main 1989, S. 200

6 Ebenda, S. 201

7 Ebenda, S. 220

8 Ebenda, S. 221

9 Zit. nach Peter Köpf: *Deutschland: Volle Kraft zurück? Wie unsere Eliten die Zukunft verschenken.* München 1998, S. 56

10 Ebenda, S. 150

11 Ebenda

12 Rudolf E. Martin: *Die Eroberung der Luft.* Berlin 1907, S. 70 und S. 72

13 So zit. bei Joachim Radkau, a. a. O., S. 218 f.

14 Karl Kraus: »Apokalypse«. In: *Die Fackel.* Nr. 261/262. 10. Jg., Wien 1908, zit. nach: www.textlog.de/39100.html

15 So Lloyd George, während des Krieges britischer Premierminister; zit. nach Joachim Radkau, a. a. O., S. 239

16 Ebenda, S. 240

17 Ebenda

18 Der Große Brockhaus. Bd. 11. Leipzig 1932, S. 783

19 Margaret Macmillan: *Paris 1919. How Six Months Changed the World.* New York 2002

20 Hans Lüttke: »Deutsche Wirtschaft und Technik«. In: *Die Neue Volkshochschule.* Bd. 3. Leipzig 1927, S. 69 f.

21 *Die Rote Fahne.* Zentralorgan der KPD, Jg. 10, Nr. 9 vom 12. Januar 1927; so zit. unter: www.filmhistoriker.de

22 Rüdiger Safranski: *Romantik. Eine deutsche Affäre.* München 2007, S. 354

23 Zit. nach Rüdiger Safranski, ebenda

24 Joseph Goebbels in seiner Rede »Der geistige Arbeiter im Schicksalskampf des Reiches«, gehalten in der Heidelberger Stadthalle am 4. Juli 1943. In: Helmut Heiber (Hg.): *Goebbels-Reden.* Bd. 2. 1939–1945 Düsseldorf 1972, S. 253

25 Audiofile auf www.wdr.de/themen/kultur/rundfunk/oeffentl_rechtl_rundfunk/drittes_reich/index_teil_1.jhtml

26 Alfred Rosenberg: *Der Mythus des 20. Jahrhunderts.* München 1941, S. 142 f.

27 Karl-Heinz Ludwig: *Technik und Ingenieure im Dritten Reich.* Königstein/Düsseldorf 1979, S. 342

28 Adolf Hitler in einer Reichstagsrede vom 13. Juli 1934. Zit. nach: Martin Bechstedt:

»Gestalthafte Atomlehre. Zur Deutschen Chemie im NS-Staat«. In: Herbert Mehrtens und Steffen Richter (Hg.): *Naturwissenschaft, Technik und NS-Ideologie. Beiträge zur Wissenschaftsgeschichte des Dritten Reiches.* Frankfurt am Main 1980, S. 145

29 Karl-Heinz Ludwig, a. a. O, S. 169

30 Zit. nach Karl-Heinz Ludwig, ebenda, S. 170

31 Ebenda, S. 199 f.

32 Ebenda, S. 162 f.

33 So zit. bei Karl-Heinz Ludwig, ebenda, S. 444

34 Karl-Heinz Ludwig, a. a. O., S. 242 f.

35 Vgl. dazu die Kritik zum ZDF-Film *Die Wehrmacht – Eine Bilanz* in der *Berliner Zeitung* vom 13. November 2007, S. 26

36 Vgl. Karl-Heinz Ludwig, a. a. O., S. 448 ff.

37 Ian Kershaw: *Hitler 1936–1945.* Stuttgart 2000, S. 789

38 Ebenda, S. 396

39 Jörg Balcke: *Verantwortungsentlastung durch Organisation. Die »Inspektion der Konzentrationslager« und der KZ-Terror.* Tübingen 2001, S. 149

40 Ebenda, S. 149 und S. 151

41 In: *Ich diente nur der Technik.* Berliner Beiträge zur Technikgeschichte und Industriekultur. Schriftenreihe des Museums für Verkehr- und Technik Berlin. Bd. 13. Berlin 1995, S. 8

42 Albert Speer: *Erinnerungen.* Frankfurt am Main/Berlin/Wien 1969, S. 525; so zit. nach: www.dieterwunderlich.de/Speer_erinnerungen.htm

43 Annette Ohme-Reinicke, a. a. O., S. 104 ff.

44 Ebenda, S. 122 f.

45 Ebenda, S. 133

46 Wolf Lotter: »Wo ist der Fortschritt?«, *brand eins* 6/2004

47 Ebenda

48 Aus einem Interview, das für dieses Buch geführt wurde.

49 Ebenda

50 *Der Spiegel* vom 20. Dezember 1966, S. 80 ff. und vom 5. Januar 1970, S. 34 ff.

51 *Der Spiegel* vom 5. Januar 1970, S. 36

52 Verfassungsschutzbericht des Jahres 1983, S. 92, 97 und 104; so zit. bei Annette Ohme-Reinicke, a. a. O., S. 174

53 Aus den Bekennerschreiben; zit. nach Annette Ohme-Reinicke, a. a. O., S. 182 f.

54 Ebenda, S. 183 und S. 189 f.

55 Zit. nach: Christopher Oesterreich: »Innovation ist Kommunikation«. In: Christopher Oesterreich und Vera Losse (Hg.): *Immer wieder Neues. Wie verändern Erfindungen die Kommunikation?* Nürnberg 2002, S. 9 ff.

56 Das Vertrauen der Bürger in den Staat hat erheblich gelitten: www.sueddeutsche.de/wirtschaft/artikel/272/176737/

57 Annette Ohme-Reinicke, a. a. O., S. 207 ff. Zum Urteil vgl. http://de.wikipedia.org/wiki/Volksz%C3%A4hlungs-Urteil. Zur Volkszählung allgemein: http://de.wikipedia.org/wiki/Volksz%C3%A4hlung#Z.C3.A4hlung_mit_Hindernissen

58 Im fortgeschrittenen Internetzeitalter wird dagegen weniger darüber diskutiert, wie besser geschützt werden kann, allein schon deshalb, weil es nur wenige effiziente Möglichkeiten gibt. Als eine wird das »semantische Web« gesehen, wie es weiter oben

erklärt wurde. Dazu: Dieter Fensel, James Hendler, Henry Lieberman und Wolfgang Wahlster, a. a. O. In Deutschland existieren unter anderem Vorschläge, wie man etwa durch eine gezielte Medienerziehung das Problem entschärfen könnte. Siehe: http://netzwertig.com/2008/05/28/datenschutz-im-web-20-warum-ein-umdenken-notwendig-ist/

59 Vgl. dazu die Beschreibungen der Widerstandsorganisationen bei Annette Ohme-Reinicke. a. a. O., S. 142 ff.

60 Ebenda, S. 145

61 Siehe: Susanne Fohler: *Techniktheorien.* München 2003, S. 112

Literatur

Amos, Martyn: *Genesis Machines. The New Science of Biocomputing*. London 2006

Anderson, Chris: *The Long Tail*. New York 2006

Arendt, Hannah: *Eichmann in Jerusalem*. München 1999 (1964)

Aufmuth, Ulrich: *Deutsche Wandervogelbewegung unter soziologischem Aspekt*. Göttingen 1979

Ayala, Francisco J.: *Darwin's Gift to Science and Religion*. Washington 2007

Bakan, Joel: *Das Ende der Konzerne*. Hamburg/Leipzig/Wien 2004

Balcke, Jörg: *Verantwortungsentlastung durch Organisation. Die »Inspektion der Konzentrationslager« und der KZ-Terror*. Tübingen 2001

Bandelow, Borwin: *Das Angstbuch. Woher Ängste kommen und wie man sie bekämpfen kann*. Reinbek 2006

Battelle, John: *The Search*. London 2005

Bauerlein, Mark: *The Dumbest Generation. How the Digital Age Stupefies Young Americans and Jeopardizes Our Future*. New York 2008

Bechstedt, Martin: »Gestalthafte Atomlehre. Zur Deutschen Chemie im NS-Staat«. In: Herbert Mehrtens und Steffen Richter (Hg.): *Naturwissenschaft, Technik und NS-Ideologie. Beiträge zur Wissenschaftsgeschichte des Dritten Reiches*. Frankfurt am Main 1980

Benkler, Yochai: *The Wealth of Networks*. New Haven/London 2006

Berking, Helmuth; Edvard, Jean-Luc Edvard, und Hermann Schwengel (Hg.): *Die veredelte Gesellschaft*. Würzburg 1988

Berners-Lee, Tim: *Weaving the Web. The Original Design and Ultimate Destiny of the World Wide Web*. New York 2000

Black, Jay, und Frederick C. Whitney: *Introduction to Mass Communication*. Dubuque 1988

Blackmore, Susan: *The Meme Machine*. Oxford 1999

Bloom, Howard: *Global Brain. Die Evolution sozialer Intelligenz*. Stuttgart 1999

Braun, Hans-Joachim, und Walter Kaiser: *Energiewirtschaft, Automatisierung, Information seit 1914*. Propyläen Technikgeschichte. Bd. 4. Berlin 1992

Breitmann, Richard: *Der Architekt der Endlösung. Himmler und die Vernichtung der europäischen Juden*. Paderborn/München u. a. 1996

Bruns, Alex: *Gatewatching. Collaborative Online News Production*. New York 2005

Bunz, Mercedes: *Vom Speichern zum Verteiler. Die Geschichte des Internet*. Berlin 2007

Carr, Nicholas G.: *Does IT matter? Information Technology and the Corrosion of Competitive Advantage*. Boston 2004

–: *The Big Switch. Rewiring the World, from Edison to Google*. New York/London 2008

Carroll, Sean B.: *The Making of the Fittest. DNA and the Ultimate Forensic Record of Evolution.* New York/London 2006
Castells, Manuel: *The Rise of the Network Society.* Malden/Oxford/Victoria 2000
Christensen, Clayton M.: *The Innovator's Dilemma.* New York 2000
Clippinger, John Henry: *A Crowd of One.* New York 2007
Cohen, Daniel: *Our Modern Times.* London 2003
Crumlish, Christian: *The Power of Many.* San Francisco/London 2004
Darwin, Charles: *On the Origin of Species.* A Facsimile of the First Edition. Cambridge, Mass., 1976
–: *The Decent of Man and Selection in Relation to Sex.* 2 Bde. London 1871
Dawkins, Richard: *The Selfish Gene.* Oxford 1976 (Ausgabe von 1989)
Deutscher, Guy: *The Unfolding of Language. An Evolutionary Tour of Mankind's Greatest Invention.* New York 2005
Eichel, Christine: *Im Netz.* Hamburg 2004
Eisenstein, Elisabeth L.: *The Printing Press as an Agent of Change.* Cambridge/New York u. a. 2005 (1979)
Fensel, Dieter (u. a.): *Spinning the Semantic Web. Bringing the World Wide Web to Its Full Potential.* Cambridge, Mass., 2003
Fiedler, Gudrun: *Jugend im Krieg. Bürgerliche Jugendbewegung. Erster Weltkrieg und sozialer Wandel 1914–1923.* Köln 1989
Florida, Richard: *The Rise of the Creative Class.* New York 2002
Fohler, Susanne: *Techniktheorien.* München 2003
Friebe, Holm, und Sascha Lobo: *Wir nennen es Arbeit.* München 2006
Friedman, Thomas L.: *The World is Flat.* London 2006
Führer, Karl Christian; Hagemann, Karen, und Birthe Kundrus (Hg.): *Eliten im Wandel.* Münster 2004
Gans, Herbert J.: *Democracy and the News.* New York u. a. 2003
Gazzaniga, Michael: *Human. The Science Behind what Makes Us Unique.* New York 2008
–: *The Ethical Brain. The Science of Our Moral Dilemmas.* Chicago 2005
Giger, Andreas: *Die Bewusstseins-Elite.* Bielefeld 2006
Gillmor, Dan: *We the Media.* Sebastopol 2006
Gladwell, Malcolm: *The Tipping Point.* Boston/New York/London 2000
Glannon, Walter (Hg.): *Defining Right and Wrong in Brain Science. Essential Readings in Neuroethics.* Chicago 2007
Glaser, Peter: *Das Kolumbus-Gefühl.* Berlin 1999
–: *24 Stunden im 21. Jahrhundert.* Köln 1996
– (mit Mike Meire und Marc Meire): *Online Universum.* Düsseldorf 1996
Habermas, Jürgen: *Theorie des kommunikativen Handelns.* 2 Bde. Frankfurt am Main 1982
–: *Ach, Europa.* Kleine politische Schriften XI. Frankfurt am Main 2008
Hagen, Wolfgang: *Warum haben Sie keinen Fernseher, Herr Luhmann? Letzte Gespräche mit Niklas Luhmann.* Berlin 2004
Hagner, Michael: *Geniale Gehirne. Zur Geschichte der Elitegehirnforschung.* München 2007
Handy, Charles: *The Elephant and the Flea. New Thinking for a New World.* London 2002
Hartmann, Michael: *Der Mythos von den Leistungseliten.* Frankfurt am Main 2002
–: *Elite-Soziologie.* Frankfurt am Main 2004

Hauser, Marc D.: *Moral Minds. How Nature Designed Our Universal Sense of Right and Wrong.* New York 2006
Heiber, Helmut: *Goebbels-Reden.* Düsseldorf o. Jahr
Höffe, Otfried: *Moral als Preis der Moderne. Ein Versuch über Wissenschaft, Technik und Umwelt.* Frankfurt am Main 1993
Houellebecq, Michel: *Elementarteilchen.* Köln 1999
Howard, Philip N.: *New Media Campaigns and the Managed Citizen.* Cambridge/New York u. a. 2006
Howley, Kevin: *Community Media.* Cambridge/New York u. a. 2005
Ich diente nur der Technik. Sieben Karrieren zwischen 1940 und 1950. Mit Beiträgen von Dirk Böndel, Anna Döpfner, Alfred Gottwaldt, Stephanie von Hochberg, Joseph Hoppe, Silke Klewin, Ulrich Kubisch, Monika Renneberg, Reiner Schipporeit, Holger Steinle, Mark Walker. Berliner Beiträge zur Technikgeschichte und Industriekultur. Schriftenreihe des Museums für Verkehr- und Technik Berlin. Bd. 13. Berlin1995
Jacques, Norbert: *Dr. Mabuse, der Spieler.* Berlin 1922
Jeanneney, Jean-Noel: *Google and the Myth of Universal Knowledge.* Chicago 2007
Johns, Adrian: *The Nature of the Book.* Chicago/London 1998
Kauffman, Stuart: *Reinventing the Sacred. A New View of Science, Reason and Religion.* New York 2008
Kant, Immanuel: *Kritik der reinen Vernunft. Prolegomena. Grundlegung zur Metaphysik der Sitten. Metaphysische Anfangsgründe der Naturwissenschaft.* In: Gesammelte Werke. Hrsg. von der Preußischen Akademie der Wissenschaften. Bd. 4 (I/4). Berlin 1781
Kaus, Michael: *The End of Equality.* New York 1995
Keen, Andrew: *The Cult of the Amateur.* New York 2007
Kelley, Tom: *The Art of Innovation.* London 2001
Kershaw, Ian: *Hitler 1936–1945.* Stuttgart 2000
Kolbert, Elizabeth: *Field Notes from a Catastrophe. Man, Nature and Climate Change.* New York 2006
Köpf, Peter: *Deutschland: Volle Kraft zurück? Wie unsere Eliten die Zukunft verschenken.* München 1998
Krajewski, Markus (Hg.): *Projektemacher. Zur Produktion von Wissen in der Vorform des Scheiterns.* Berlin 2004
Kraus, Karl: *Apokalypse.* In: *Die Fackel.* Nr. 261–262, 10. Jg. Wien 1908
Küng, Hans: *Projekt Weltethos.* München 1990 (3. Auflage)
Kurzweil, Ray: *The Singularity is Near. When Humans Transcend Biology.* New York 2005
Lasch, Christopher: *The Revolt of the Elites and the Betrayal of Democracy.* Norton 1995
Lakoff, George: *The Political Mind. Why You Can't Understand 21st-Century American Politics with an 18th-Century Brain.* New York 2008
Le Bon, Gustave: *The Crowd. A Study of the Popular Mind.* Mineola/New York 2002
Lessig, Lawrence: *The Future of Ideas.* New York 2001
Linse, Ulrich: *Barfüßige Propheten. Erlöser der zwanziger Jahre.* Berlin 1983
Lotter, Wolf: *Wo ist der Fortschritt?* In: brand eins, 6/2004
Luhmann, Niklas: *Die Realität der Massenmedien.* Wiesbaden 1995
–: *Vertrauen.* Stuttgart 2000
–, und Peter Fuchs: *Reden und Schweigen.* Franfurt am Main 1989
–: *Einführung in die Systemtheorie.* Heidelberg 2002

–: *Das Erziehungssystem der Gesellschaft.* Frankfurt am Main 2002
Lüttke, Hans: »Deutsche Wirtschaft und Technik«. In: Die Neue Volkshochschule. Bd. 3. Leipzig 1927
Lynch, Gary, und Richard Granger: *Big Brain. The Origins and Future of Human Intelligence.* New York 2008
Mackay, Charles, und Joseph de la Vega: *Extraordinary Popular Delusions and the Madness of Crowds and Confusión de Confusiones.* New York/Chichester/Brisbane/Toronto/Singapur 1996
Macmillan, Margaret: *Paris 1919. How Six Months Changed the World.* New York 2002
Martin, Rudolf E.: *Die Eroberung der Luft.* Berlin 1907
McChesney, Robert W.: *Rich Media, Poor Democracy. Communication Politics in Dubious Times.* New York 1999
McCraw, Thomas K.: *Prophet of Innovation: Joseph Schumpeter and Creative Destruction.* Cambridge/London 2007
McKibben, Bill: *Deep Economy. The Wealth of Communities and the Durable Future.* New York 2007
McLuhan, Marshall, und Quentin Fiore: *The Medium is the Massage.* Corte Madera 2001 (1967)
McLuhan, Marshall, und Bruce R. Powers: *The Global Village. Transformations in World Life and Media in the 21st Century.* Oxford/New York 1989
Meckel, Miriam und Katarina Stanoevska-Slabeva: *Web 2.0. Die nächste Generation Internet.* Baden-Baden 2008
Meyer, Philip: *The Vanishing Newspaper.* Columbia/London 2004
Mills, C. Wright: *The Power Elite.* New York 2000
Murphy, Cullen: *Are We Rome? The Fall of an Empire and the Fate of America.* New York 2007
Musil, Robert: *Der Mann ohne Eigenschaften.* Berlin 1930
Murray, Alan: *Revolt in the Boardroom.* New York 2007
Neumann, John von: *The Computer and the Brain.* New York 1958
Nietzsche, Friedrich: *Menschliches, Allzumenschliches* (1878) in der Kritischen Studienausgabe. Hrsg. von Giorgio Colli und Mazzino Montinari. Bd. 2. München/Berlin/New York 1988
Oesterreich, Christopher, und Vera Losse (Hg.): *Immer wieder Neues. Wie verändern Erfindungen die Kommunikation?* Nürnberg 2002
Ohme-Reinicke, Annette: *Moderne Maschinenstürmer.* Frankfurt am Main 2000
Palfrey, John, und Urs Gasser: *Born Digital. Understanding the First Generation of Digital Natives.* New York 2008
Pareto, Vilfredo: *The Rise and Fall of Elites.* New Brunswick/London 1991
Passig, Kathrin, und Holm Friebe: *Das nächste große Ding. Neues von den Fronten des Forschritts.* Hamburg 2007
Pearce, Fred: *When the Rivers Run Dry. Boston* 2006
Perkins, John: *Confessions of an Economic Hit Man.* New York/Toronto/London u. a. 2004
Perrin, Andrew J.: *Citizen Speak.* Chicago/London 2006
Pfaff, Donald W.: *The Neuroscience of Fair Play. Why We (Usually) Follow the Golden Rule.* New York 2007
Postman, Neil: *Das Verschwinden der Kindheit.* Frankfurt am Main 2006 (1983)

–: *Wir amüsieren uns zu Tode. Urteilsbildung im Zeitalter der Unterhaltungsindustrie.* Frankfurt am Main 1985

Precht, Richard David: *Wer bin ich – und wenn ja, wie viele? Eine philosophische Reise.* München 2007

Pressac, Jean-Claude: *Die Krematorien von Auschwitz. Die Technik eines Massenmordes.* München/Zürich 1995

Radkau, Joachim: *Technik in Deutschland. Vom 18. Jahrhundert bis zur Gegenwart.* Frankfurt am Main 1989

Raymond, Eric S.: *The Cathedral & the Bazaar.* Peking/Cambridge u. a. 1999

Reich, Robert B.: *The Work of Nations.* New York 1992

–: *The Future of Success.* New York 2001

Rey, Günter Daniel, und Karl F. Wender: *Neuronale Netze. Eine Einführung in die Grundlagen, Anwendungen und Datenauswertung.* Bern 2008

Reynolds, Glenn: *An Army of Davids.* Nashville 2006

Rheingold, Howard: *Smart Mobs. The Next Social Revolution.* Cambridge 2002

Roche, Charlotte: *Feuchtgebiete.* Köln 2008

Rosenberg, Alfred: *Der Mythus des 20. Jahrhunderts.* München 1934

Rothenberg, David: *Thousand Mile Song. Whale Music in a Sea of Sound.* New York 2008

Safranski, Rüdiger: *Romantik. Eine deutsche Affäre.* München 2007

Salk, Jonas: *Man Unfolding.* New York 1972

–: *Wir können überleben.* Freiburg im Breisgau 1975

Sandoz, Bobbie: *Mit Delfinen schwimmen.* München 2000

Saul, John Ralston: *Voltaire's Bastards. The Dictatorship of Reason in the West.* New York 1993

Schmidt, Stanley: *The Coming Convergence. The Surprising Ways Diverse Technologies Interact to Shape Our World and Change the Future.* New York 2008

Schumann, Harald, und Christiane Grefe: *Der globale Countdown. Gerechtigkeit oder Selbstzerstörung – Die Zukunft der Globalisierung.* Köln 2008

Shirky, Clay: *Here Comes Everybody. The Power of Organizing Without Organizations.* New York 2008

Sigman, Aric: *Remotely Controlled. How Television is Damaging Our Lives – and What We Can Do About It.* London 2005

Sloterdijk, Peter: *Kritik der zynischen Vernunft.* 2. Bd. Frankfurt am Main 1983

Smith, Adam: *An Inquiry into the Nature and Causes of the Wealth of Nations.* London 1776

Smith, Howard, und Peter Fingar: *IT Doesn't Matter – Business Processes Do.* Tampa 2003

Speer, Albert: *Erinnerungen.* Frankfurt am Main/Berlin/Wien 1969

Steger, Manfred B.: *Globalization.* New York 2003

Steinmüller, Karlheinz: *Die Zukunft der Technologien.* Hamburg 2006

Stieferle, Rolf Peter: *Fortschrittsfeinde? Opposition gegen Technik und Industrie von der Romantik bis zur Gegenwart.* München 1984

Stoll, Clifford: *LogOut.* Frankfurt am Main 2001

Spitzer, Manfred: *Geist im Netz. Modelle für Lernen, Denken und Handeln.* Heidelberg/Berlin 2000

Sunstein, Cass R.: *Infotopia.* New York 2006

Surowiecki, James: *The Wisdom of Crowds.* New York 2004

Tapscott, Don, und Anthony D. Williams: *Wikinomics. How Mass Collaboration Changes Everything.* New York 2006

Tawney, Richard Henry: *Equality*. London 1983
Teilhard de Chardin, Pierre: *Die menschliche Energie*. Olten 1966
–: *Die Schau in die Vergangenheit*. Olten 1965
–: *Die lebendige Macht der Evolution*. Olten 1967
Tellis, Gerard J., und Peter N. Golder: *Will and Vision*. New York 2002
Thomas, Sean: *Millionen Frauen warten auf dich. Liebe, Sex und Internet-Dating*. Berlin 2006
Tisch, Jonathan: *The Power of We. Succeeding through Partnerships*. New York 2004
Toffler, Alvin: *Der Zukunftsschock*. Bern/München/Wien 1971
Trippi, Joe: *The Revolution will not be Televised. Democracy, The Internet, and the Overthrow of Everything*. New York 2004
Vise, David A., und Mark Malseed: *Die Google-Story*. Hamburg 2006
Von Hofmannsthal, Hugo: *Das Schrifttum als geistiger Raum der Nation*. München 1927
Watzlawick, Paul: *Wie wirklich ist die Wirklichkeit?* München 2005 (1978)
Wehler, Hans-Ulrich: *Deutsche Gesellschaftsgeschichte 1914–1949*. München 2003
Weinberger, David: *Everything is Miscellaneous*. New York 2007
Weizenbaum, Joseph: *Wo sind sie, die Inseln der Vernunft im Cyberstrom?* Freiburg 2006
–: *Die Macht der Computer und die Ohnmacht der Vernunft*. Frankfurt am Main 1978
Whyte, William H.: *City. Rediscovering the Center*. New York/London/Toronto/Sidney/Auckland 1988
Whyte, William H.: *The Organization Man*. Philadelphia 2002
Young, Michael: *The Rise of the Mediocracy*. New Brunswick/London 1994
Zhou, Haijun und Reinhard Lipowski: *Dynamic pattern evolution on scale-free networks*. PNAS, Advanced Online Publication, Juli 2005
Zimmer, Katharina: *Doktor Delphin. Wie Tiere helfen können. Berlin* 2004
–: *Die Kunst allein zu leben*. Berlin 2004
Zittrain, Jonathan: *The Future of the Internet. And How to Stop it*. New Haven/London 2008

Personen- und Sachregister

A

Abagnale, Frank William 193
Ackermann, Josef 17, 31
Amazon 31, 137, 141
Amygdala 169 f.
Andropow, Juri 17
Angele, Christian 112
Apfelstedt, Heinrich 114
Apple 86, 162 f., 195
Arendt, Hannah 15, 239 ff.
Arkel, Hanny van 101
Armstrong, Neil 36
Artopé, Alexander 110
Ashong, Derrick 195
Assoziationsfähigkeit 40
Auvinen, Pekka-Eric 199 f.
Avatare 67, 104

B

Bach, Johann Sebastian 120
Balcke, Jörg 240
Bandelow, Borwin 120 ff.
Basic, Robert 64
Bauerlein, Mark 13
Baumann, Marius 210 f.
Baumer, Sonja 199, 201
Bechterew, Vladimir 118
Beck, Kurt 13
Becker, Boris 48
Beesley, Angela 82
Bemmann, Dennis 31
Bergstrom, Carl 78
Bernays, Edward 193
Berners-Lee, Tim 21, 79 f.
Beschleunigung 25, 52 f.
Bezos, Jeff 31
Bin Laden, Osama 17, 184, 186
Biofeedback 39, 63, 104, 107
BlackBerry 140
Blog 14, 62, 77, 95, 107, 133, 157 f., 177, 221, 223
Bloom, Howard 124, 130, 132, 134, 150 f., 176, 198
Blumencron, Mathias Müller von 184
Boheme, digitale 71 ff., 225
Bohlen, Dieter 68
Bolte Taylor, Jill 119
Botenstoff 121, 170
Branson, Richard 37
Braun, Wernher von 230
Brin, Sergej 37
Brüninghaus, Stefan 146
Buchdruck 42 ff.
Bunz, Mercedes 217
Bush, George W. 13, 185

C

Canetti, Elias 158
Caritat, Marie Jean Antoine Nicolas (Marquis de Condorcet) 159 ff., 165
Carr, Nicholas 11, 122
Chaos Computer Club 90
Chaostheorie 33
Chat 55, 57, 205
Cherval, Thierry 218
Cho, Seung-Hui 200 f.
Chomsky, Noam 172
Citizendium 82

Clippinger, John Henry 142
Cluster 28, 45
Code 32, 34, 35 ff., 44, 46, 86 ff., 92, 104, 120, 134 f., 140, 166, 176, 198 f., 222, 224
Code, sauberer 87 f.
Community 59, 63, 129, 160, 202
CompuServe 77
Computerspiele 18 f., 50
Condorcet-Theorem 159 ff., 217
Copyright 197
Crawler 92
Creative Commons 196 f.
Creevy, Thomas 231
Cyberbullying 207
Cyberkultur 127

D

Dalai Lama 17
Dariani, Ehssan 31, 106
Darwin, Charles 135 f., 151 f.
Dawkins, Richard 126
DiCaprio, Leonardo 193
Diderot, Denis 58
Dobbs, Horace 39
Dornberger, Walter 240
Drag and Drops 53
Dutschke, Rudi 48, 241
Dworkin, Ronald 174

E

Early Adopter 103 ff., 224
eBay 30, 110, 137, 148
Echolotbotschaften 59
Echolotsystem 37 ff., 45 ff., 55, 62, 64 f., 70, 81, 91, 94, 96, 99, 107, 132, 140 f., 151, 162, 173, 197 ff., 212, 214
E-Commerce 80
Ehrenberg, Herbert 232
Einstein, Albert 179, 238
Eisenstein, Elizabeth 42
Entenmann, Mathias 114 f.
Enzensberger, Hans Magnus 48, 241
Erinnerungsspeicher 125
Evolution 125, 150 f., 167, 170

F

Facebook 11, 31, 55, 58, 65, 77, 106, 143
Fair use 196 f.
Fernkommunikation 54, 57, 76, 91
Fernsinn 38
Fireball 109
Firewall 191 f., 206
Freud, Sigmund 133, 193
Friebe, Holm 71, 73
Friedman, Bruce 11
Friedman, Thomas L. 24, 90
Friedrich, Caspar David 152
Frontallappen 129

G

Gadowski, Lukasz 109 f.
Galton, Francis 155, 159
Gaming 200
Gasser, Urs 207 f.
Gates, Bill 31
Gehirnforschung 11, 172 f., 175, 229
Genieprinzip 32
Gentechnik 181 f., 226
Gerhardt, Volker 174, 181 f.
Glaser, Peter 103
Glos, Michael 13
Gmail 94
GNU-Projekt 89
Goebbels, Joseph 193, 235
Goeschel, Burkhard 145
Goldman, Daniel 64
Google 11, 25, 26, 30, 31, 37, 42, 77, 92 ff., 97, 132, 137, 143, 163, 172, 188, 191, 226, 229
Göring, Hermann 237
Greene, Joshua 171
Griffith, Virgil 100
Group think 32, 157 f.
Gruppenselektion 152
Guoying, Li 16
Gutenberg, Johannes 42

H

Habermas, Jürgen 97, 154, 168, 175
Hacker 32, 87, 90 f., 103, 133, 185 f., 192, 197 f.

Hackmack, Gregor 112 f.
Hadamovsky, Eugen 235 f.
Haffa, Florian 104
Haffa, Thomas 104
Hartmann, Michael 216 f.
Hauser, Marc 171
Hayek, Friedrich August von 162, 165
Heinisch, Bernd 148
Hekele, Boris 112 f.
Herold, Christian 107 f.
Hewlett-Packard 90
Hilchner, Rolf 108 f.
Hinrichs, Lars 62, 111
Hippocampus 123, 169
Hitler, Adolf 15, 37, 63, 84, 198 f., 236 f., 239
Hoffer von Ankershoffen, Helmut 109
Hofmannsthal, Hugo von 73
Hofstadter, Douglas 11
Honecker, Erich 17
Houellebecq, Michel 204, 210
Hugenberg, Alfred 83 f.

I

IBM 78, 90, 242
i-card 78
IGoogle 94
Imedo 112
Imperativ, kategorischer 144, 173, 229
Industrie, digitale 19
ingame 114
Instant Messaging 52 ff., 57, 66, 129, 173
Intel 102
Intelligenz, künstliche 89
Intelligenz, soziale 40, 61, 65, 125, 127 f., 150, 154, 214 f., 224 f.
Intellipedia 165

J

Jacques, Norbert 84
Jansson, Kurt 100
Javis, Jeff 77
Jud, Mathias 189 ff.

K

Kant, Immanuel 172 f., 177, 229
Karp, Scott 95
Keen, Andrew 204, 208 f.
Kelly, Kevin 96
Kershaw, Ian 239
Ki Moon, Ban 18
Kinkel, Klaus 213
Klimakatastrophe 15 f., 19 f.
Knauff, Wolfgang 75
Körpersignale 23
Krajewski, Markus 72
Kraus, Karl 233
Kulturserver 75
Küng, Hans 165 f.
Kurzweil, Ray 121
Kusche, Katrin 241 f.
Kuttner, Jürgen 74

L

Lady Bitch Ray 75, 204
Lang, Fritz 84, 116, 234
Lernmaschine, kollektive 128, 130 ff., 222
Libet, Benjamin 119
Lindenberg, Udo 202
Lindzen, Richard 164
Link 94 f.
LinkedIn 62
Linksammlung 97, 202
Linux 89 f.
Lotter, Wolf 241
Lovenberg, Felicitas von 59
Ludendorff, Erich 84
Ludwig, Karl-Heinz 236 ff.
Luhmann, Niklas 154
Lunn, Bernard 62
Lycos 224

M

Macmillan, Margaret 234
Mainzer, Klaus 125
Marcuse, Herbert 157
Martin, Rudolf Emil 232
Mashups 68
Mayer-Schönberger, Viktor 188 f.

McLuhan, Marshall 24
Mehdorn, Hartmut 217 f.
Meinhof, Ulrike 118
Melanchthon, Philip 43
Mem 126
Merkel, Angela 17
Meta-Daten 80
Mey, Reinhard 56
Microsoft 48, 71, 78, 87, 92, 139, 143, 163
Migration 15, 20
Mitteilungsmix 45
Moechel, Erich 188
Mohn, Christoph 224
Moral 15, 119, 131, 144, 166 ff., 175 ff., 181 f., 215, 220, 223, 229
Moral, digitale 179
Morgenthau, Henry 48
Mozart, Wolfgang Amadeus 120
Murdoch, Rupert 69
Murphy, Cullen 29
Musil, Robert 72
Mussolini, Benito 84
MySpace 69, 75, 199

N

Nahkommunikation 76, 91
Nahsinn 38, 54, 57
Napster 194
Negroponte, Nicholas 91
Neofonie 109
Nervenimpulse 179
Netiquette 51, 104, 110
Netvibes 67
Netze, neuronale 127
Neuronen 120 ff., 170
New Economy 71, 109, 115 163, 187, 214
Nietzsche, Friedrich 231
Noble, Roland K. 206
Nutzensortierer 135, 139, 158, 187, 211 f., 219

O

O'Reilly, Tim 93
Ohme-Reinicke, Annette 214
Olds, James 122
Omar, Mullah 17
Online-Enzylopädie 81, 97 ff.
OpenBC 61
Open-Source-Bewegung 64, 88 ff., 133, 141, 164, 191, 198, 213
Oracle 90
Orwell, George 47

P

Page, Larry 93
PageRanking 93 f.
Palfrey, John 207 f.
Partnernetzwerke 60 f.
Pashler, Harold 161
Passig, Kathrin 72 f.
Peer-to-Peer-Plattform 194, 210
Perlentaucher 218
Perschel, Alexander 67
Pfaff, Donald 170, 203
pici-Server 190
Plato 28, 176
Plutarch 151
Pollock, Jackson 70
Postman, Neil 68
Precht, Richard David 170, 172
Pritlove, Tim 90

Q

Quellcode 89

R

Rabehl, Bernd 48, 175, 241, 244
Radkau, Joachim 232
Raymond, Eric S. 88
Reed, Susan 81
Reich-Ranicki, Marcel 68
Remarque, Erich Maria 233
Renner, Tim 196
Ressourcenschalter 136, 139, 158, 223
Reynolds, Glenn 37, 210
Ritchie, Dennis 88
Roche, Charlotte 203, 210
Rosenberg, Alfred 236
Rückkoppelung 39, 43, 45, 49, 52, 94, 100, 104, 107, 116, 134, 140,

142, 160, 173, 201, 203, 208, 212, 219, 221
Russell, Peter 127

S
Safranski, Rüdiger 235
Salk, Jonas 36, 136
Samwer, Marc 111
Samwer, Oliver 106, 111
Sanger, Larry 82
SAP 58
Sarkozy, Nicholas 13
Savall, Jordi 195
Scanfeld, Dan 83
Scanfeld, Vanessa 83
Schirrmacher, Frank 116, 204
Schmale, Hugo 60
Schmidt, Holger 106, 141
Schönberg, Arnold 70
Schöneburg, Eberhard 105, 179 f.
schuelerVZ 55
Schumpeter, Joseph 33, 148
Schwarmintelligenz 125
Schwarzenegger, Arnold 179
Scoble, Richard 136
Screenshot 190 f.
Second Life 26, 76, 79, 104
Selektion, individuelle 151
Semmler, Willi 48, 241
Shirky, Clay 65, 72
Signale, elektronische 22
Singer, Wolf 19, 69, 129
Skype 30 f., 91, 133, 197
Slashdot 79
Sloterdijk, Peter 167 ff.
Smith, Adam 76
Smolker, Rachel 40
Sokoll, Ralf 202
Sokrates 28
Speer, Albert 237, 240
Spiegelneuronen 169
Sprache 41, 50
Stallman, Richard 89
Staun, Harald 73
Steinröhder, Georg 107 f.
Storch, Matthias 110 f.
studiVZ 11, 31, 55, 106 f., 228
Sunstein, Cass R. 157, 165
Superorganismus 125
SupplyOn 147
Surowiecki, James 155
Synapse 121 f., 124, 127 f., 154, 170 ff., 215, 224

T
Tapscott, Don 142, 145
Tastsinn, elektronischer 49, 57
Taylor, Archer 44
Technologie-Blog 64 f.
Technorati 63
Teilhard de Chardin, Pierre 127
Telekommunikation 45
Thompson, Ken 88
Thum, Myrko 114
Todt, Fritz 236
Toffler, Alvin 86
Torvalds, Linus 89
Trevithick, Paul 77 f.
Trittin, Jürgen 241
Trüb, Thomas 74
Twitter 77, 134, 136

U
Unix 88 ff.

V
Verba, Sid 25 f.
Verdichtung 25
Videospiele 18 f., 26, 50
Vogt, Oskar 118
Völkermord 16
Vul, Edward 161

W
Wachter, Christoph 189 ff.
Wahrnehmungsintegration 38, 44, 54, 97, 100, 104, 135, 153, 187, 201, 214 f., 224
Wahrnehmungsverdichtung 52
Wahrscheinlichkeitsberechnung 159, 229
Wales, Jimmy 99
Weblins 67

Weingarten, Bert 185
Whistleblower 81
Whyte, William S. 23
Wikipedia 81 ff., 97 ff., 164 f., 173, 214, 226, 229
Williams, Anthony D. 142, 145
Wilson, David Slone 153
Wir-Bewusstsein 40, 55
Wong, Mary 196
Würtenberger, Loretta 115

X

Xing 62, 111

Y

Yahoo! 138, 143, 190
Yildrim, Nurhan 109
YouTube 50, 66 ff., 74, 194, 199 f., 202, 209, 226, 229
Yu, Gino 18 f., 40, 176, 226

Z

Zennström, Niklas 30, 133
Zentrale Intelligenz Agentur (ZIA) 71 f.
Zeppelin, Ferdinand Graf von 232 f.
Zimmer, Katharina 37 ff.
Zola, Émile 117
Zuckerberg, Mark 30